Johannes Hevelius

Handschrift des Sterncatalogs des Hevelius

vom ihm selbst geschrieben

Johannes Hevelius

Handschrift des Sterncatalogs des Hevelius
vom ihm selbst geschrieben

ISBN/EAN: 9783743630420

Hergestellt in Europa, USA, Kanada, Australien, Japan

Cover: Foto ©ninafisch / pixelio.de

Weitere Bücher finden Sie auf **www.hansebooks.com**

Handschrift des Sternkundigers,

des Hevelius

von ihm selbst geschrieben.

Jucady prs	16	2.	=	9 27	30 46	12 8 44 R	9 27 9 27	31 47 30 47	25 8 10 B 57 8 13 [illegible]	9 27

Ad Annum 1660

...rincip. Hassiæ Longitudo Latitudo				Riccioli Longitudo Latitudo				Ulug Beighi Longitudo Latitudo				Ptolomæi Longitudo Latitudo				Hevelii Ascens. Recta Declinatio			
°	′	″	S.	°	′	″	S.	°	′	″	S.	°	′	″	S.	°	′	″	...rr. Aub.
7 27	30 44	37 0	8 B.	9 27	27 47	57 10	8 B	9 27	41 36	0 0	8 B	8 23	25 0	0 0	8 B	25 40 25 40	50 41 49 41	15 40 37 40	 B. [illegible] B

Vi…

Catalogus Fixarum

Andromeda Nomina Stellarum Hevelij Nomina Stellarum Tychonis	Ordo Tychonis	Magnitudo Tych.	Magn. Hevel.	Hevelij Longitudo Latitudo ex Distantiis °	′	″	S	Hevelij Longitudo Latitudo ex Altit. Meridian. °	′	″	S	L. °
Caput Andromedae. 9/25 36/43 2/25 ♈ B. ...	1	2	2	9 25 9 25	35 41 36 43	11 44 27 55	♈ B. ♈	9 25 9 25 9 25	37 42 36 43 36 43	48 45 36 17 36 12	♈ B ♈ B ♈ B.	9 25
Lucida Cinguli	13	2	–	25 25 25 25	43 57 40 56	26 55 12 36	♈ B. ♈ B.	25 25 25 25	43 56 43 56	00 54 50 32	♈ B. ♈ B.	25 25
Sinistra Scapula	23	3	3	17 24	7 24	8 48	♈ B.	17 24 17 24	8 21 8 20	7 3 40 51	♈ B ♈ B	17 24
Dextra Scapula	2	5	4	17 27	57 8	28 25	♈ B.	17 27	58 10	48 9 (15?)	♈ B	17 27
Sinister Humerus	3	4	4	16 23	14 8	27 42	♈ B.	16 23	15 1	15 38	♈ B.	16 23
Dext. brach. Austr.	4	5	5	15 31 31 15	41 34 35 42	52 39 5 36	♈ B ♈	15 31 15 31	42 34 42 35	42 42 39 5	♈ B. ♈ B	15 31
Dext. brach. media	6	5	5	16 32	52 21	52 19	♈ B	16 32	58 25	0 15	♈ B.	16 32
Dext. brach. Boreal.	5	4.	5	16 33	29 21	39 4	♈ B.	16 33 16 33	29 15 37 20	46 1 15 0	♈ B. ♈ B.	16 33
Pollicis Dext. pedis.	7	4	4	11 41	25 0	0 48	♈ B					11 40
Pollicis Dext. Sup.	8	4	4	12 41	41 45	50 12	♈ B.	12 41	40 44	50 30	♈ B	12 41
Index Dextr. Manus	10	4		13 43	40 51	5 16	♈ B.	13 43	37 48	26 12	♈ B	13 43

7	43	♈	17	38	0	♈	16	55	0	♈	5	21	11	
20	30	℞.	24	0	0	℞	24	30	0	℞	29	1	22	℞.
											5	21	21	
											29	1	22	℞
59	43	♈	18	56	0	♈	17	55	0	♈	4	42	1	
6	40	℞.	26	54	0	℞	27	0	0	℞.	51	53	12	℞.
13	13	♈	17	5	0	♈	15	55	0	♈	5	10	55	
3	39	℞	22	29	0	℞	23	0	0	℞.	21	28	47	℞.
46	13	♈	17	32	0	♈	15	15	0	♈	0	11	15	
33	15	℞.	30	45	0	℞	32	0	0	℞	39	59	42	℞
											0	11	15	
											34	59	42.	
55	13	♈	17	50	0	♈	16	35	0	♈	2	47	39	
14	38	℞.	31	32	0	℞.	32	20	0	℞	36	8	52	℞

Catalogus Fixarum

Andromeda Nomina Stell. Hevelij Nom. Stell. Tychonis	Ordo Tychonis	Magnitudo Tychonis	Magn. Hevelij	Hevelij Longitudo Latitudo Ex Distantijs °	′	″	S	Hevelij Longitudo Latitudo Ex Altit. Meridian. °	′	″	S	L[illegible] °
Obscura dext. manus	9	5	5	15 42	22 58	21 30	♈ B.	15 42	20 54	0 39	♈ B.	15 42
In extremo Catenæ annulo	22	4		3 43	10 46	4 32	♈ B	3 43	11 46	0 0	♈ B.	24 57
Sinist. brach. Seq.	11	4		15 17	46 19	47 42	♈ B	15 17 15 17	41 40 41 41	37 25 22 33	♈ B. ♈ B	16 17
Sinistr. Cubitus	12	5		17 15	38 53	54 25	♈ B	17 15 17 15	39 52 38 55	13 48 48 0	♈ B ♈ B	17 15
In Cingulo Suprema	15	4	4	24 32	23 29	38 36	♈ B	24 32	26 34	15 16	♈ B.	24 32
In Cingulo Secunda media	14	4	3	24 29	29 39	43 9	♈ B	24 29	27 40	35 17	♈ B.	24 30
In Sinistr. [illegible] ~~Tibia~~ [illegible] [illegible] [illegible] [illegible] [illegible]	20	5		4 27 4 27	10 54 10 56	23 26 23 4	♉ B ♉ B					4 27
In Sinistro ~~[illegible]~~ ~~[illegible] [illegible]~~ [illegible]	19	5		5 28 5 28 5 29	21 51 20 51 14 42	5 49 30 49 29 24	♉ B ♉ B ♉ B	5 29	20 23	33 20	♉ B	5 28
In Dextro genu	21	5		1 36	44 19	53 29	♉ B.	1 36	44 21	13 0	♉ B.	1 36
In dextro calcaneo	18	4	4	7 35	45 22	3 57	♉ B	7 35	44 23	2 17	♉ B	7 35
Planta dextri pedis	17	5	4	9 36	55 49	5 30	♉ B.	9 36	54 48	7 27	♉ B	9 36

Ad Annum 1660

Princip. Hassiae Longitudo Latitudo				Riccioli Longitudo Latitudo				Ulug Beighi Longitudo Latitudo				Ptolemaei Longitudo Latitudo				Hevelii Asc. Recta Declinatio			
°	′	″	S.	°	′	″	S.	°	′	″	S.	°	′	″	S.	°	′	″	Bor.
				15	11	13	♈	14	2	0	♈	3	15	0	♈	352	25	13	
				42	8	25	B.	43	24	0	B.	44	0	0	B.	44	33	12	B.
3	7	57	♈	24	48	13	♓	7	50	0	♈	8	40	0	♈	341	37	51	
43	42	24	B.	47	19	30	B.	43	42	0	B.	37	20	0	B.	40	33	26	B.
16	21	57	♈	15	57	13	♈	16	35	0	♈	15	45	0	♈	7	9	51	
17	30	0	B.	17	48	20	B.	17	18	0	B.	17	30	0	B.	22	24	27	
																7	9	1	
																22	25	22	B.
17	51	57	♈	17	41	43	♈	18	20	0	♈	17	15	0	♈	9	47	39	
15	51	0	B.	15	58	25	B.	15	36	0	B.	15	50	0	B.	21	33	42	B.
																9	46	47	
																21	34	37	B.
24	26	57	♈	24	23	33	♈	24	11	0	♈	23	35	0	♈	7	47	25	
32	32	10	B.	32	31	10	B.	32	30	0	B.	32	30	0	B.	37	15	6	B.
24	27	37	♈	28	54	3	♈	25	8	0	♈	23	25	0	♈	9	30	51	
29	37	6	B.	30	34	0	B.	29	30	0	B.	30	0	0	B.	36	41	6	B.
				4	11	13	♉	4	38	0	♉	3	55	0	♉	20	9	0	+
				27	55	0	B.	~~24~~ 27	~~34~~ 36	0	B.	29	0	0	B.	38	52	0	B.

							5 28	21 9	52 ♈ 20 B.	Bis.
Caput Andr. praecedentium fff. Bor. in nubibus			6				4 28	27 18	30 ♈ 14 B.	
In Catena sequ. prima fff.			5	1 45	38 35	15 ♈ 54 B				
In Catena secunda fff.			6	9 49 9 49	58 56 59 54	28 ♈ 20 B 4 ♈ 45 B.				
In Catena tertia fff.			6	11 48 11 48	1 38 2 37	52 ♈ 50 B 15 ♈ 0 B				
In Catena quarta fff.			6	11 47 11 47	53 21 54 19	55 ♈ 0 B. 10 ♈ 0 B				
In Grad. fruct. sequ. fff.			6	14 17	54 55	53 ♈ 57 B.				

				355 23	7 15	49 32	S.
				8 27	11 31	47 12	B.
				339 41	7 32	32 ♄ 16	B.
				342 48	12 15	56 ♄ 0	B.
				344 47	13 36	56 ♄ 17	B
				346 46	1 52	26 ♄ 28	B.
				6 22	18 20	55 ♄ 6	B.
				6 39	4 27	45 57	B.

In femore dextro seq. ff.	6	29 31	5 41	37 ♈ 29 B			
In femore dext. antecedens ff. pedis	6	27 31	11 39	25 ♈ 40 B			
Inter pedes trium in pollo ff. inferiorum pedis	5	3 33	8 44	23 ♉ 24 B	3 33	11 47	0 ♉ 20 B
Inter pedes tri. inferiorum ff. seq.	5	4 33	3 16	10 ♉ 14 B	4 33	2 19	53 ♉ 37 B
Inter pedes 3 in pollio ff. sequentium super.	6	5 34	25 10	30 ♉ 10 B			
~~Duarum~~ In fronte ~~pollic~~ ~~figura~~ ff. praecedentium super.	6	5 29 3 29	16 38 53 1	38 ♉ 6 B 18 ♉ 10 B			
~~[illegible]~~ ~~Duarum~~ In fronte ~~[illegible]~~ ff. ~~praecedentium~~ infer. sequentium	6						
In fronte ~~[illegible]~~ infer. ff. sequentium ~~inferiorum~~ in [illegible]	6	6 27 6 27	48 13 46 5	14 ♉ 6 B 50 ♉ 34 B			
Alamae seq. [illegible] ff. in cuspide [illegible] vide Persei	6	12 29	37 24	35 ♉ 27 B			
Infra Alamae in fim. ff. [illegible] tunica	6	9 24	28 13	45 ♉ 48 B	9 24	27 14	20 ♉ 23 B

			15 40 47 43 44 30 R.
			16 34 27 43 28 46 B.
			17 44 46 * H. 44 56 8 B.
			14 15 26 * H. 39 44 23 B.
			23 17 48 * H. 39 3 45 B.
			28 16 29 * H. 43 16 46 B.
			27 36 15 37 25 42 F.

Catalogus Fixarum

Andromeda Nomina Stell. Hevelij Nomina Stell. Tychonis	Ordo Tych.	Magnitudo Tych.	Magnitudo Hevelij	Hevelij Longitudo Latitudo ex Distantijs °	'	"	S.	Hevelij Longitudo Latitudo ex Altit. Merid. °	'	"	S	L °
In extremitate dextri pedis H.			6	11 37	40 10	18 28	♉ B.					
In planta sinistri pedis H.			6.7.	12 25	48 31	1 33	♉ B					
In syrmate [illegible] pedis H.								22 37	20 17	10 25	♈ B	
In syrmate [illegible] H.								27 36	52 42	5 37	♈ B	
H. Sub cubitum [illegible] dextri manum inferius			6.					7 38	16 18	30 17	♈ B	

6.

Catalogus Fixarum

Antinous Nom. Stell. Hevelii Nom. Stell. Tych.	Ordo Tych.	Magnitudo Tych.	Magnitudo Hevelii	Hevelii Longitudo Latitudo Ex Distantiis °	′	″	S	Hevelii Longitudo Latitudo Ex Alt. Merid. °	′	″	S	Lo[illegible] °
Sinistra manus	1	3	[illegible]					0 18 0 18	12 49 11 49	29 49 15 6	♒ B ♒ B	20 18
Dextrum brachium	4	3	3					18 24 18 24 18 24	52 53 52 53 53 54	34 30 49 29 9 28	♑ B ♑ B ♑ B	18 24
Dexter pes sq.	6	3	[illegible]	12 17	38 41	57 6	♑ B	12 17	35 39	42 42	♑ B	12 17
In pectore	5	3		25 21	43 38	7 3	♑ B	25 21	42 37	19 27	♑ B	25 21
In dextro latere	2	3						21 20	6	34 54	♑ B	21 20
In genu dextro	3	3						20 14	5 17	0 13	♑ B	20 14
In pede dext. [illegible]	7	4	5	11 17	19 0	58 15	♑ B	11 16	19 56	17 51	♑ B	11 16
Pedem dext. primum sequ. [illegible]			5	10 16	8 57	49 46	♑ B					
Sub brachio dext.			5	18 22	40 5	44 13	♑ B					
Trianguli cuspis sub dext. pede			4	4 15	19 1	14 29	♑ B					
Sequentium in Alo superfic.			5	6 15	11 6	42 33	♑ B					

…li …tudo …udo		Ulug Beighi Longitudo Latitudo				Ptolemaei Longitudo Latitudo			
″	S.	°	′	″	S.	°	′	″	S.
53	♒	0	41	0	♒	0	2		♒
0	B	18	27	0	B.	2		0	B.
26	♑	19	26	0	♑				
0	B.	24	27	0	B				
28	♑	13	29	0	♑				
0	B	16	30	0	B.				
25	♑	26	11	0	♑	0	15	0	♒ ♐
0	B.	21	12	0	B.	21	40	0	B
54	♑	20	59	0	♑	19	45	0	♑
0	B.	19	51	0	B	20	0	0	
25	♑	22	11	0	♑	21	15	0	♑
0	B	13	39	0	B	15	30	0	B
25	♑					12	45	0	♑
0	B					19	10	0	B.

Catalogus Fixarum

Antinous Nomin. Stell. Hevelij Nomin. Stell. Tychon.	Ordo Tych.	Magnit. Tych.	Magnit. Hevelij	Hevelij Longitudo Latitudo Ex Distantijs °	'	''	S	Hevelij Longitudo Latitudo Ex Altit. Meridi. °	'	''	S	L °
Ht Sequentium in Alo inferior			5	6 14	3 2	34 25	♑ B.					
Ht Triangulum secund. in via lactea / s. in Ripa Serpent.			5	0 14	23 59	25 13	♑ B					
Ht Inferior in via lactea Nebulosa			6	2 9	29 5	22 24	♑ B.					
Ht In dextra sura			6	16 16	11 33	32 17	♑ B					
Ht. In sinistro femore			5	24 12	19 26	40 27	♑ B.	24 12	19 27	58 59	♑ B	
Ht. In sinist. crure			6	19 11	13 8	26 18	♑ B.					
Ht In sinistro genu			5	22 10	57 9	48 0	♑ B	22 10	57 10	53 13	♑ B	
Ht In sinist. latere infer.			6	19 18	15 48	24 16	♑ B					
Ht In arcu inferior prima			5	4 15	19 42	34 21	♑ B.	4 15	20 43	0 51	♒ B	
Ht In arcu secunda			5	6 15	33 48	18 44	♒ B.	6 15	30 30	6 13	♒ B	
Ht In arcu tertia			4	6 16	59 51	30 39	♒ B	6 16	59 52	48 26	♒ B	

Ad Annum 1660

...Hass. Longitudo Latitudo ' " S.	Riccioli Longitudo Latitudo ° ' " S.	Ulug Beighi Longitudo Latitudo ° ' " S.	Ptolemaei Longitudo Latitudo ° ' " S.	Hevelij Asc. Recta Declinat. °	'	"
				276 9	0 20	22 13
				270 8	22 31	55 2
				272 14	32 23	34 35
				285 6	35 4	38 23
				294 9	2 1	23 34
				289 11	13 5	15 25
				293 11	4 30	23 34
				288 3	13 29	36 5
				302 3	58 55	1 18
				305 3 305 3	3 39 1 20	15 32 50 50
				305 2	11 12	27 52

Catalogus Fixarum

Antinous Nomin. Stell. Hevelij Nomin. Stell. Tychon.	Ordo Tych.	Magnitudo Tych.	Magnitudo Hevel.	Hevelij Longitudo Latitudo Ex distantijs °	'	"	S	Hevelij Longitudo Latitudo Ex Altit. Meridian. °	'	"	S	Lo… °
H In arcu ultima			6	7 18	43 19	18 39	♑ B.	7 18	43 20	52 44	♑ B	
H In Sagitta prec.			4	8 12	14 26	41 2	♑ B	8 12	14 27	55 49	♑ B	
H. In Sagitta seq.			5	9 11	6 42	5 34	♑ B.	9 11	6 42	17 37	♑ B	
H Inferiorum inter Serpentem et Antin. in extremitate alae Aquilae. 7. 19 N.			4	7 18 7 18	38 12 39 18	59 55 41 3	♐ B. ♐ B.	7 18	39 17	37 49	♐ B	

Catalogus Fixarum

Aquarius Nomina Stell. Hevelii Nomina Stell. Tychonis	Ord. Tych.	Magn. Tych.	Magn. Hevel.	Hevelii Longitudo Latitudo Ex Distantiis °	'	"	S	Hevelii Longitudo Latitudo Ex Alt. Merid. °	'	"	S	°
Humerus dexter	2	3		28 15 28 10	38 44 37 43	13 16 37 34	♒ B. ♒ B.	28 10 28 10	37 43 38 43	35 36 10 31	♒ B. ♒ B.	28 27 10
Humerus sinister	4	3		18 8	40 41	41 39	♒ B.	18 8 18 8 18 8	40 41 40 41 40 41	38 50 45 47 38 50	♒ B. ♒ B. ♒ B.	18 8
Manus sinist. sequens In Sinistra	8	4	4					7 8	2 4	45 32	♒ B.	7 8
Manus sinist. media In carpis In sinistra Fig.	7	5						8 8	21 19	10 38	♒ B.	8 8
Manus sinist. seq. In Sinistra	6	5						11 4	38 52	32 45	♒ B.	11 4
Axilla sinistra	5	5	5					19 6	23 1	25 28	♒ B.	19 6
In Capite	1	6	6					23 15	14 26	25 9	♒ B.	23 15
Sub dextro Humero	3	5	5					27 9	22 14	40 55	♒ B.	27 9
In dextro Cubito	9	3	3					2 8 1 8 1 8	2 17 58 18 59 18	23 29 53 42 30 31	♓ B. ♓ B. ♓ B.	2 8
In Pollice dext. manus	10	5	5					4 10	2 39	01 34	♓ B.	3 10
In Carpo dext. manus	11	4	4					4 8	11 54	45 34	♓	4 8

Ad Annum 1700

Princ. Hass. Longitudo Latitudo °	′	″	S	Riccioli Longitudo Latitudo °	′	″	S	Ulug Beigh Longitudo Latitudo °	′	″	S	Ptolomaei Longitudo Latitudo °	′	″	S	Hevelii Asc. Recta Declinat. °	′	″	Bor. Aust.
2	37	57	♒	27	58	10	♒	24	41	0	♒	27	55	0	♒	327	4	27	
0	40	30	B	16	42	15	B	10	9	0	B	11	0	0	B.	1	54	29	A
																327	4	43	
																1	54	29	
8	41	27	♒	18	39	40	♒	18	53	0	♒	18	5	0	♒	318	29	41	
8	38	0	B	8	42	15	B	8	48	0	B.	8	50	0	B	6	59	16	A
																318	29	47	
																6	59	16	A.
																318	29	43	
																6	59	16	A.
				7	0	43	♒	6	59	0	♒	6	15	0	♒	307	21	39	
				8	10	15	B	8	9	0	B	8	40	0	B.	10	29	33	A
				8	17	13	♒	8	32	0	♒	7	40	0	♒	308	35	33	
				8	19	16	B	8	9	0	B	8	0	0	B.	10	10	33	A
				11	39	40	♒	9	17	0	♒	19	15	0	♒	312	43	41	
				9	50	15	B	7	6	0	[illegible]	5	30	0	B.	12	38	54	A.
				19	26	42	♒	19	50	0	♒	18	55	0	♒	319	54	49	
				6	0	44	B	6	45	0	B.	6	15	0	B	9	19	8	A
				23	15	13	♒	23	23	0	♒	21	55	0	♒	320	33	47	
				15	23	0	B	15	15	0	B	15	45	0	B.	0	48	7	B.
				27	29	43	♒	29	44	0	♒	26	45	6	♒	326	35	15	
				9	11	45	B	10	4	0	B.	15	45	0	B	3	43	3	A.
								8	42	0									
2	0	21	♓	1	58	41	♓	4	17	0	♓	1	5	0	♓	331	4	31	
8	14	12	B	8	17	45	B	8	48	0	B	9	45	0	B	3	1	40	A
																331	0	53	
																331	1	40	
																3	1	[illegible]	
3	55	7	♓	3	53	13	♓	4	5	0	♓	3	15	0	♓	332	4	23	
0	29	10	B	10	31	16	B	10	9	0	B	10	45	0	B	0	6	48	A
4	11	57	♓	4	11	43	♓	4	17	0	♓	3	35	0	♓	332	50	15	
2	51	6	B	8	42	46	B	8	48	0	B	9	0	0	B	1	41	26	[illegible]

Catalogus Fixarum

Aquarius Nomin. Stell. Hevelij Nomin. Stell. Tychonis	Ordo Tych.	Magnitudo Tych.	Magnitudo Hevelij	Hevelij Longitudo Latitudo Ex distantiis ° ′ ″ S.	Hevelij Longitudo Latitudo Ex Alt. Meridian. ° ′ ″ S.	°
In tertia dextr. manus	12	4	4		5 41 30 ♓ 8 13 6 B 5 42 10 ♓ 8 12 49 B	5 8.
In dext. later. praeced.	13	4	4		28 31 30 ♒ 2 47 13 B.	28 2
In dext. later. seq.	14	6	5/6		29 17 13 ♒ 2 26 53 B.	29 2
In Podice	16	4	3		23 59 48 ♒ 1 59 9 A.	24 2
In dextro femore	15	5	5		0 40 17 ♓ 1 7 45 A.	♓0 1
In sinistro femore non apparet.	19	6				♓0 5
In sinistr. genu praeced.	20	5	5		27 49 37 ♒ 10 47 13 A.	27 10
In sinistr. genu seq.	21	6	[illegible]		0 56 17 ♓ 10 0 0 A.	0 9
In dextro poplite	18	5	[illegible]		3 51 45 ♓ 5 34 19 A.	3 5
In dext. Tibia: Deleat	17	3	3		4 8 5 ♓ 8 5 58 A. 4 8 5 ♓ 8 5 58 A	4 8

Princ. Hass. Longitud. Latitud.				Riccioli Longitudo Latitudo				Ulug Beigh Longitudo Latitudo				Ptolemaeus Longitudo Latitudo				Hevelius Ascens. Rect. Declinat.			
	'	"	S.	°	'	"	S.	°	'	"	S.	°	'	"	S.	°	'	"	Bor. Aust.
5 8	41 8	57 20	♓ B	5 6	41 10	42 15	♓ B	6 8	5 0	0 6	♓ B	4 4	55 30	0 0	♓ B	334 1 334 1	28 48 29 48	45 0 25 0	♓ B
				28 2	33 46	41 14	♒ B.	28 1	53 48	0 0	♒ B					329 4	42 29	29 18	A
				29 2	19 29	43 45	♒ B.	29 2	20 18	0 0	♒ B					330 9	33 27	11 33	A
				29 1	1 59	43 45	♒ A	24 1	47 54	0 0	♒ A.	23 1	15 40	0 0	♒ A.	327 15	0 25	21 55	A
				0 1	41 9	42 46	♓ A	1 1	11 15	0 0	♓ A.	0 0	15 50	0 0	♓ A.	333 12	8 19	57 18	A
				0 5	28 39	42 44	♓ A.	26 4 27 6	20 45 53 9	0 0 0 0	♓ A ♓ A								
				27 10	44 48	13 15	♒ A.	1 11	44 0	0 0	♓ A.	29 10	55 0	0 0	♒ A	334 22	1 20	17 36	A
				0 9	38 57	43 15	♓ A.	0 10	59 6	0 0	♓ A	29 9	25 0	0 0	♒ A	336 20	46 29	15 23	A
3 5	52 38	37 36	♓ A	3 5	53 36	43 46	♓ A.	4 5	47 45	0 0	♓ A.	29 2 5	25 55 0	0 0 0	♓ A	337 15	52 18	21 9	A
4 8	8 10	12 12	♓ A	4 9	11 7	41 45	♓ A.	5 8	5 18	0 0	♓ A.	3 7	15 30	0 0	♓ A.	339 17 339 17	7 32 7 32	3 43 31 43	A. A
				4 4	40 8	42 45	♓ B.					6 2	35 0	0 0	♓ A.	335 5	2 54	51 48	A

Catalogus Fixarum

Aquarius Nomina Stell. Hevelij Nomina Stell. Tychon.	Ord. Tych.	Magn. Tych.	Magn. Hevelij	Hevelij Longitudo Latitudo ex Distantiis ° ' " S	Hevelij Longitudo Latitudo ex Alt. Merid. ° ' " S	Lo[ngitudo] La[titudo] °
In flexu I superior	23	4	[illegible]		6 51 40 ♒ 0 20 11 A	6 0
In flexu I Media	24	6	6		9 40 16 ♒ 1 38 10 A 9 40 38 ♒ 1 37 45 A 9 40 10 ♒ 1 37 35 A	9 1
Seq. ultima	25	5	5		12 25 42 ♒ 0 49 5 A	12 1
Post flexum I proxima	26	5	6		12 22 0 ♒ 2 47 0 A 12 21 24 ♒ 2 46 43 A 12 21 48 ♒ 2 46 55 A	12 2
Post flex. I secunda	27	5	[illegible]		11 32 13 ♒ 3 55 36 A 11 32 53 ♒ 3 56 32 A 11 32 40 ♒ 3 56 25 A	11 3
Post flex I Tertia	28	5	[illegible]		12 0 36 ♒ 4 12 36 A 11 59 25 ♒ 4 12 0 A 11 59 ♒ 4 12 11 A	12 4
Post flex. I quarta	29	5	5	12 6 36 ♒ 4 44 17 A	12 5 17 ♒ 4 43 13 A 12 5 29 ♒ 4 43 46 A 12 3 6 ♒ 4 42 47	12 4
Ante flex. II Borealis	30	5	[illegible]		14 57 53 ♒ 10 57 51 A	14 10
Ante flex. II Austral.	31	5	[illegible]		15 29 38 ♒ 11 32 29 A	15 11
In II flexu Boreal.	32	5	[illegible]		14 26 8 ♒ 14 41 5 A	13 14
In II flexu Media	33	6	6		14 56 13 ♒ 15 45 24 A 14 56 8 ♒ 15 50 41 A	14 15

Ad Annum 1660

Princip. Astr. Longitudo Latitudo				Ricciol. Longitudo Latitudo				Ulug Beigh Longitudo Latitudo				Ptolemaei Longitudo Latitudo				Hourly Ascens. Rect. Declinat.			
°	'	"	S.	°	'	"	S.	°	'	"	S	°	'	"	S.	°	'	"	Bor. Aust.
				6	52	43	♓	7	41	0	♓	6	25	0	♓	339	43	45	
				0	19	15	A.	0	12	0	A.	0	10	0	A	9	19	45	Aust.
				9	48	41	♓	5	14	0	♓	9	15	0	♓	341	51	41	
				1	23	46	A.	1	10	0	A	1	10	0	A	9	29	40	A.
																341	51	45	
																9	28	18	A.
																341	51	9 *	
																9	28	18	
				12	26	43	♓	12	8	0	♓	11	35	0	♓	344	11	15	
				0	59	45	A.	0	30	0	A.	0	30	0	A	7	49	30	A.
				12	39	42	♓.	12	35	0	♓.	12	5	0	♓	344	49	51	
				2	48	46	A.	2	0	0	A.	1	40	0	A	9	30	33	A.
																344	49	11 *	
																9	36	37	A
																344	49	39	
																9	38	33	A.
				11	31	43	♓	12	5	0	♓	10	35	0	♓	344	30	5	
				3	58	15	A.	3	24	0	A	3	30	0	A	10	53	0	A
																344	31	11 *	
																10	53	34	A.
																344	30	51	
																10	53	38	A
				11	59	42	♓	12	49	0	♓	11	25	0	♓	345	2	45	
				4	10	14	A.	4	0	0	A.	4	10	0	A	10	58	0	A.
																345	2	17 *	
																10	59	0	A.
																345	1	35	
																10	58	0	A.
				12	3	13	♓	12	29	0	♓	12	25	0	♓	345	19	51	
				4	43	45	A.	5	0	0	A.	5	15	0	A	11	24	40	A
																345	21	23 *	
																11	21	40	
				14	55	43	♓	14	5	0	♓	13	55	0	♓	350	33	47	
				10	58	46	A.	11	30	0	A	11	0	0	A	16	1	15	A.
				15	26	42	♓	15	17	0	♓	14	45	0	♓	352	17	25	
				11	32	45	A.	11	0	0	A	10	50	0	A	16	20	30	A

Catalogus Fixarum

Aquarius Nomina Stell. Hevely Nomina Stell. Tychon.	Ordo Tych.	Magnitudo Tych.	Magnitudo Hevelij	Hevely Longitudo Latitudo Ex Distantijs ° ' '' S.	Hevely Longitudo Latitudo Ex Altit. Merid. ° ' '' S.	L °
In II flexu seq. Austr.	34	6	6		16 6 51 ♓ 16 36 0 A	15 16
Post II flex. Boreal.	35	5	5		9 15 38 ♓ 14 54 31 A	8 14
Post II flex. Media	36	5	5		9 19 5 ♓ 15 32 43 A	9 15
In fine Post II flex.	37	5	5		11 13 48 ♓ 16 39 28 A	10 16
In ultimo flexu Superior	38	5	5		5 48 0 ♓ 14 37 36 A	5 14
In ultimo flex. Media	39	5	5		5 25 40 ♓ 15 51 15 A	4 15
In ultimo flex. Inferior	40	5	5		4 7 40 ♓ 16 42 43 A	4 15
Fomahant	41	1	1		29 3 53 ♒ 20 59 46 A 29 4 23 ♒ 20 49 59 A	29 21
In Capite Piscis Maioris ultima ad Fomahant			4		26 22 53 ♒ 16 44 59 A	
Intra dupl. prim. aquae sit Superior			6		10 34 38 ♓ 8 13 24 A	
Intra dupl. prim. aquae sit Inferior			6		10 44 22 ♓ 10 0 59 A	

Ad Annum 1000

Princ. Hass. Longitud. Latitudo °	′	″	S.	Riccioli Longitudo Latitudo °	′	″	S.	Mag. Reiger Longitudo Latitudo °	′	″	S.	Ptolemaei Longitudo Latitudo °	′	″	S.	Hevelii Asc. Recta Declinat. °	′	″ Bo. Au.
				15 16	32 22	43 45	♓ A.	15 15	35 42	0 0	♓ A.	14 15	45 40	0 0	♓ A.	354 20	2 42	31 50 A
				8 19	43 44	13 46	♓ A.	9 15	53 0	0 0	♓ A.	8 14	35 10	0 0	♓ A.	346 21	51 51	1 55
				9 15	9 29	13 45	♓ A.	10 15	26 54	0 0	♓ A.	9 15	55 45	0 0	♓ A.	347 22	10 25	47 30 A
				10 16	38 30	43 46	♓ A.	11 16	17 45	0 0	♓ A.	9 15	5 0	0 0	♓ A.	349 22	29 21	9 40 A
				5 14	13 25	42 15	♓ A.	6 14	5 48	0 0	♓ A.	3 14	25 45	0 0	♓ A.	343 22	24 56	21 15 A
				4 15	50 39	43 47	♓ A.	5 15	14 51	0 0	♓ A.	3 15	55 20	0 0	♓ A.	343 24	39 12	33 30
				4 15	5 52	41 45	♓ A.	4 16	23 57	0 0	♓ A.	14 14	48 0	0 0	♓ A.	342 25	41 29	23 30
9 1	6 0	12 20	♒ A.	29 20	2 59	56 40	♒ A.	29 21	29 24	0 0	♒ A.	21 20	35 20	0 0	♒ A.	339 31 339 31	38 19 38 19	15 52 51 52
																335 28	23 42	47 38
																345 15	14 12	23 55
																346 16	11 48	29 0

[illegible]

Catalogus Fixarum

Aquarius Nomina Stell. Hevelij Nomina Stell. Tychon.	[illegible] Tych.	Mag. [illegible] Tych.	Mag. [illegible] Hevel.	Hevelij Longitudo Latitudo Ex distantijs ° ′ ″ S.	Hevelij Longitudo Latitudo Ex Altit. Merid. ° ′ ″ S.	Lo[illegible] °
Ad oculum [illegible]			6		25 22 0 [illegible] 15 8 50 B.	
Ad genam [illegible] in Collo			6		23 47 53 [illegible] 19 38 8 B.	
Supra [illegible] [illegible] claviculam			6		25 46 50 [illegible] 0 11 56 A.	
In clune dextro 41. 6. n.			7		26 43 10 [illegible] 1 55 15 A.	

[Princip] Hassi Longitudo Latitudo			Riccioli Longitudo Latitudo				Ulug Beighi Longitudo Latitudo				Ptolomaei Longitudo Latitudo				Hevelii Ascens. Rect. Declinat.			
′	″	S.	°	′	″	S.	°	′	″	S.	°	′	″	S.	°	′	″	Bo. Au.
															322 1	36 11	1 37	B.
															321 0	19 13	49 0	A.
															328 13	7 8	5 53	A.
															329 14	38 46	1 44	A.

Catalogus Fixarum

Aquila. Nomina Stell. Hevelij Nomina Stell. Tych.	Ordo Tych.	Magnitudo Tych.	Magnitudo Hevelij	Hevelij Longitudo Latitudo Ex distantijs °	′	″	S.	Hevelij Longitudo Latitudo Ex Altit. Merid. °	′	″	S.	L °
Lucida in scapulis	3	2	1					26 29	58 21	59 33	♑ B.	27 29
In sinistro scapul.	5	3	3					26 31 26 31	13 20 12 20	0 40 52 41	♑ B ♑ B.	26 31
In Collo praeced.	2	3	4 3					27 26 27 26 27 26	41 47 41 47 42 47	36 53 22 54 37 13	♑ B ♑ B ♑ B	27 26
In Capite	1	6	6					0 27	20 7	39 39	♒ B	0 27
Parva supra Lucidam	4	6	6					27 30	28 59	22 5	♑ B	26 30
Parva supra Sinistram	6	5	6	27 32	11 20	37 26	♑ B	27 32	16 26	0 9	♑ B	26 31
In Ala Sinist. sup. praeced.	7	4	4	22 28	1 46	55 47	♑ B	22 28	3 45	29 49	♑ B.	22 28
In Ala Sinist. infer. seq.	8	5	5	23 26	4 34	48 36	♑ B	23 26	4 34	18 44	♑ B	23 26
Caudam praecedens	10	3	4	13 37	32 40	49 10	♑ B	13 37	30 40	45 43	♑ B	13 37
Antecedentium media [illegible]	12	4	4	10 41	6 3	21 18	♑ B	10 41	5 6	31 27	♑ B.	10 41
Superior [illegible]	11	4	4	10 43	1 31	37 20	♑ B	10 43	2 31	1 0	♑ B	10 43
~~In extremitate alae Antinoi~~ In Cauda	9	3	3	15 36	6 18	9 11	♑ B.	15 36 15 36	3 17 2 17	7 20 49 21	♑ B ♑ B	15 36

26 16 27 Y 31 18 0 R.	26 15 26 Y 31 17 10 B	26 22 0 Y 31 0 0 B	24 45 0 Y 31 30 0 R	292 9 31 52 3 16 R 292 9 30 52 55 16 R.
27 46 37 Y 26 45 50 R	27 42 23 Y 26 48 40 B	28 35 0 Y 26 45 0 B	26 25 0 Y 27 10 0 R	294 5 38 38 11 15 B 294 5 37 38 57 19 R 294 5 39 38 9 9 R
	1 17 53 Y 27 7 40 B	0 41 0 [illegible] 26 54 0 R	28 45 0 Y 26 50 0 R	296 6 54 25 11 10 R
	26 22 25 Y 30 53 40 R	28 2 0 Y 28 33 0 B	26 15 0 Y 30 0 0 B.	293 9 40 37 23 56 R.
	26 57 55 Y 31 58 12 B	29 35 0 Y 31 9 0	27 35 0 Y 31 30 0 R	293 11 12 6 21 22 R.
	22 5 56 Y 28 45 40 B	22 14 0 Y 28 30 0 R.	21 15 0 Y 28 40 0 R	289 6 21 43 35 54 R
	23 3 27 Y 26 39 10 B	23 5 0 Y 26 30 0 B	22 45 0 Y 26 20 0 R.	290 4 35 42 21 41 B.
	13 33 25 Y 37 39 10 B		13 45 0 Y 36 20 0 R	281 14 1 41 17 22 B
	10 6 55 Y 41 4 10 R			277 17 58 52 29 57 B.
	10 1 25 Y 43 31 40 B			277 20 41 16 29 52 B
8 47 Y 16 40 B.	15 4 55 Y 36 15 40 B	15 41 0 Y 36 15 0 R.		282 13 25 26 41 0 R. 282 13 25 26 25 0 S.

Catalogus Fixarum

Aquila. Nomina Stell. Hevelii / Nomina Stell.	Magnitudo Hevelii	Hevelii Longitudo, Latitudo ex distantiis °	'	"	S.	Hevelii Longitudo, Latitudo ex Alt. Merid. °	'	"	S.
Parva sequidam Aquilae seq.	5	27 28	52 50	37 28	♑ B.	27 28	53 50	2 39	♑ B
In Eductione Caudae trium seq.	6	20 33	19 26	7 23	♑	20 33	22 36	0 0	♑ B
In Eductione Caudae praeced. inferior.	6					18 33	21 39	21 21	♑ B
In Eductione Caudae praeced. seq.	6					19 35	3 16	38 29	♑ B
Sub Caudâ Aquilae seq.	6	15 33	4 27	20 29	♑	15 33	4 29	58 34	♑ B
Sub Caudâ Aquilae praecedens. Sex Caudam praecedentium infer.	6	13 36	11 20	41 31	♑ B.				
Caudam praecedentium trium inferior. eadem.	6	13 36	10 20	39 7	♑ B.				
Caput vel Rostrum Aquilae Rostrum.	6					4 24	59 4	30 54	♑ B.
Parvum supra Summam praeced.	6	25 32	26 42	49 38	♑ B.				
Supra Sequentem trium seq.	6	29 31	20 43	35 54	♑ B				
Inferioris supra Caudam primae ... seq.	5	13 45	21 16	58 56	♑ B.	13 45	22 18	11 50	♑ B

				285 11	30 3	23 7	B
				285 12	52 48	5 52	B.
				282 10	45 34	57 17	B.
				280 11	49 54	502 45	H. B.
				280 11	49 54	22 27	H
				301 4	40 21	21 6	B.

Catalogus Fixarum

Aquila Nomina Stell. Hevelii			Magnitudo Hevelii	Hevelii Longitudo Latitudo Ex Distantiis °	′	″	S.	Hevelii Longitudo Latitudo Ex Alt. Meridian. °	′	″	S.	
Inferior [illegible] supra Cau- dam secunda [illegible] superior [illegible]				13 45	21 16	58 56	♋					
Rostrum Aquilae [illegible]												
Inferm. sup. caudam Tertia In ventre [illegible]												
Inferm. sup. caud. quarta Ala [illegible] Austrini												
In Extremitate alae Austrinae 12 12 n.			4	7 18	57 18	41 3	♋ A	7 18	39 17	31 49	B	
In ala sinistra Bor. Super.			5	5 34	21 8	55 30	B	34	8	36		

Ad Annum 1660

				Ascens. Rect. Declinat.
				° ′ ″
				279
				279 12 29 A.
				299 36 47 / 14 12 39 B.

Hathal.	5	6	5	4 5 4 5	8 43 7 37
,	7	6	6	9 6 9 6	24 9 23 1
2	16	6	6	4 4 4 3	37 0 35 58

8 27 17 ♈ 7 5 40 B.	28 25 40 ♈ 7 8 0 B	29 23 0 ♈ 6 36 0 B	28 15 0 ♈ 7 8 30 B	23 44 33 17 38 0 B 23 43 35 17 38 6 B
	28 45 40 ♈ 5 23 30 B	29 11 0 ♈ 5 6 0 B	7 38 0 ♉ 5 30 0 B	29 42 23 16 9 40 B
	2 29 48 ♉ 9 12 30 B			26 52 57 25 1 7 B.
	3 22 44 ♉ 7 22 30 B	3 28 0 ♉ 7 9 0 B	2 35 0 ♉ 7 40 0 B	28 27 11 19 36 10 B 28 27 0 19 36 42 B.
	4 8 43 ♉ 5 42 0 B	4 8 0 ♉ 5 36 0 B	3 5 0 ♉ 6 0 0 B.	29 48 25 18 19 40 B
	9 24 43 ♉ 6 6 30 B		8 39 0 ♉ 6 0 0 B.	34 33 41 20 27 7 B.
	9 14 43 ♉ 4 0 30 B	10 5 0 ♉ 5 45 0 B		35 49 49 18 31 37 B.
	10 23 40 ♉ 1 6 30 B.	10 50 0 ♉ 1 24 0 B	9 35 0 ♉ 1 30 0 B.	37 37 47 15 58 32 B.
	12 10 43 ♉ 1 11 30 B	11 44 0 ♉ 1 14 0 B	11 15 0 ♉ 1 30 0 B.	34 18 39 16 40 7 B.

♈ Catalogus Fixarum

Arietis Nomina Stell. Hevelij Nomina Stell. Tychon.	Ord. Tych.	Magnitudo Tych.	Magnitudo Hevel.	Hevelij Longitudo Latitudo Ex distantijs °	'	"	S.	Hevelij Longitudo Latitudo Ex Altit. Meridian. °	'	"	S.	L... °
In pede poster. praeced.	15	6	6	8 0 8 0	45 12 42 38	11 28 8 30	♉ A. ♉ A.	8 0	41 34	25 57	♉ A.	8 0
In pede poster. seq.	14	6	6	10 1 10 1	13 17 15 20	48 38 27 22	♉ A. ♉ B.	10 1	14 18	47 8	♉ A.	10 1
7 ~~In pede poster. praeced.~~ In Musca tertia	15 21	6 9	4	13 12 13	37 25	40 41	♉ B.	13 12	37 28	34 30	♉ B.	13 12
In pede poster. seq.	14	6										
In inflexione caudae	8	5	5	13 4 13 4	46 7 45 16	23 13 24 17	♉ B. ♉ B.	13 4	45 10	4 0	♉ B.	13 4
Prima caudae	9	4	4	16 1 16 1	5 44 8 48	36 43 3 33	♉ B. ♉ B.	16 1 16 1	5 42 4 48	8 8 58 45	♉ B. ♉ B.	16 1
Media caudae	10	5	5	17 2 17 2	12 52 12 48	25 16 11 49	♉ B. ♉ B.	17 2 17 2	11 52 11 52	42 25 49 41	♉ B. ♉ B.	17 2
Ultima caudae	11	6	6	18 2	39 35	58 58	♉ B.	18 2	39 34	20 46	♉ B.	18 2
In Musca lucidior / quarta	20	3	3	13 10	27 25	26 46	♉ B.	13 10 13 10 13 10	27 26 27 26 28 25	32 6 26 6 20 46	♉ B. ♉ B. ♉ B.	13 10
In Musca prima	18	5	5	11 10	23 52	58 4	♉ B.	11 10	28 50	10 21	♉ B.	11 10
In Musca secunda 9	19	4 5.	4	12 11	12 14	37 39	♉ B.	12 11	12 17	5 56	♉ B.	12 11

Ad Annum 1660

Principis Hass. Longitudo Latitudo				Riccioli Longitudo Latitudo				Ulug Beigh Longitudo Latitudo				Ptolomaei Longitudo Latitudo				Hevelii Longitudo Latitudo Asc. Recta Declinatio			
°	'	"	S.	°	'	"	S.	°	'	"	S.	°	'	"	S.	°	'	"	
				8	40	43	♉					6	35	0	♉	36	24	13	
				0	38	30	A					5	0	0	A.	13	53	7	B.
				10	11	43	♉	8	5	0	♉	11	15	0	♉	38	14	29	
				1	29	30	A	5	0	0	A.	1	30	0	A.	13	41	47	B.
								10	50	0	♉								
								1	29	0	A								
				13	39	43	♉	14	32	0	♉	12	55	0	♉	36	56	51	
				12	25	0	B	12	0	0	B.	12	40	0	B	27	49	32	B.
	46	42	♉	13	45	43	♉	13	41	0	♉	12	55	0	♉	39	57	32	
	4	30	B	4	8	0	B	3	12	0	B	4	50	0	B.	19	58		B.
6	5	33	♉	16	3	43	♉	17	5	0	♉	15	25	0	♉	43	3	37	
1	42	41.	B	1	46	30	B	1	39	0	B	1	40	0	B.	18	24	21	B
																43	2	57	
																18	25	50	* B.
	12	42	♉	17	12	43	♉	18	5	0	♉	16	55	0	♉	43	51	1	
	49	54	B	2	49	30	B	2	30	0	B	2	30	0	B	19	46	5	B
																43	50	55	
																19	46	20	* B.
8	39	57	♉	18	39	13	♉	19	41	0	♉	18	35	0	♉	45	25	37	
2	28	54	B.	2	35	30	B	1	39	0	B	1	50	0	B.	19	54	4	B.
3	28	57	♉	13	28	43	♉	13	11	0	♉	13	11	0	♉	37	30	55	
0	22	36	B	10	23	30	B.	10	0	0	B	10	0	0	B.	25	50	28	B
																37	30	51	
																25	50	28	B
																37	31	59	*
																25	50	28	B.
				11	23	43	♉	12	5	0	♉	10	45	0	♉	35	19	5	
				10	50	0	B	10	36	0	B	10	40	0	B.	25	35	8	B.
				12	11	43	♉	12	50	0	♉	11	15	0	♉	35	54	25	
				11	15	30	B.	10	54	0	B	10	10	0	B	26	15	22	B.

♈ Catalogus Fixarum

Arietis Nomina Stell. Hevelij			Magnitudo Hevelij	Hevelij Longitudo Latitudo Ex distantiis °	'	''	S.	Hevelij Longitudo Latitudo Ex Altit. Merid. °	'	''	S.	
Supra verticem inter [illegible]			6	0 10	58 46	12 16	♉ B.	0 10	57 50	3 3	♉ B	24 21
Supra Lucidam ♈			6.	4 12	23 1	4 47	♉ B.	4 12	19 6	7 37	♉ B.	
Extrema Caudae			6.7.	18 2	59 18	37 10	♉ B.	14 2	54 6	10 49	♉ B.	
Ante Collum super.			6					26 9	26 0	55 41	♈ B.	
Ante Collum infer. n. 1. 5 n.			6.					26 5	27 27	15 3	♈ B.	
In pede sinistro			6	7 2	19 23	10 54	♉ A.					

				27 24	34 20	49 40	A.
				45 19	49 31	1 22	B.
				21 18	4 36	47 22	B.
				22 15	28 18	39 22	B.
				36 11	29 56	0 43	B

Catalogus Fixarum

Auriga Nomin. Stell. Hevelij Nomin. Stell. Tych.	Ord. Tych.	Magnitudo Tych.	Magnitudo Hevelij	Hevelij Longitudo Latitudo Ex distantiis °	′	″	S.	Hevelij Longitudo Latitudo Ex Altit. Merid. °	′	″	S.	T… Lo… La… °	
Capella	3	1	1	17 22	6 51	45 30	♊ B.	17 22 17 22	6 52 7 52	51 9 37 4	♊ B. ♊	17 22	5
Humerus dexter	4	2	2	25 21 25 21	10 28 8 26	16 48 28 2	♊ B. ♊ B.	25 21 25 21	16 27 9 27	36 35 34 38	♊ B. ♊ B.	26 21	4 2
Brachium dextrum	5	4 3	2 3	25 13	11 46	30 30	♊ B.	25 13 25 13	10 45 12 45	25 6 2 1	♊ B. ♊ B.	24 13	5
Sinister pes	9	4 3	4 3	11 10	53 22	58 54	♊ B.	11 10 11 10	54 24 54 29	2 42 2 42	♊ B. ♊ B.	11 10	5 2
Hoedi praecedens	7	4	4	13 18	51 9	51 8	♊ B.	13 18	55 8	6 50	♊ B.	13 18	5
Hoedi sequens	8	4	4	14 18	41 15	45 54	♊ B.	14 18 14 18	41 19 43 13	18 1 31 40	♊ B. ♉ B.	14 18	
Caput Hoedi	6	4	4	14 20	5 55	33 23	♊ B.	14 20 14 20	5 54 6 54	20 14 33 2	♊ B. ♊ B.	14 20	
Suprema Capitis	1	6	6	24 32	25 12	34 55	♊ B.	25	9			24 32	
Inferior Capitis	2	4	4	25 30	8 47	4 26	♊ B.					25 30	
Supra dext. Summam parvula	10	5	5	25 22	15 25	0 48	♊ B.	25 22	9 17	35 7	♊ B.	25 27	
In tergo Borealis	11	6	6	17 18	53 33	3 32	♊ B.					17 18	

Ad Annum 1660

Landgr. Hass. Longitud. Latitudo	′	″	S	Riccioli Longitud. Latitud. °	′	″	S	Ulug Beigh Longitud. Latitudo °	′	″	S	Ptolemaei Longitudo Latitudo °	′	″	S	Hevelij Asc. Recta Declinat. °	′	″	Bor. Aust.
,	5 50	17 24	♊ B	17 22	6 51	15 45	♊ B	17 22	53 42	0 0	♊ B	16 22	35 30	0 0	♊ B	72 45 72 45	55 36 56 36	3 * 43 7 43	 B. B.
	7 24	57 15	♊ B.	26 21	34 25	15 40	♊ B	27 21	2 30	0 0	♊ B	24 20	25 0	0 0	♊ B.	83 44 83 49	39 51 38 51	43 32 21 * 32	 B. B
5 3	10 42	47 30	♊ B	25 13	18 45	30 16	♊ B.	25 13	53 33	0 0	♊ B.	24 13	25 10	0 0	♊ B	84 37 84 37	6 9 8 9	51 * 32 49 32	 B B.
1 ,	51 22	47 36	♊ B	11 10	59 23	43 15	♊ B	12 10	20 12	0 0	♊ B	21 10	25 10	0 0	♊ B.	68 32 68 32	44 31 44 35	15 * 12 23 12	 A B
3 8	50 8	42 24	♊ B.	13 18	55 10	43 0	♊ B	15 18	5 9	0 0	♊ B	13 18	35 0	0 0	♊ B	69 40	49 31	21 29	 B
4 'B	32 14	33 48	♊ B	14 18	39 13	43 0	♊ B	14 18	44 9	0 0	♊ B	13 18	45 0	0 0	♊ B	70 40 70 40	40 42 43 42	37 * 49 25 49	 B B
4 .0	4 51	12 20	♊ B	14 20	1 53	13 15	♊ B.	14 20	11 40	0 0	♊ B.	13 20	35 40	0 0	♊ B.	69 43 69 43	21 16 25 16	17 * 34 51 34	 B. B
				24 32	28 16	13 15	♊ B	25 31	5 0	0 0	♊ B.	23 30	55 50	0 0	♊ B.	81 55	38 33	42 * 42	H B.
				25 30	4 51	13 14	♊ B	25 30	32 0	0 0	♊ B	24 30	5 0	0 0	♊ B	82 54	50 10	54 * 37	H B.
				25 27	15 28	43 13	♊ B									83 45	35 41	1 * 0	 B.

Ad sinistr. clavem [illegible] sub manu sinistr.	15	5	5	12 15	14 3	3 52	II B.	12 15 12 15	54 5 53 5	57 27 35 x 27	II B II B	12 15
Sub sinistr. manu Bor. praeced.	21	5	5	11 14	5 53	37 50	II B.	11 14	5 51	21 x 53	II B.	10 14
Sub sinistr. manu Aust.	22	5	5					11 14	24 2	48 59	II B	11 14
Sub sinistr. manu Bor. sequens [illegible]												
In dextr. cubito praeced.	16	5	5	23 15	11 40	13 35	II B.	23 15 23 15	11 40 12 43	28 51 27 x 52	II B II B.	23 15
In dextr. cubito seq.	17	5	5	23 15	32 37	14 52	II B.	23 15 23 15	32 39 33 42	42 8 50 x 39	II B. II B.	23 15

Ad Annum 1660

[...]rincip. Stell. Longitud. Latitudo				Riccioli Longitudo Latitudo				Ulug Beigh Longitud. Latitud.				Ptolomæi Longitud. Latitudo				Hevelij Asc. Rect. Declinat.			
°	′	″	S.	°	′	″	S.	°	′	″	S.	°	′	″	S.	°	′	″	Bor. Aust.
				16 17	56 0	13 15	♊ B									73 37	50 45	15 13	B.
				15 15	48 23	13 0	♊ B									72 38	36 3	31 13	B
				17 14	59 5	13 15	♊ B									75 36	26 58	33 27	B.
				12 15	50 4	13 40	♊ B									69 37 69 37	5 21 4 21	31 44 9 44	B.
				10 14	54 52	13 13	♊ B									66 36	57 51	1 41	B
				11 19	21 3	13 15	♊ B									67 36	29 6	45 34	B.
				23 15	2 49	43 0	♊ B	23 14	38 48	0 0	♊ B	22 15	45 15	0 0	♊ B	81 38 81 39	33 59 34 2	21 10 19 17	B. B
				23 15	14 44	13 13	♊ B									81 38 82 39	59 58 0 2	43 40 51 17	B B.
				23 13	25 50	13 15	♊ B.					22 10	15 20	0 0	♊ B.	82 37	10 9	59 42	B.
				17 11	39 16	43 14	♊ B.	19 10	35 54	0 0	♊ B.	17 12	45 16	0 0	♊ B	76 34	17 10	3 26	B

Catalogus Fixarum

Auriga Nomin. Stell. Hevely Nomin. Stell. Tychon.	Ord. Tych.	Magn. Tych.	Magn. Hev.	Hevely Longitudo Latitudo Ex Distantijs °	'	"	S.	Hevely Longitudo Latitudo Ex Alt. Merid. °	'	"	S.	T[illegible] Lo[illegible] La[illegible] °
Ad sinist. genu	20	4	5	19 8	27 50	4 13	II B.	19 8	27 52	17 43	II B.	19 8
Dextrum Genu	23	4	4					28 6	38 6	33 52	II B	28 6
Sub dext. pede in fornicis prima	26	4	5					20 2	45 27	25 41	II B	20 2
Sub dext. pede secunda	27	4	5					22 1	47 5	11 18	II B	22 1
Sub dext. pede tertia	29	4	5					23 4	48 7	13 46	II B	23 4
Sub dext. pede quarta	25	4	5					24 2	50 27	16 0	II B	24 2
Supra sinist. humer. H.			5	15 28	56 33	22 16	II B					
H. Ad Extremitatem dextri pedis & sub dextro pede [illegible] omnium [illegible] [illegible]			6					18 2	3 40	58 19	II B	
H. Sub dextra axilla			6.	25 19	45 5	18 26	II B.					
H. In sinist. femore super. sita			6	16 11	9 16	1 49	II B					
H. In sinistro femore trium infer. Bor.			6	16 10	45 37	29 16	II B					
H. In sinist. femore trium infer. media			6.	16 10	31 21	42 46	II B					

♏ Scorpius — Catalogus Fixarum

Scorpius	Ordo Tych.	Magn. Tych.	Magn. Hevel.	Hevel. Longitud. Latitud. ex Distantiis °	'	"	S.	Hevel. Longitud. Latitud. ex Alt. Merid. °	'	"	S.	Ty... °
Cor	8	1	1	4 4	59 22	48 47	♐ A	4 4	58 27	48 19	♐ A	5 4
Suprema frontis	1	2	2	28 1	25 6	56 5	♏ B	28 1 28 1	25 4 25 6	37 25 25 41	♏ B ♏ B	28 1
Media frontis	2	3	3	27 1	48 53	43 7	♏ A	27 1	48 52	11 33	♏ A	27 1
Infima frontis	3	3	3	28 5	12 23	6 2	♏ A	28 5 28 5	10 21 11 21	55 16 5 14	♏ A ♏ A	28 5
Praecordium	7	4	4	3 3	6 57	4 13	♐ A	2 3	59 55	48 6	♐ A	3 3
Venter in tergo	9	4	4					6 6	40 0	8 4	♐ A	6 5
In costa Austrina	17	3		15 7	54 30	26 28	♏ A	15 7	55 32	0 49	♏ A	16 7
Ad Nolam Boream	16	5						28 10	7 56	11 18	♏ B	28 16
In Rostro	12			25 0	40 11	25 45	♏ B	25 0	41 10	40 34	♏ B	25 0
Prope Supern. frontis Bor.	5	4		29 1	50 46	0 2	♏ B	29 1	51 44	16 53	♏ B	29 1
Prope Supern. front. Austr. Duarum superior maior	6	6 5		ex observ. occult.				28 0 28 0	55 19 58 22	42 14 12 49	♏ B ♏ B	28 0

Ad Annum 1660 ylis

Princip. Hass. Longit. Latit.				Riccioli Longitud. Latitud.				Ulug Beigh Longitud. Latitud.				Ptolemaei Longit. Latit.				Hevelij Asc. Rect. Declinat.			
°	′	″	S	°	′	″	S.	°	′	″	S.	°	′	″	S	°	′	″	Bor. Aus.
				20 5	52 10	13 0	♑ A	22 4	5 30	0 0	♑ A	20 4	25 50	0 0	♑ A				
				20 6	37 10	13 0	♑ A	21 6	35 4	0 0	♑ A.	20 5	25 50	0 0	♑ A.				
				21 6	32 50	13 0	♑ A	22 7	17 0	0 0	♑ A.	21 6	15 30	0 0	♑ A	295 28	34 55	13 x 23	H A
																296 29	19 58	51 x 47	H A.
								8 0 Nebulosa duplex in [illegible]	14 45	0 0	♑ B.	6 0	45 45	0 0	♑ B	279 22	35 18	3 x 14	H A.

...llarum	Ordo Tych.	Magn. Tych.	Magn. Hevel.	Hevelii Longitudo Latitud. Ex Distantiis °	'	"	S.
...ud. Sag. Bor.	32 27	5					
...ud. Media	33 28	5					
...udæ Ultima	34 29	5		22 7	27 24	53 5	♑ A
...bit. dextra			6.	14 2	46 18	46 36	♑ A.
...ua A			6	8 0	51 53	42 44	♑ B.
... Sagittarii infer.							
...gittarii infer.							

	10 4	22 40	13 0	G A	9 5	11 0	0 0	G A	9 4	15 30	0 0	G A.
	12 2	2 50	13 0	G A	12 2	11 18	0 0	G A	11 2	35 30	0 0	G A.
	17 3	18 7	13 10	G A	17 3	50 6	0 0	G A	16 2	25 50	0 0	G A
	15 6	3 10	13 10	G B	15 6	5 15	0 0	G B	14 6	25 30	0 0	G B.
	14 4	46 17	43 40	G B	14 4	30 6	0 0	G B	13 4	55 30	0 0	G B
	13 3	36 7	13 10	G B	13 3	54 15	0 0	G B	12 2	55 50	0 0	G B.

XI

Catalogus Fixarum

Sagittarius	Ordo Tych.	Magnitudo Tych.	Magnitudo fixarum	Hevel. Longitudo Latitudo Ex Distantiis °	'	"	S.	Hevel. Longitud. Latitud. Ex Altit. Merid. °	'	"	S.	°
In sinistra axilla	25 19	4						10 4	6 56	36 20	♑ A	10 4
In dorso	23 18	5		13 3	20 14	51 18	♑ A					12 2
In sinistro humero	19	5										
In dextro Cubito	16 14	6						17 3	13 6	56 27	♑ A	17 3
In sec. fascia Bor.	12 10	5						15 6	1 15	27 49	♑ B	15 6
In sec. fascia media	11 9	4		14 4	43 21	17 31 D.	♑ B	14 4 14 4	43 20 43 20	37 34 11 38	♑ B ♑ B	14 4
In sec. fascia Austr.	10 8	6		13 3	35 27	11 7	♑ B					13 3
In seq. fascia sec.	13 11	6		19 6	44 21	57 48	♑	19 5	44 59	34 16	♑ B	19 5
In seq. fascia seq.	14 12	6						23 5	42 13	7 46	♑ B	23 5
In seq. fascia infima	15 13	6						20 1	12 33	31 28	♑ A.	20 1
In eductione Caudae sec.	28 26	5		22 6	0 27	47 25	♑ A					19 5

	19 40 13 ♑ 0 59 40 B	10 41 0 ♑ 1 15 0 B	9 15 0 ♑ 1 30 0 B	281 6 35 22 7 48
11 32 7 ♑ 1 32 36 B	11 35 13 ♑ 1 31 38 B.	12 5 0 ♑ 2 0 0 A	10 45 0 ♑ 2 0 0 B.	282 23 53 21 26 54
7 39 12 ♑ 3 19 30 A.	7 43 13 ♑ 3 30 20 A.	7 41 0 ♑ 3 45 0 A.	6 55 0 ♑ 3 10 0 A.	278 33 0 26 35 27
29 49 47 ♐ 7 6 20 A	29 43 13 ♐ 6 50 0 A.	0 8 0 ♑ 6 45 0 A	29 15 0 ♐ 6 30 0 A.	270 14 18 29 47 30
	28 33 43 ♐ 2 28 10 B.	29 2 0 ♐ 2 18 0 B.	28 15 0 ♐ 2 50 0 B.	268 27 0 21 21 20
1 34 42 ♑ 2 0 0 A	1 39 43 ♑ 2 59 20 A	1 35 0 ♑ 2 0 0 A.	0 35 0 ♑ 1 30 0 A	271 18 17 25 28 58.
	26 22 13 ♐ 6 54 40 A	26 59 0 ♐ 7 12 0 A.		
5 25 7 ♑ 3 49 40 A	5 32 13 ♑ 3 49 20 A	5 29 0 ♑ 3 54 0 A	4 35 0 ♑ 3 30 0 A	276 11 23 27 13 32.
0 25 17 ♑ 10 49 0 A	0 2 13 ♑ 11 10 0 A	0 23 0 ♑ 11 12 0 A	29 35 0 ♐ 10 50 0 A.	
8 17 37 ♑ 7 2 24 A.	8 52 13 ♑ 6 40 0 A	8 41 0 ♑ 7 0 0 A	7 55 0 ♑ 6 45 0 A.	280 10 33 30 3 36.

♐ Catalogus Fixa[rum]

Sagittarius	Ordo	Magn. Tych.	Magn. Hev.	Hevelii Longitud. Latitud. Eq. Distantiis °	′	″	S	E
In Capite prima	5	4	4					8 1
In Capite Media	6	4	4					10 0
In Capite Ultima	9 7	4	4					11 1
Sinister humerus	3	4						7 3
Sinistra manus	[illegible]	3	3	24 6	47 17	31 11	♐ A	
In boreali arcu super.	4 2	4		28 2	33 8	17 31	♐ B	
In boreali arcu infer.	3 1	4						1 1
In Cuspide Sagittae	[illegible]	3	3					
In principio Sagittae	6 4	5						5 3
In Australi parte arcus	26 15	3						
In Sinistro latere	25 20	3	3	9 6	53 55	43 6	♑ A	8 6

ad Annum 1700 [illegible].

Princip. Hass. Longit. Latit.				Riccioli Longit. Latit.				Ulug Beigh Longitud. Latitud.				Ptolomaei Longit. Latit.				Hevelii Asc. Rect. Declinat.		
°	′	″	S.	°	′	″	S.	°	′	″	S.	°	′	″	S.	°	′	″
2	23	57	♒	2	21	23	♒	2	59	0	♒	1	45	0	♒	295	52	43
39	13	40	B	29	12	10	B.	39	15	0	B	39	40	0	B	18	37	57
28	45	7	♑	28	44	25	♑	29	35	0	♑	27	25	0	♑	293	2	15
38	57	24	B	38	57	40	B	38	45	0	B.	39	50	0	B.	17	46	56
—		—		29	20	15	♑	0	44	0	♒	28	15	0	♑	293	26	17
				39	30	10	B	39	9	0	B	39	10	0	B.	18	21	11
26	32	42	♑	26	28	26	♑	27	50	0	♑	24	55	0	♑	291	24	27
38	17	45	B	38	17	10	B	38	30	0	B	38	40	0	B.	16	47	11
26	25	47	♑	26	19	53	♑	27	11	0	♑	26	15	0	♑	291	10	37
38	50	45	B	38	52	13	B	38	12	0	B	39	0	0	B.	17	18	41
4	24	12	♒															
39	18	10	B															

Catalogus Fixarum

Sagitta.	Ex Tych.	Ma. Tych.	Ma. Hevelii	Hevelii Longitudo Latitudo Ex Distantiis °	′	″	S	Hevelii Longitudo Latitudo Ex Alt. Merid. °	′	″	S	°
Extrema cuspis orientalem extremae praeced.	1	4	4	2 39	20 15	10 40	♒ B	2 39	17 16	39 22	♒ B	2 39
Mediarum inferior	2	4 5	4	28 38	40 59	13 37	♑ B	28 39	39 1	39 0	♑ B	28 38
Mediarum Superior	3	6	6	29 39	18 30	20 10	♑ B	29 39	17 29	31 55	♑ B	29 39
Duarum seq. occidentem Austral.	5	4	4	26 38	34 22	1 8	♑ B	26 38	27 26	31 32	♑ B	26 38
Duarum occid. cuspis Bor.	4	4	4	26 38	20 53	2 33	♑ B	26 38	18 53	16 48	♑ B	26 38
Orientalium seq. H. vide [illegible]												
Supra Sagitt. Sup.												
Supra Sagitt. infer.												

Ad Annum 1660 [illegible]

Princip. Hass. Longit. Latit.				Riccioli Longitud. Latitud.				Wey. Brigh. Longitud. Latitud.				Ptolemæi Longit. Latitud.				Hevelij Asc. Recta Declinat.			
°	′	″	S	°	′	″	S	°	′	″	S	°	′	″	S	°	′	″	[illegible]
				18	51	13	♈	19	38	0	♈	18	15	0	♈	12	26	15	
				12	22	0	B	11	54	0	B	13	15	0	B	18	59	16	
				18	57	43	♈	19	56	0	♈	21	35	0	♈	12	57	15	
				11	21	30	B	10	57	0	B	11	45	0	B	17	52	26	
19	48	47	♈	28	48	43	♈	20	20	0	♈	19	14	0	♈	13	21	53	
12	21	30	B	12	28	0	B	12	0	0	B	12	0	0	B	19	16	16	
																~~21~~	~~15~~	~~1~~	
																~~9~~	~~23~~	~~26~~	B
																~~4~~	~~54~~	~~35~~	
																~~7~~	~~28~~	~~20~~	A
																342	47	51	
																0	20	21	B

♓ Catalogus Fixa[rum]

Pisces	Ordo Tych.	Magnitudo Tych.	Magnitudo Hevelij	Hevelij Longit. Latitud. Ex Distantijs °	'	''	S
In dorso Medio pisc.	30	6	6	18 12	50 37	47 23	♈ B
In dorso trium infima	31	6	6	18 11	59 29	17 2	♈ B
In dorso Sequens	34	6	6	19 12	50 24	35 17	♈ B
♓ ~~In Lino Bor. infima seu quarta~~							
♓ Sub ore ♓ Austrini			6	14 7 14 7	17 1 16 6	4 8 35 15	♓ B ♓ B

36. 2. n.

ad Annum 1660 ystl.

Princip. Hass. Longit. Latit.				Riccioli Longitud. Latitud.				Ulug Beigh Longitud. Latitud.				Ptolemaei Longit. Latitud.				Hevelij Asc. Rect. Declinat.			
°	′	″	S.	°	′	″	S.	°	′	″	S.	°	′	″	S.	°	′	″	Bor. Aust.
				23 1	0 38	42 0	♈ B.	23 1	14 48	0 0	♈ B.	22 1	5 40	0 0	♈ B.	~~24~~ ~~8~~ ~~9~~ 20 10	~~12~~ ~~28~~ ~~23~~ 41 28	~~35~~ ~~40~~ ~~26~~ 35 49	 ~~B.~~ ~~B.~~ B.
				~~18~~ 19 17 21	~~55~~ ~~24~~ 52 24	~~13~~ ~~30~~ 13 29	♈ B. ♈ B.	18 20	50 30	0 0	♈ B.	18 23	35 0	0 0	♈ B.	7 25	58 54	15 26	 B.
				20 20	11 55	13 30	♈ B.	20 26	44 45	0 0	♈ B.	20 20	15 0	0 0	♈ B.	9 ~~25~~ 27 9 27	55 ~~49~~ 5 55 6	33 ~~26~~ 26 21 4	 B. B.
				~~17~~ ~~20~~ 18 19	~~52~~ ~~24~~ 55 24	~~13~~ ~~29~~ 13 30	♈ B. ♈ B.	19 19	53 42	0 0	♈ B.	19 19	15 50	0 0	♈ B.	9 25	32 26	37 26	 B.
				22 23	29 3	43 29	♈ B.									11 24 11 30	7 57 7 0	11 26 25 7	 B. B.
				24 22	3 0	43 30	♈ B.	24 22	32 9	0 0	♈ B.	23 21	35 45	0 0	♈ B.	13 29	24 38	7 46	 B.
				23 20	35 43	13 28	♈ B.	23 21	56 21	0 0	♈ B.	23 21	15 45	0 0	♈ B.	13 29	18 18	0 26	 B.
				21 15	47 30	13 28	♈ B.	22 14	38 45	0 0	♈ B.	21 15	25 20	0 0	♈ B.	13 22	52 48	1 0	 B.
				24 17	6 26	42 29	♈ B.					23 17	45 0	0 0	♈ B.	15 25	15 29	23 26	 B.
				24 18	59 31	41 30	♈ B.	24 18	5 0	0 0	♈ B.					19 27	38 0	31 46	 B.
8 13	43 17	17 48	♈ B.	18 13	45 21	13 30	♈ B.	19 12	29 51	0 0	♈ B.	17 14	15 20	0 0	♈ B.	11 19	54 40	43 6	 A.

Catalogus Fixa[rum]

[illegible]	Ordo Tych.	Magnitudo Tych.	Magnitudo Hevelij	Hevelij Longitud. Latitud. Ex distantijs °	'	''	S.
in sinu quarta a…	20	5		23 1	2 38	11 18	♈ B.
… Bor.	28	6	6	17 20	57 32	12 37	♈ B.
in Cap. Boreal.	26	6	6	20 20	11 53	12 25	♉ B.
[illegible]	27	6	6	19 19	6 30	31 49	♈ B.
[illegible]	36	6	6	22 23 22 23	30 3 31 2	48 19 17 0	♈ B. ♈ B.
… Bor.	24	6	6	21	55	52	
… Bor.	25	5	5	23 20	36 41	23 57	♈ B.
in sinu a…	33	5	5	21 15	44 28	40 31	♈ B.
Media	32	5	5	24 17	9 29	17 32	♈ B.
…	35	6	6	25 18	4 41	0 32	♈ B.
prima	29	5	5	18 13	40 12	32 18	♈ B.

ad Annum 1660 [illegible]

Princip. Hass. Longit. Latit.				Riccioli Longit. Latit.				Ulug Beigh Longit. Latit.				Ptolemaei Longit. Latit.				Hevelii Asc. Recta Declinat.			Bo. Au.
°	'	"	S.	°	'	"	S.	°	'	"	S.	°	'	"	S.	°	'	"	
9 2	29 7	7 45	♈ B.	9 2	29 11	42 30	♈ B.	5 3	59 0	0 0	♈ B	8 2	45 15	0 0	♈ B	2 5	48 45	1 0	Bo
12 1	47 2	47 0	♈ B.	12 1	56 6	41 0	♈ B	10 1	5 54	0 0	♈ B	11 1	45 10	0 0	♈ B.	11 6	22 5	11 16	B.
15 0	7 18	12 48	♈ B	15 0	7 58	43 0	♈ B	13 1	41 12	0 0	♈ B	14 1	35 0	0 0	♈ B.	14 5	1 47	45 46	B.
				13 1	13 30	41 30	♈ A	15 1	32 39	0 0	♈ A.	14 2	5 0	0 0	♈ A	12 3	43 51	39 0	B
				14 4	34 19	43 0	♈ A.	16 4	5 54	0 0	♈ A	14 5	55 0	0 0	♈ A.	15 1	4 50	19 56	B.
				18 3	21 2	41 30	♈ A.	19 2	5 30	0 0	♈ A	18 2	5 20	0 0	♈ A.	18 4	7 29	27 56	B.
				20 4	44 40	13 0	♈ A.	21 5	35 0	0 0	♈ A	19 4	35 40	0 0	♈ BA	20 3	57 45	57 26	B.
				22 7	46 55	13 30	♈ A	22 8	59 45	0 0	♈ A.	22 7	15 45	0 0	♈ AB.	24 1	1 32	25 31	B.
22 9	23 19	12 0	♈ B	22 9	25 24	13 28	♈ B	23 8	20 36	0 0	♈ B	22 9	5 0	0 0	♈ B	17 17	46 26	17 20	B.
22 5	5 19	27 24	♈ B	22 5	4 21	43 30	♈ B	22 5	56 0	0 0	♈ B	22 5	15 20	0 0	♈ B	18 13 18 13	20 37 20 36	53 0 57 25	B
22 1	59 41	42 6	♈ A	22 1	4 52	43 0	♈ A	23 2	35 12	0 0	♈ A	21 1	37 45	0 0	♈ B.	19 10	53 24	41 25	B.

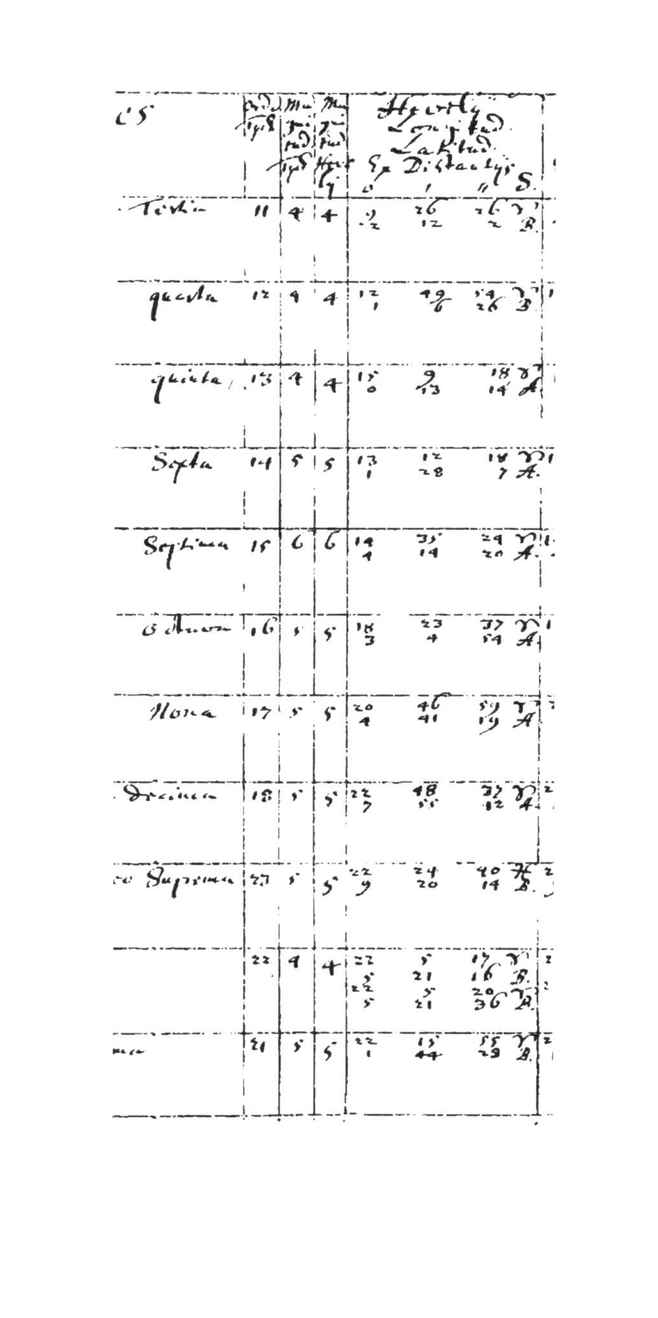

...es	[illegible]	Minuta [illegible]	Minuta [illegible]	[illegible] Longitud. Latitud. et Distantiae °	′	″	S.
Tertia	11	4	4	9 2	26 12	26 2	♈ B.
quarta	12	4	4	12 1	49 6	54 26	♈ B.
quinta	13	4	4	15 0	9 13	18 14	♉ A.
Sexta	14	5	5	13 1	12 28	18 7	♈ A.
Septima	15	6	6	14 4	35 14	24 20	♈ A.
Octava	16	5	5	18 3	23 4	37 54	♈ A.
Nona	17	5	5	20 4	46 41	59 19	♈ A.
Decima	18	5	5	22 7	48 55	37 12	♈ A.
...co Suprema	23	5	5	22 9	24 20	40 14	♓ B.
	22	4	4	22 5 22 5	5 21 5 21	17 16 20 36	♈ B. ♈ B.
...ma	21	5	5	22 1	15 44	55 29	♈ B.

ad Annum 1660 [illegible].

Princip. Hass. Longit. Latit.				Riccioli Longit. Latit.				Ulug Beigh Longitud. Latitud.				Ptolomaei Longitud. Latitud.				Hevelij Asc. Rect. Declinat.			
°	′	″	S.	°	′	″	S	°	′	″	S.	°	′	″	S	°	′	″	Bor. Aust.
24 9	38 6	57 45	♉ A.	29 9	36 4	12 0	♉ A.	25 9	5 30	0 0	♉ A.	24 8	5 30	0 0	♉ A.	26 1 26 1	8 7 8 7	17 30 0 30	 B. A.
12 9	52 2	37 36	♓ B.	13 9	50 4	43 30	♓ B.	13 9	56 54	0 0	♓ B.	13 9	15 15	0 0	♓ B.	341 2	39 3	27 29	B.
16 7	38 15	57 15	♓ B.	16 7	39 17	12 0	♓ B.	16 7	59 12	0 0	♓ B.	15 7	45 30	0 0	♓ B.	344 1	53 27	17 52	B.
18 1	15	42	♓	18 8	19 55	13 0	♓ B.	18 8	35 42	0 0	♓ B.	17 9	35 20	0 0	♓ B.	345 3	43 34	41 16	B.
20 9	31 2	27 0	♓ B.	20 9	30 3	43 30	♓ B.	20 8	59 49	0 0	♓ B.	19 9	45 30	0 0	♓ B.	347 4	18 33	19 39	B.
22 7	53 10	42 20	♓ B.	22 7	45 14	13 0	♓ B.	22 7	59 0	0 0	♓ B.	12 7	15 30	0 0	♓ B.	350 3	38 47	0 58	B.
18 4	11 25	42 12	♓ B.	18 4	9 27	42 30	♓ B.	19 4	26 0	0 0	♓ B.	17 4	35 30	0 0	♓ B.	347 0	22 33	21 14	A.
21 3	52 25	37 0	♓ B.	21 3	53 25	43 28	♓ B.	22 3	32 0	0 0	♓ B.	21 3	15 30	0 0	♓ B.	351 0	13 6	39 18	A.
27 6	51 20	17 40	♓ B.	27 6	50 24	42 0	♓ B.	28 6	17 18	0 0	♓ B.	27 6	35 20	0 0	♓ B.	355 5	27 0	49 47	B.
				29 7	15 27	41 30	♓ B.									356 6	17 36	31 0	B.
				3 5	17 28	43 30	♈ B.	4 5	0 24	0 0	♈ B.	2 5	35 45	0 0	♈ B.	0 6	49 17	17 37	B.
																4 5	1 7	45 16	B.

Catalogus Fixarum

	Ordo Typ.S.	Magnitudo Typ.S.	Magnitudo Hevel.	Hevelii Longitudo °	'	Latitudo ex Distantiis "	S.	Ex °
...ini	19	5	3	24 9	36 2	13 53	♈ A.	24 9 24 9
Tertia Andromedae	1	4	5	13 9	52 10	40 39	♓ B.	13 9
...ta ♓ Andr.	2	4	4	16 7	39 20	19 8	♓ B.	16 7
♓ Andr.	3	5	5	18 8	16 54	23 38	♓ B.	18 8
♓ Andr.	4	5	5	20 9	28 4	59 16	♓ B.	20 9
♓ Andr.	5	5	5	22 7	54 12	6 43	♓	22 7
...nte ♓ Andr.	6	5	5	18 4	10 28	26 3	♓ B.	18 4
...ta ♓ Andr.	7	5	5	21 3	52 27	9 40	♓ B.	21 3
...da ♓ Andr.	8	5	5	27 6	50 20	34 34	♓ B.	27 6
...ta ♓ Andr.	9	5	5	29 7	14 33	7 21	♓ B.	29 7
...trino prima	10	6	6	3 5	20 36	54 12	♈ B.	3 5
Secunda			6.	5 3	27 12	48 10	♈ B.	5 3

In Talo sinist[r]i pedis H	27)	41	30 8'	27)	18	41 8'	51 19 53
	12	42	5 R.	13	39	33	32 52 10 R.
	27	40	52 + 8'				52 2 10 + H
	12.	41	15 R.				32 1 15 B.
In Dext. cubito 5. m.	26	49	51 8'	26	49	17 8'	40 9 53
	37	28	47 R.	37	27	45 R.	55 21 38 R.
	26	49	6 + 8'				40 8 33 + H
	37.	29	18 B.				15 23 0 B.
Sub Capite H. Medusæ 6 m.				21	32	35 8'	44 22 45
				15	21	0 B.	32 57 5 R.

2 . 12 n.

Catalogus Fixarum

Perseus	Magnitudo	Hartly Longitudo Latitudo Ex Distantiis °	'	"	S.	Hartly Longitud. Latitud. Ex Alti. Meridi. °	'	"	S.
H. In Cuspide ensis ½ [illegible] seq.	6	12 29	37 24	35 27	♉ B.				
vide Andr. H. In medio Ensis	6	14 31	37 17	12 40	♉ B.	14 31	37 16	6 9	♉ B
H. In [illegible] sub sinist. Cubito		24 23	42 59	19 15	♉ B	23 24	31 21	3 25	♉ B
H. Supra Sinistrum Calcaneum		26 13	23 47	35 29	♉ B.				
H. In Calcaneo dextro	5	4 18 4 18	23 51 26 54	15 26 3 49	♊ ♊	4 18	26 53	32 5	♊ B
H. In Crure super.		16 23	8 11	21 35	♉ B				
H. In Crinibus Medusae inferiorum prec.		16 17	13 47	23 0	♉ B	16 17	17 47	12 46	♉ B
H. In Crinibus inferiorum seq.		18 18	8 11	43 0	♉ B	18 17	26 12	6 53	♉ B
H. Sub sinist. pede Persei inferioris super.	6	4 12 4 12	26 53 25 52	28 14 51 23	♊ B. ♊				
H. Sub sinist. pede Persei Medii	6	5 12 5 12	11 15 11 14	56 33 21 46	♊ B ♊ B				
H. Inferior a minus	6	5 9 5 9	4 35 4 33	43 23 59 37	♊ B. ♊ B				

ad Annum 1600 [illegible]

Princip. Hassiae Longit. Latit.				Riccioli Longitud. Latitud.				Ulug Beigh Longit. Latit.				Ptolemaei Longitud. Latitud.				Hevelij Asc. Rect. Declinat.			
°	'	"	S	°	'	"	S	°	'	"	S	°	'	"	S	°	'	"	Ant.
6 26	2 38	45 20	♊ B.	6 26	8 39	13 40	♊ B	6 26	44 19	0 0	♊ B	5 26	35 15	0 0	♊ B	57 47 57 47	33 29 32 29	43 46 23 42	 B. H B.
				6 24	54 35	13 39	♊ B	7 24	20 49	0 0	♊ B	5 24	45 30	0 0	♊ B.	59 45	17 36	2 32	H B.
8 18	50 55	12 45	♊ B	8 18	55 56	13 40	♊ B	9 18	17 54	0 0	♊ B	7 18	55 45	0 0	♊ B.	63 40 63 40	17 32 17 30	41 0 20 25	 B. H B.
29 22	8 5	12 0	♉ B	29 22	5 6	13 38	♉ B	29 21	38 48	0 0	♉ B	28 21	25 50	0 0	♉ B	50 41 50 41	34 30 29 27	43 0 27 42	 B. H B.
0 19	17 53	27 30	♊ B	0 19	17 54	43 0	♊ B	0 19	42 33	0 0	♊ B.	29 19	55 54	0 0	♉ B	54 39	17 46	17 39	 B
26 12	26 6	12 22	♉ B	26 12	17 8	13 40	♉ B.	27 11	34 30	0 0	♉ B	25 12	45 0	0 0	♉ B.	50 31	45 11	59 35	 B
																50 33	8 0	27 22	 B.
																22 53	26 18	57 12	H B.
																26 52	28 40	41 32	H B.
																30 48	30 38	3 0	H B.

Catalogus fixarum

Perseus	Ordo Tych.	Ma. Tych.	Ma. Ptol.	Hypothesis Longitudo et Latitudo ex distantiis °	′	″	S	Hypothesis Longitudo Latitudo ex Alt. Merid. °	′	″	S	Ty... °
In dextro poplite seq.	19	4	4	6 26	3 39	40 27	II B.	6 26	4 39	41 11	II B.	6 26
In dextra sura	20	6	6	6 24	52 32	14 46	II B.					6 29
In planta dext. pedis	21	5	5	8 18	48 57	58 4	II B.	8 18	49 58	36 34	II B.	8 18
In sinistro femore	22	4	4	29 22 29 22	6 6 5 6	5 33 25 18	♉ B. ♉ B.	29 22	6 8	20 27	♉ B.	29 22
In sinistra tibia	23	5	5	0 14	14 53	36 6	II B.	0 14	15 53	20 42	II B.	0 14
In sinistro calcaneo vel sinistri pedis sequ.	25	4	4	26 12	29 6	4 47	♉ B.	26 12	27 9	41 38	♉ B.	26 12
~~[illegible]~~ sinistri genu ad dext. calc.												
Sinistr. calcaneum sequ.								26 14	21 3	20 0	♉ B.	10 33
Ht. [illegible] sequ. informis			6	13 40	16 6	9 37	♉ B.					
Ht. In vertice			6	16 38	16 22	14 27	♉ B.					
Ht. Oculus [illegible]			6	16 33	19 46	36 19	♉ B.					

Ad Annum 1700 [illegible]

Princip. Hass. Longit. Latit. °	′	″	S	Riccioli Longitud. Latitud. °	′	″	S.	Ulug Beigh Longit. Latit. °	′	″	S	Ptolomaei Longitud. Latitud. °	′	″	S.	Hevelii Asc. Rect. Declinat. °	′	″	Bor. Aust.
23 37	57 24	17 30	♉ B	24 37	3 29	13 12	♉ B	29 37	35 9	0 0	♉ B	22 37	45 30	0 0	♉ B.	36 54	36 28	15 0	 B.
23 34	9 18	47 15	♉ B.	22 34	44 26	13 40	♉ B	23 34	47 0	0 0	♉ B	22 34	15 30	0 0	♉ B.	37 51	38 20	33 0	 B
19 31	54 39	47 40	♉ B	19 31	58 35	43 8	♉ B	20 31	14 30	0 0	♉ B	19 32	5 20	0 0	♉ B.	35 47	20 44	55 49	 B.
24 30	23 37	37 40	♉ B	24 30	27 37	13 0	♉ B	24 30	50 33	0 0	♉ B	23 31	5 10	0 0	♉ B.	41 48 41 48	15 17 14 16	55 48 51 × 22	 B. H B
22 26	56 1	57 36	♉ B.	23 26	0 4	13 40	♉ B	23 26	53 0	0 0	♉ B	22 27	16 0	0 0	♉ B.	41 43	41 33	53 7	 B
				27 27	58 59	43 38	♉ B	28 27	29 27	0 0	♉ B	26 27	55 50	0 0	♉ B.	46 46 46 46	45 49 49 46	37 13 6 × 28	 B. H B.
				29 27	7 55	43 40	♉ B	29 27	57 15	0 0	♉ B	28 27	35 40	0 0	♉ B	48 46 48 47	11 58 9 0	13 43 30 × 27	 B. H B.
				3 29	26 31	13 40	♊ B									52 49	57 33	5 × 32	H B.
4 3	59 48	57 15	♊ B.	5 28	5 50	43 40	♊ B	5 28	26 36	0 0	♊ B	4 28	55 10	0 0	♊ B.	55 44	22 22	59 × 0	H B.
				7 28	7 23	43 10	♊ B.	7 28	56 51	0 0	♊ B	6 28	25 0	0 0	♊ B	58 49	16 23	18 × 32	H B.
6	44 9	57 10	♊ B	4 26	59 11	13 38	♊ B	5 25	26 36	0 0	♊ B.	3 25	55 0	0 0	♊ B	56 46 56 46	4 49 2 44	5 0 48 × 12	 B. H B.

Catalogus Fixarum

Perseus	Ordo Tych.	Magn. Tych.	Magn. Hevelij	Hevelij Longitudo Latitudo Ex Distantijs °	′	″	S.	Hevelij Longitud. Latit. Ex Altit. Merid. °	′	″	S.	°
In dextro brachio	2	4	4	27 / 37	59 / 26	15 / 23	♉	21 / 37	0 / 26	29 / 50	♉ B.	24 / 37
In Cervice	5	5	5	23 / 34	14 / 20	12 / 9	♉ B.	23 / 34	12 / 19	15 / 16	♉ B	22 / 39
In sinistro humero	4	4	4	19 / 31 19 / 31	57 / 35 57 / 39	55 / 11 16 / 28	♉ B. ♉ B.	19 / 31	55 / 34	33 / 25	♉ B.	19 / 31
In dorso	6	4	4	24 / 30	26 / 37	27 / 19	♉ B	24 / 30	27 / 38	17 / 22	♉ B.	24 / 30
In sinist. cubito	11	4	4	22 / 26	59 / 3	25 / 44	♉ B.	22 / 26	57 / 4	10 / 34	♉ B	22 / 26
Inter lucid. et flex. latus prima	8	5	5	27 / 27	58 / 59	1 / 9	♉ B.	27 / 26	55 / 1	20 / 37	♉ B.	27 / 27
Inter lucid. et flex. latus Secunda	9	5	5	29 / 27	1 / 54	8 / 50	♉ B.	29 / 27	1 / 52	36 / 58	♉ B	29 / 27
In dext. femore sinist.	28	5	5	3 / 29	20 / 26	10 / 8	♊ B					3 / 29
In dext. femore seq.	[illegible]	4	4	5 / 28	1 / 49	15 / 29	♊ B.					5 / 28
In dextro genu	16	5	5	7 / 28	4 / 23	44 / 2	♊ B					7 / 28
In dext. poplite sinist.	18	5	5	4 / 26	45 / 10	[illegible] / 15	♊ B.	4 / 26	46 / 10	5 / 9	♊ B	4 / 26

17 26	57 30	♉ B	25 34	20 30	43 40	♉ B	25 34	41 6	0 0	♉ B	24 34	15 30	0 0	♉ B	40 52	6 7	3 23 B.
5 12	42 54	♊ B	0 27	19 14	13 39	♊ B	1 26	5 57	0 0	♊ B	29 27	15 20	0 0	♉ B.	49 46	43 38	31 30 B.
57 1	27 50	♊ B.	1 19	2 4	13 39	♊ B	1 18	41 54	0 0	♊ B	0 19	15 55	0 0	♊ B.	53 38 53 38	49 59 48 59	51 10 B. 49 10 B.
23 15	27 15	♉ B	28 11	30 18	13 0	♉ B	29 10	35 45	0 0	♉ B.	27 11	55 0	0 0	♉ B	53 30	14 51	33 15 B
26 20	21 54	♉ B	21 22	32 22	10 40	♉ B	22 22	5 0	0 0	♉ B	21 23	15 0	0 0	♉ B	41 39 41 39	34 37 34 37	43 7 B 39 7 B.
			19 21	14 35	13 40	♉ B	20 20	47 21	6 0	♉ B	19 21	15 0	0 0	♉ B	40 37 39 38	52 31 16 18	23 42 B. 51 52 B.
12 29	37 12	♉ B.	20 20	12 33	13 40	♉ B	19 21	50 9	0 0	♉ B	18 22	25 10	0 0	♉ B.	40 37	52 31	23 42 B
			21 20	25 54	13 38	♉ B	21 20	50 45	0 0	♉ B	20 21	45 0	0 0	♉ B.	42 38	29 19	15 52 B.
			17 20	8 53	13 40	♉ B	17 20	38 24	0 0	♉ B	16 20	15 40	0 0	♉ B.	37 36 37 36	19 56 20 55	37 8 B 11 18 B
24 15	27 24	♉ B	19 39	25 1	13 10	♉ B.	19 40	29 0	0 0	♉ B	19 40	15 50	0 0	♉ B	28 55	54 22	50 0 B

Catalogus Fixarum

Perseus	Ord. Tych.	Magn. Tych.	Magn. Hevelii	Hevelii Longitud. Latitud. ex distantiis °	'	"	S.	Hevelii Longit. Latit. Ex Alt. Merid. °	'	"	S.	°
Fulgens in dextro latere	7	2	2	27 30 27 30	21 5 20 5	10 58 3 56	♉ B. ♉ B.	27 30	19 4	32 42	♉ B.	27 30
Humerus dexter	3	3	3	25 34 25 34	19 29 16 29	21 40 46 6	♉ B. ♉ B.	25 34	16 28	14 43	♉ B.	25 34
In flexura lateris	10	3	3	0 27 0 27	5 16 5 16	17 43 20 39	♊ B. ♊ B.	0 27	3 15	4 0	♊ B.	0 27
Sinistrum genu	23	3	3	0 19	57 5	40 6	♊ B.	0 19 0 19	57 3 57 4	49 59 2 8	♊ B. ♊ B.	0 19
Sinistr. pedis sequens	26	3	3	28 11	24 17	21 30	♉ B.	28 11	24 18	22 5	♉ B.	28 11
Caput Medusae, Algol	12	3	3 2	21 22 21 22	26 29 26 23	31 0 8 52	♉ B. ♉ B.	21 22 21 22	27 23 27 23	0 17 0 17	♉ B. ♉ B.	21 22
Oculi praeced. Medusae	15	4	4	19 21 19 21	11 41 10 41	51 49 33 11	♉ B. ♉ B.	19 21	10 49	8 22	♉ B.	19 21
In Naribus Medusae	14	4	4	20 20	12 31	34 49	♉ B.	20 20	9 35	52 9	♉ B.	20 20
In bucca Medusae	13	5	5	21 20	40 54	23 26	♉ B.	21 20	39 57	48 45	♉ B.	21 20
In Crinibus Medusae	27	4	4	17 20	6 54	55 35	♉ B.	17 20 17 20	6 57 6 56	24 41 34 43	♉ B. ♉	17 20
In dextra manu Pers.	1	6	6	19 40	23 9	16 30	♉ B.					19 [illegible]

ad Annum 1660 gtlic.

			Hevelii Longitudo Latitudo Ex distantiis				Hevelii Longitudo Latitudo Ex Altit. Merid.				Hevelii Asc. Rect. Declin.			
			°	'	"	S.	°	'	"	S.	°	'	"	Bor. Austr.
							5	42	50	♓	332	38	45	
							13	25	25	B.	3	3	12	B.
							5	44	48	♓				
							13	29	9	B				
							4	25	0	♓	330	49	35	
							15	5	14	B.	4	9	12	B.
			9	49	24	♈					4	51	27	
			10	20	4	B.					13	22	59	B
22	13	♓	27	5	0	♓	26	5	0	♓	341	58	35	
34	0	B.	24	48	0	B	25	30	0	B	21	54	11	B.
55	13	♓	28	11	0	♓	26	35	0	♓	347	6	7	
49	19	B	24	15	0	B	25	0	0	B	21	32	36	B.

Catalogus Fix

Pegasus			Magnitudo Hevelij	Hevelij Longit. Latit. Ex Distantijs °	'	"	S.	Ex c
H. In crure Bor. seq.			6 7	1 32	46 52	55 16	♈ B	1 32
H. In crure Austral.			6	3 31	12 2	52 3	♈ B	3 31
H. In ~~[illegible]~~ suffr. Tibiae			6					6 36
H. In ancone alae praed.			6	21 14	45 57	30 36	♓ B	21 15
H. In ancone alae seq.			5	23 14	21 46	32 38	♓ B	23 14
H. In Ilio sub Marcab Bor. praed.			5	16 13	50 55	34 40	♓	16 13
H. In Ilio sub Marcab Bor. seq.			6	17 13	46 52	44 10	♓ B.	17 13
H. In Ilio sub Marcab Austr. seq.			6 vel 5	17 12	42 46	38 27	♓ B.	17 12
H. In Ilio sub Marcab Aust. praed.			6	17 13	10 23	32 7	♓ B.	17 12
In Media ala praed.	15	6	6	26 25	21 35	11 15	♓ B	26 25
In Media ala seq.	16	6.	6	27 24	15 45	51 5	♓	27 24

ad Annum 1660 [illegible]

Princip. Hass. Longit. Latitud.				Riccioli Longit. Latit.				Ulug Beigh Longitud. Latitud.				Ptolomaei Longit. Latit.				Hevelij Asc. Rect. Declinat.			
°	′	″	S.	°	′	″	S.	°	′	″	S.	°	′	″	S.	°	′	″	Bor. Aust.
				29	36	13.	[illegible]									318	36	31	
				36	10	0	B									22	12	15	B.
																318	40	7	
																22	12	15	B.
				4	12	13	♓	4	41	0	♓	3	55	0	♓	322	20	17	♓
				36	41	20	B	36	27	0	B	36	50	0	B.	24	10	36	B.
9	41	57	♓	9	39	13	♓	9	29	0	♓	9	15	0	♓	327	49	0	
34	16	30	B	34	18	0	B	34	9	0	B	34	15	0	B.	23	45	14	B.
14	53	47	♓	14	52	13	♓	14	44	0	♓	15	15	0	♓	328	43	35	
40	58	24	B	40	59	20	B	41	0	0	B	41	10	0	B	31	35	20	B.
				20	14	13	♓	20	35	0	♓	20	5	0	♓	336	27	13	
				34	23	15	B	34	9	0	B					27	36	32	B.
18	22	12	♓	18	18	43	♓	19	20	0	♓	17	45	0	♓	337	32	53	
28	47	40	B	28	48	0	B.	28	39	0	B	29	0	0	B.	21	47	52	B.
19	41	57	♓	19	42	43	♓	20	23	0	♓	18	35	0	♓	338	25	33	
29	30	0	B	29	23	20	B	29	0	0	B	29	30	0	B.	22	51	7	B.
				25	40	13	♓									316	37	11	
				33	20	0	B.									18	29	52	B.
				16	4	13	♓ [illegible]									322	7	5	
				25	15	0	B. [illegible]									15	52	52	B.
																331	24	23	
																26	41	20	B
																346	21	13	
																30	0	0	B

Catalogus Fixa[rum]

...sus	Ordo Tych.	Magnitudo Tych.	Magnitudo Keplerj	Heraclij Longitud. °	'	Latitud. Ex Distantijs " S.	Ex... °
...gul. [illegible] praeced. ...tryg. ... trapezij	22	4	5				29 36 / 29 36
...gul. seq. [illegible]	8	4	4	4 36	16 43	53 7 ♓ B.	
...gena	9	4	4	9 34	42 19	49 0 ♓ B	9 34
...angulum	10	4	5	14 41	53 2	29 13 ♓ B	14 41
...rus dextrum	14	5	5	20 34	19 26	10 13 ♓	20 34
...praecedens	11	4	4	18 28	21 49	50 6 ♓ B	18 28
...sequens	~~16~~ 12	~~6~~ 4	4	19 29	41 26	30 4 ♓ B	19 29
...prim. praeced.	21	4	4	25 33	37 22	51 57 ♒ B.	25 33
...prod. seq.	23	4	4	0 29	20 6	13 21 ♓ B	0 29
...sinistro			6	14 35	47 34	0 6 ♓ B	14 35
...bor. praeced.			6	[illegible] 32	51 41	3 54 ♒ B.	[illegible] 32

ad Annum 1660 ytle.

Princip. Hass. Longit. Latitud.				Riccioli Longit. Latit.				Ulug Beigh Longit. Latit.				Mosomai Longit. Latit.				Hevelii Asc. Rect. Declinat.			
°	′	″	S.	°	′	″	S.	°	′	″	S.	°	′	″	S.	°	′	″	Bor. Aust.
27	11	12	♒	27	11	20	♒	27	38	0	♒	26	55	0	♒	321	52	23	
22	7	12	B	22	6	20	B	22	0	0	B.	21	30	0	B	8	24	0	Bor.
11	25	57	♓	11	28	43	♓	11	35	0	♓	20	25	0	♓	336	7	41	
17	41	6	B	17	40	0	B	17	15	0	B	18	0	0	B.	9	7	32	B.
																336	7	13	
																9	7	32	B
18	46	47	♓	18	45	50	♓	19	5[illegible]	0	♓	18	15	0	♓	341	57	29	
19	23	24	B.	19	24	50	B	19	0	0	B	19	40	0	B	13	25	53	B.
24	39	57	♓	24	40	20	♓	24	47	0	♓	23	45	0	♓	341	50	19	
31	7	40	B.	31	8	20	B	30	51	0	B	31	0	0	B.	26	17	26	
																341	51	9	
																26	17	26	
21	2	57	♓	20	59	43	♓	21	17	0	♓	20	35	0	♓	336	47	3	
35	5	54	B	35	6	20	B	34	45	0	B	35	0	0	B	24	30	7	B.
4	26	27	♈	4	26	20	♈	4	32	0	♈	3	45	0	♈ ♓	358	56	3	
12	34	6	B	12	37	2	B	12	24	0	B	12	30	0	B.	13	20	9	B.
																358	58	3	
																13	20	4	B.
																358	56	11	
																13	19	19	B.
				0	34	43	♓	1	23	0	♓	29	35	0	♒	327	8	17	
				15	42	0	B	15	15	0	B.	16	0	0	B	3	28	0	B.
[illegible]	6	12 57	♓	2	4	43	♓	2	35	0	♓	0	45	0	♓	328	14	7	
[illegible]	28	20	B	22	6	20	B	15	48	0	B	16	50	0	B.	4	35	23	B
				13	14	13	♓	14	23	0	♓	12	5	0	♓	337	25	43	
				18	28	0	B	18	0	0	B	19	0	0	B	10	29	42	B.
				13	33	13	♓	14	8	0	♓	12	5	0	♓	338	54	41	
				15	42	20	B	15	71	0	B	16	0	0	B	8	6	7	B.
				13	49	13	♓	15	5	0	♓	12	55	0	♓	339	30	33	
				14	29	20	B	19	15	0	B	15	0	0	B	7	4	37	B.
				7	17	13	♓									331	13	3	
				20	50	0	B									10	33	37	B

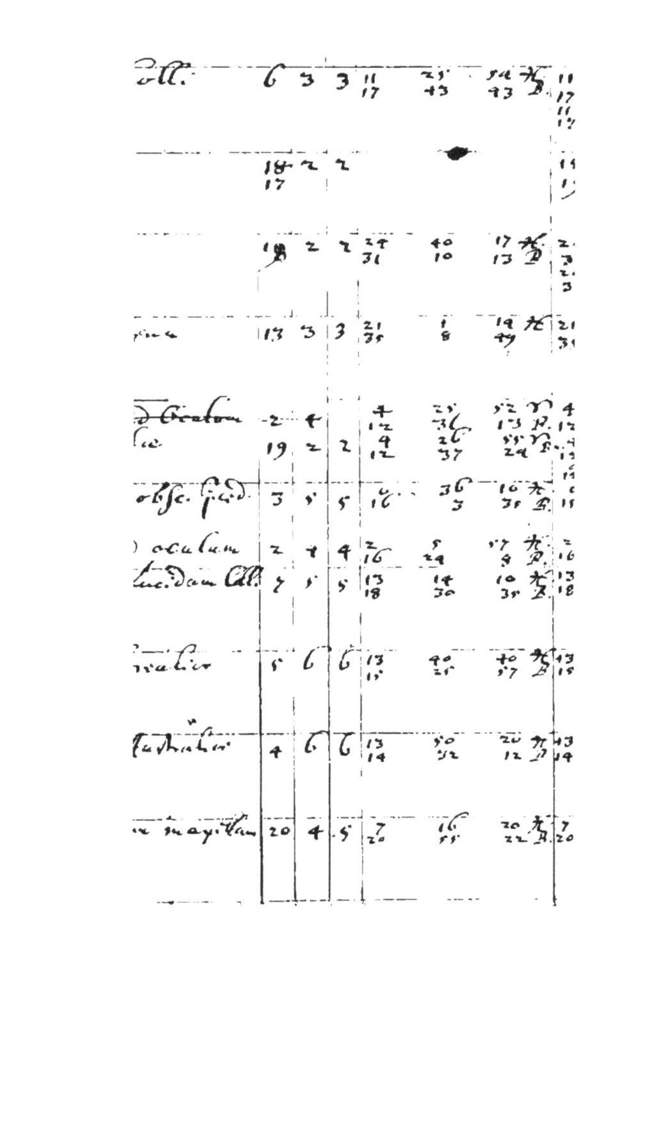

ad Annum 1660 [illegible].

Principis Hass. Longit. Latit. °	′	″	S.	Riccioli Longit. Latit. °	′	″	S.	Ulug Beigh Longit. Latit. °	′	″	S.	Ptolemaei Longit. Latitud. °	′	″	S.	Hevelii Asc. Rect. Declinat. °	′	″	Bor. Aust.
				28 7	59 19	13 16	♊ A.	29 7	14 15	0 0	♊ A.	28 8	55 15	0 0	♊ A.	88 16	57 11	41 34	 B.
				23 3	59 12	43 46	♊ A.	24 3	17 24	0 0	♊ A.	23 3	15 45	0 0	♊ A.	83 19 83 20 84 20	29 59 35 10 58 12	29 0 3 52 12 23	 B. B. B.
				26 3	12 21	13 15	♊ A.	26 3	2[illegible] 45	0 0	♊ A.	26 4	15 15	0 0	♊ A.	85 20 85	59 5 58	3 52 45	 B.
13 29	9 54	12 40	♊ A.	13 29	1 52	43 0	♊ A.	13 30	47 24	0 0	♊ A.	12 30	35 15	0 0	♊ A.	75 7	19 18	47 2	 B.
14 30	49 59	57 50	♊ A.	14 30	28 59	13 10	♊ A.	15 31	11 15	0 0	♊ A.	14 31	55 10	0 0	♊ A.	76 8 76	55 7 55	21 38 51	 A.
				17 30	9 37	13 0	♊ A.	17 30	41 51	0 0	♊ A.	18 30	5 50	0 0	♊ A.	78 7 78	54 35 54	5 33 39	 A.
				19 30	12 37	13 28	♊ A.	19 30	35 42	0 0	♊ A.	19 30	15 40	0 0	♊ A.	80 7 80	37 28 33	25 13 7	 A.
				Ex [illegible].				Ex Declin.				Asc. R. Declin.							
In vagina prec. [illegible] 6 m.								23 32	58 59	56 0	♊ A.					84 9	53 35	0 8	 A
In vagina seq. [illegible] 6 m.								29 34	26 7	28 0	♊ A.					87 10	31 36	35 38	 A.
In vagina in pollice [illegible] septr. super. 6 m.				29 32	59 59	50 29	♊ A.									89 9 85 9	39 58 14 33	48 37 47 31	 B. A
In vagina in [illegible] infer. 6 m.				25 34	51 9	49 54	♊ A.									~~71~~ ~~14~~ 86 10	~~19~~ ~~54~~ 30 37	~~31~~ ~~37~~ 54 36	 B. A
In Galeam prec. 6 m.								18 8	45 58	25 31	♊ A.	78 14	29 5	45 0	 A.	~~72~~ ~~15~~	~~36~~ ~~8~~	17 22	 B.
In Galeam seq. 6 m.								20 6	27 51	3 13	♊ A.	80 16	7 19	5 26	 B.				

Catalogus Fixarum

Orion	Ordo Tych.	Magnitudo Tych.	Magnitudo Hevelii	Hevelii Longitud. Latitud. Ex distantiis °	'	"	S.	Hevelii Longitud. Latitud. Ex Alt. Merid. °	'	"	S.	[illegible] °
In digit. manus super. seq.	12	6	6	28 7	59 17	47 37	II A.	28 7	59 19	40 33	II A.	28 7
In clava praecedens	13	5	5	23 3	58 10	52 15	II A	23 3 23 3	52 23 58 18	26 0 13 24	II A II A	24 3
In clava intermedia				25 3	17 13	0 6	II A.					
In clava sequens	14	5	5	26 3	14 19	2 25	II A	26 3 26 3	13 21 13 21	22 14 4 19	II A II	26 3
Prope Rigel duarum praeced.	38	4	4					13 29	8 57	50 0	II A	13 29
Prope Rigel duarum seq.	39	5	5	14 30	47 54	48 51	II A	14 30 14 30	51 56 52 46	37 47 12 42	II A. II	14 31
Inter femora praecedens	35	4	4					17 30 17 30	11 36 12 36	30 17 9 17	II A. II	17 30
Inter femora sequens	36	5	5	19 30	3 19	26 9	II A.	19 30 19 30	11 37 11 37	39 25 39 25	II A. II	19 30
In dextro femore sub cubito; inter femora seq.			5	19 30	3 19	26 9	II A.					
In dextro cubito			6	29 13	29 18	18 54	II A	29 13	34 31	32 41	II A.	29 9
In sinistra manu praeced.			5	11 6	34 56	6 55	II A	11 7 11 7	49 25 49 25	6 15 3 15	II A. II A	21 14

ad Annum [illegible]

Regis Hisp. Longit. Latit. °	′	″	S	Riccioli Longitud. Latitud. °	′	″	S	Ulug Beigh Longit. Latit. °	′	″	S	Ptolemaei Longit. Latit. °	′	″	S	Hevelii Asc. Rect. Declin. °	′	″	Bor. Austr.
				15 21	46 22	13 31	♊ A.									76 1 76	48 31 48	17 12 37	 A. x
				14 23	45 32	13 38	♊ A.									76 0 76	7 45 8	39 18 1	 A. x
				15 24	31 6	13 30	♊ A.									76 1 76 1	47 10 47 9	57 28 55 38	 A. x A.
				19 26	25 0	13 0	♊ A.									80 2 80	25 48 25	9 50 33	 A. x
				20 21	34 57	13 30	♊ A.									81 1 81 1	14 18 14 18	33 30 55 30	 B. x B.
				23 21	14 34	43 29	♊ A.									83 1 83	41 44 42	55 46 13	 B. x
				24 22	59 56	13 30	♊ A.									85 0 85 0 85 0	22 32 22 32 23 30	35 0 31 0 23 0	 B. B. x B.
				29 11	21 30	13 10	♊ A.	29 11	26 15	0 0	♊ A.	27 11	55 50	0 0	♊ A.	89 12	16 20	53 22	 B.
				27 8	11 49	43 18	♊ A.	28 8	14 42	0 0	♊ A.	27 9	35 45	0 0	♊ A.	87 14	4 46	5 10	 B.
				28 9	19 15	23 15	♊ A.	28 9	47 15	0 0	♊ A.	28 10	5 0	0 0	♊ A.	88 14	12 15	28 9	 B.
				28 7	12 20	42 40	♊ A.	28 7	20 15	0 0	♊ A.	28 8	15 15	0 0	♊ A.	88 16 88	8 10 8	37 24 29	 B. x

Catalogus Fix.

♉ Orion	ordo Tych.	Magnitudo Tych.	Magnitudo Hevelij	Hevelij Longitud. Latitud. Ex distantijs °	'	"	S.	Ex °
In sinistr. latere Boreal.	45	5	5	15 21	41 18	53 40	♊ A.	15 21 15 21
In sinistr. latere Media	44	5	5	14 23	46 27	50 39	♊ A.	14 23 14 23
In sinistr. latere infima	43	6	6	15 23	25 40	29 25	♊ A.	15 24 15 24
Quae sub ultima Cinguli	41	4	4	19 25	17 56	13 56	♊ A.	19 25 19 25
In dorso praecedens	47	5	5	20 21	22 52	5 3	♊ A.	20 21 20 21
In dorso sequens	48	5	5	23 21	8 31	27 7	♊ A.	23 21 23
In dextro latere	49	5	5	25 23	7 0	21 12	♊ A. B.	24 22 24 12 24 22
In dextro brachio	[illegible]	6	6	29 11	17 5	56 18	♊ A.	29 11
In dextra manu infer. praecedens	10	4	5	27 8	8 40	9 37	♊	27 8
In dextr. manu infer. seq.	9	4	5	28 9	14 13	17 48	♊ A.	28 9
In dextr. manu super. praec.	11	6	6	28 7	11 19	27 15	♊ A.	28 7 28 7

ad Annum 1660 [illegible]

Princip. Hassiae Longit. Latitud.				Riccioli Longitud. Latitud.				Ulug Beigh Longit. Latit.				Ptolomaei Longit. Latit.				Hevelij Asc. Rect. Declinat.			
°	′	″	S.	°	′	″	S.	°	′	″	S.	°	′	″	S.	°	′	″	S.
				14	25	43	II									74	19	0	
				11	44	28	A.									10	55	52	B.
				12	47	13	II									73	56	7	
				20	7	29	A.									2	24	35	B.
																73	56	23	*
18	59	9	II	19	1	43	II	19	41	0	II					79	7	35	
13	26	36	A.	13	25	40	A.	13	30	0	A.					9	40	39	B.
																79	7	41	*
				19	1	43	II									79	3	23	
				13	53	40	A.									9	14	41	B.
																79	3	33	*
				19	23	43	II					18	35	0	II	79	34	11	
				14	4	20	A.					16	30	0	A.	9	4	37	B.
				17	36	13	II	17	40	0	II	16	55	0	II	78	10	7	
				17	21	40	A.	17	39	0	A.	18	0	0	A.	5	39	30	B.
				25	54	43	II	25	50	0	II	25	55	0	II	85	57	23	
				14	50	40	A.	14	0	0	A.	14	30	0	A.	9	37	30	B.
				15	20	13	II					15	45	0	II	76	13	51	
				19	39	20	A.					20	40	0	A.	3	11	17	B.
																76	14	9	*
				16	29	52	II	16	41	0	II	16	55	0	II	77	15	13	
				20	8	20	A.	20	30	0	A.	20	20	0	A.	2	47	22	B.
																77	15	47	*
																2	45	37	B.
				17	36	13	II	17	23	0	II	17	55	0	II	78	23	5	
				19	52	20	A.	20	9	0	A.	20	0	0	A.	2	57	12	B.
																78	23	21	*
				18	30	43	II	19	26	0	II	19	25	0	II	79	7	19	
				19	36	20	A.	19	42	0	A.	19	40	0	A.	3	33	12	B.
																79	7	45	*
																3	30	38	B.
				19	47	13	II	20	5	0	II					80	19	47	
				19	17	20	A.	19	24	0	A.					3	53	0	B.
																80	20	1	*

...on	Ord. Tych.	Magn. Tych. reductud.	Magn. Hev.	Hevelij Longitudo Latitud. Ex Distantijs °	'	"	S	Ex. °
Cygno	50	6	6	14 11	13 40	35 52	II A	14 11
c Oriental.	46	4	5	12 20	49 6	9 12	II A	12 20
...d. Boreal.	1	4	4	18 13	58 24	23 33	II A	18 13
...d. Austral.	2	5	5	18 13	51 32	6 14	II A	18 13 18 13
Sequens	3	5	5	19 13	21 59	32 20	II A	19 14
Sinistrum	6	4	5	17 17	35 14	36 27	II A	17 17
...l. Sumerum	7	4	4	25 13	44 47	47 27	II A	25 13
Capella prima	42	6	6	15 19	21 33	37 27	II A	15 19 15 19
Secunda	18	5	5	16 20	22 0	15 38	II A	16 20 16 20
Tertia	17	6	6	17 20	35 0	6 1	II A	17 20 17 20
quarta	16	6	6	18 19	25 25	1 5	II A	18 19 18 19
quinta	15	5	5	19 19	43 13	36	II A	19 19 19 19

Princip. Hass. Longit. Latit.				Riccioli Longit. Latit.				Ulug Beigh Longit. Latitud.				Ptolomaeus Longit. Latit.				Hevelius Asc. Rect. Declinat.			
°	'	"	S.	°	'	"	S.	°	'	"	S.	°	'	"	S.	°	'	"	Bor. Austr.
				8 8	42 16	35 29	♊ A.	12 7	50 45	0 0	♊ A.	12 8	5 0	0 0	♊ A.	68 13 68 13	23 41 22 39	5 24 57 47	 B. * B.
				9 9	37 6	32 30	♊ A.	11 7	56 54	0 0	♊ A.	10 4	55 10	0 0	♊ A.	69 12 69	21 58 22	55 49 1	 B. *
				8 11	59 5	33 28	♊ A.	11 10	23 6	0 0	♊ A.	9 10	35 15	0 0	♊ A.	69 10	8 49	23 42	* B.
				8 12	50 25	1 0	♊ A.	8 12	50 42	0 0	♊ A.	7 12	55 50	0 0	♊ A.	69 9 69	4 35 5	59 4 7	 B. *
				7 13	38 3	32 0	♊ A.	7 14	53 18	0 0	♊ A.	6 14	45 15	0 0	♊ A.	68 8	3 17	29 43	* B.
7 15	8 28	57 45	♊ A.	7 15	12 26	33 30	♊ A.	7 15	23 30	0 0	♊ A.	6 15	25 50	0 0	♊ A.	69 6	52 20	39 15	* B.
7 16	22 53	42 0	♊ A.	7 16	22 49	35 28	♊ A.	7 16	44 45	0 0	♊ A.	6 17	25 10	0 0	♊ A.	68 4	18 59	35 49	* B.
7 20	45 6	27 50	♊ A.	7 20	47 1	33 30	♊ A.	7 20	56 18	0 0	♊ A.	6 20	55 26	0 0	♊ A.	69 1 69	9 52 9	27 19 41	 B. *
				8 20	46 55	32 0	♊ A.	8 21	59 12	0 0	♊ A.	7 21	55 30	0 0	♊ A.	70 1	15 10	27 49	* B.
				12 13	22 7	43 30	♊ A.					[illegible]				72 [illegible]	26 2	31 0	* B.
				11 14	49 23	13 29	♊ A.									72 8 72	24 0 24	5 32 11	 B *

Catalogus Fixarum

Orion	Ordo Tych.	Magnitudo Tych.	Magnitudo Hevelij	Hevelij Longitud. Latitud. Ex Distantiis °	'	''	S.	Hevelij Longitud. Latitud. Ex Alt. Merid. °	'	''	S.	°
In limbo Clypei suprema	19	4	5	8 8	47 15	13 4	Ⅱ A.	8 8 8 8	47 14 47 15	55 5 32 39	Ⅱ A. Ⅱ A.	8 8
Secunda	20	4	5	9 9	37 7	57 10	Ⅱ A.	9 9 9 9	38 9 39 4	58 38 51 38	Ⅱ A. Ⅱ A.	9 9
Tertia	21	6	6	9 11	6 11	17 2	Ⅱ A.	9 11	6 10	59 26	Ⅱ A.	9 11
Quarta	22	4	5	8 12	52 22	8 49	Ⅱ A.	8 12	52 23	30 45	Ⅱ A.	8 12
Quinta	23	4	4	7 13	38 32	11 21	Ⅱ A.	7 13	38 31	52 8	Ⅱ A.	7 13
Sexta	24	4	4	7 15	9 24	27 20	Ⅱ A.	7 15	9 25	12 31	Ⅱ A.	7 15
Septima	25	4	4	7 16	22 47	24 34	Ⅱ A.	7 16	22 49	41 6	Ⅱ A.	7 16
Octava	26	4	4	7 20	44 2	27 42	Ⅱ A.	7 20	45 2	45 8	Ⅱ A.	7 20
Infima	27	4	5	8 20	47 48	53 34	Ⅱ A.	8 20 8 20	48 52 48 52	16 37 35 55	Ⅱ A. Ⅱ A.	8 20
In sinistro Cubito Bor.	51	6	6	12 12	1 47	45 16	Ⅱ A.	12 13	2 2	27 14	Ⅱ A.	12 13
In sinistro Cubito Austr.	52	6	6	11 14	56 21	49 56	Ⅱ A.	11 14	54 24	59 2	Ⅱ A.	11 14

Ad Annum 1660

Princip. Hass. Longit. Latit.				Riccioli Longitud. Latitudo				Ulug Beighi Longitud. Latitud.				Ptolemaei Longitud. Latitud.				Hevel. Asc. Rect. Declinat.			
°	'	"	S.	°	'	"	S.	°	'	"	S.	°	'	"	S.	°	'	"	Bor. Aust.
24	1	57	II	24	2	48	II	24	23	0	II	23	35	0	II	54	12	23	
16	6	0	A.	16	6	15	A	16	45	0	A	17	0	0	A.	7	19	15	Bor.
																84	12	55	
																84	12	[illegible]	
																7	19	30	B.
16	13	27	II	16	13	0	II	16	44	0	II	11	55	0	II	76	45	15	*
16	53	40	A	16	52	30	A.	17	15	0	A.	12	30	0	A.	6	0	12.	Bor.
																76	45	35	
12	7	27	II	12	3	10	II	12	35	0	II	11	25	0	II	74	35	35	*
31	11	36	A.	31	10	10	A	31	18	0	A.	31	30	0	A.	8	36	18	A.
																74	33	57	
																8	36	18	A.
21	41	57	II	21	35	13	II	21	50	0	II	21	45	0	II	82	55	47	*
33	8	50	A	33	7	0	A	33	21	0	A	33	30	0	A.	9	48	50	A.
																82	55	29	
																9	48	50	A
17	38	21	II	17	35	40	II	17	44	0	II	16	55	0	II	78	40	17	*
23	37	54	A.	23	36	40	A	23	57	0	A	24	10	0	A.	0	33	59	A.
																78	40	43	
18	44	27	II	18	39	55	II	19	20	0	II	18	55	0	II	79	45	15	*
24	34	48	A	24	34	10	A.	24	36	0	A.	24	50	0	A	1	26	14	A.
																79	45	57.	
19	57	37	II	19	59	15	II	20	14	0	II	19	45	0	II	80	55	51	*
25	22	15	A.	25	21	10	A	25	24	0	A.	25	40	0	A.	2	8	20	A.
																80	55	47	
15	27	12	II	15	23	43	II	15	5	0	II	15	25	0	II	76	51	19	
25	38	0	A	25	37	10	A	25	39	0	A.	25	50	0	A.	34	37	18	A.
																2	43		
																76	51	43	*
18	16	47	II	18	13	43	II	18	44	0	II	18	35	0	II	79	43	55	
29	17	6	A.	29	17	39	A	29	12	0	A	29	40	0	A.	6	10	43	A.
																79	44	27	*
18	20	47	II	15	10	43	II	18	29	0	II	18	15	0	II	79	38	53	
28	35	0	A	28	45	39	A.	28	27	0	A.	29	10	0	A.	5	37	34	A.
																79	39	21	*
18	23	37	II	18	14	13	II	18	13	0	II	18	5	0	II	79	46	41	*
27	50	45	A	28	10	10	A.	27	54	0	A	28	20	0	A	5	4	34	A.

Or. Catalogus Fixarum

Orion	Ord. Tych.	Magnitudo Ptol.	Magnitudo Tych.	Fixarum Longitudo Latitudo Ex Distantiis °	'	" S.	Fixarum Longitudo Latitudo Ex Alt. Merid. °	'	" S.	°
Humerus dexter	4	2	1	24 16	1 4	10 II 56 A	24 16 24 16 22 16	1 3 1 3 3	10 II 52 A 44 53 38	24 16
Humerus sinister	5	2	2	16 16	13 52	11 II 39 A	16 16 16 16	13 52 13 52	25 II 11 A 48 13	16 16
Rigel	37	1	1	12 31	6 9	23 II 26 A	12 31 12 31	7 9 5 9	26 II 26 A 35 II 14 A	12 31
Pes dexter	40	3	3	21 33 21 33 21 33	38 5 39 4 40 6	29 II 20 A 25 II 46 A 35 II 2 A	21 33 21 33	40 6 40 6	26 II 54 A 5 II 54 A	21 33
Cinguli prima	28	2	2	17 23	38 35	16 II 56 A	17 23 17 23	37 35 37 35	26 II 7 A 54 II 9	17 23
Cinguli media	29	2	2	18 24	43 32	55 II 50 A	18 24 18 24	43 32 44 32	40 II 26 A 26 II 30	18 24
Cinguli ultima	30	2	2	19 25	57 19	23 II 48 A	19 25 19 25	57 19 57 19	50 II 42 A 46 II 42	19 25
In Manubrio ensis	31	3	3	15 25	20 32	28 II 0 A	15 25 15 25	24 33 25 33	57 II 47 A 29 II 48 A	15 25
Infima in ense	34	3	3	18 29	10 9	20 II 4 A	18 29 18 29	16 15 17 16	44 II 57 A 21 II 1 A	18 29
Media in ense	33	3	3	18 28	10 41	30 II 23 A	18 28	19 42	40 II 33 A	18 28
Suprema in ense	32	5	5	18 28	21 7	14 II 11 A	18 28 18 28	25 10 25 10	24 II 13 A 10 II 17 A	18 28

ad Annum 1660 N. 4.

Catalogus Fixarum

	Ordo Tych.	Magnitudo Tych.	Magnitudo Hevelij	Hevelij Longitud. Latitud. Ex Distantijs ° ' '' S.	Hevelij Longit. Latit. Ex Alt. Merid. ° ' '' S.

ad Annum 1660 [illegible]

Princip. Hass. Longit. Latit.				Riccioli Longitud. Latitud.				Ulug Beigh Longit. Latit.				Ptolomaei Longit. Latit.				Hevelii Asc. Recta Declinat.			
°	′	″	S.	°	′	″	S.	°	′	″	S.	°	′	″	S.	°	′	″	Bor. Aust.
1 49	25 56	57 36	♌ A	1 44	26 58	13 30	♌ A	2 42	26 42	0 0	♌ A.					113 24	45 0	37 30	 A.
6 43	45 15	45 15	♌ A	6 43	44 18	13 30	♌ A	6 43	20 33	0 0	♌ A					118 23	15 19	41 4	 A.
				4 32	57 7	13 4	♌ A.									118 11	34 56	43 0	 A.
																29	0	0	A.
28 47	51 24	42 24	♋ A	28 47	50 28	43 3	♋ A.	28 47	20 42	0 0	♋ A.					111 26	15 1	9 30	 A.
				1 49	0 0	43 0	♌ A	0 49	29 6	0 0	♌ A.								
				27 49	50 10	43 0	♋ A	28 49	5 9	0 0	♋ A								
				1 49	50 30	40 0	♌ A	0 49	44 24	0 0	♌ A								
																23 26	19 23	0 38	
																14 12	44 20	30 0	

Catalogus Fixarum

	Ordo Tych.	Magnitudo Tych.	Magnitudo Hevel.	Hevelii Longitudo Latitudo Ex Distantiis °	'	"	S.	Hevelii Longitudo Latitudo Ex Alt. Merid. °	'	"	S.	°
...a Seq.	2	3						1 44	20 57	23 20	♌ A.	1 44
...uppida	1	3		6 43	43 13	40 12	♌ A.	6 43	40 16	39 54	♌ A	6 43
...d ~~Super.~~ ~~inferior~~	4	4						3 32	33 9	47 36	♌ A	4 32
...yprohyp		3										
...us media	3	5						28 47	46 25	54 55	[illegible] A	28 47
...e inferior												1 49
...p. [illegible]												27 49
Seq.												
inferior												
...p. [illegible] ...inferior												
... Super. ...p.												
...ramis												

Princ. Hassiae Longit. Latit.				Riccioli Longitud. Latitudo				Ulug Beigh Longit. Latit.				Ptolemaei Longit. Latit.			Hevelii Asc. Recta Declinatio			
°	′	″	S.	°	′	″	S.	°	′	″	S.	°	′	″	°	′	″	Bor. Aust.
				4 23	48 15	13 0	[illegible] A.	5 22	26 39	0 0	[illegible] A.				122 2	13 48	27 0	A.
															126 6	46 1	49 6	A.
				24 30	39 30	40 0	[illegible] A.								111 8	14 46	55 23	A.
															90 7	53 40	43 53	A.
															101 3	34 45	15 41	A.
															103 3	27 42	17 38	[illegible]
															110 3	8 25	41 35	[illegible] A.
															115 2	42 43	27 8	A.
															116 0	1 29	47 48	A.
															116 0	32 59	42 32	[illegible]

Monoceros	Ordo Tych.	Magn. Tych.	Magn. Hevelij	Hevelij Longitudo Latitudo Ex Distantijs °	'	"	S	Hevelij Longit. Latitud. Ex Alt. Meridian. °	'	"	S.	°
In sinistro femore	5	4	4					5 22	11 26	14 42	♌ A	4 23
In Cauda			4	10 24	53 31	52 0	♌ A	10 24	50 26	58 44	♌ A	10 24
In Ventre			4	24 30	33 28	0 33	♋ A	24 30	33 28	32 52	♋ A	24 30
In pede sinist. anter. seq. In angulo sinist. pedis anter. H.			6	1 31	2 12	8 18	♋ A	1 31	2 11	14 0	♋ A	
In pectore praeced. H.			5	12 26	57 40	13 48	♋ A	12 26	57 41	4 45	♋ A	
In Pectore seq. H.			6	15 26	1 26	22 53	♋ A	15 26	2 30	20 51	♋ A	
In Latere praeced. H				22 25	41 22	28 40	♋ A					110 3
In Latere seq. Aust. H.			5					28 23	14 43	58 55	♋ A	
In Tergo praeced. vel infra [Super triangulum] infra Aequ. H.			5	28 21	26 19	10 29	♋ A	28 21	8 28	6 20	♋ A	
H. Supra tergum H seq. super Aequat. et in tergo Bor.			5	28 19	22 55	41 46	♋ A					
H. Sub Monocer. informis												

Princip. Hass. Longit. Latit.				Riccioli Longit. Latitud.				Ulug Beigh. Longit. Latit.				Ptolemaei Longit. Latit.				Hevelij Asc. Rect. Declinat.			
°	'	"	S	°	'	"	S.	°	'	"	S.	°	'	"	S.	°	'	"	Bor. Au.
				5 13	39 14	13 30	Gy A.									95 10	35 10	5 0	B.
				7 14	25 58	13 36	Gy A.									97 4	15 22	43 7	B.
				3 15	47 56	13 0	Gy A.									93 7	40 34	3 0	B.
				1 18	57 46	13 28	Gy A.									91 4	30 44	21 12	B.
				3 ~~15~~ 18	47 ~~56~~ 23	13 ~~0~~ 29	Gy A.									93 5	34 5	33 37	B.
				8 20	3 32	43 28	Gy A	13 22	41 42	0 0	Gy A.					97 2	34 45	59 4	B.
				14 22	44 46	0 29	Gy A.									103 0 103 0	37 0 37 0	37 28 37 28	Bor B.
				29 29	33 30	13 30	H A									89 6 89 6	37 10 37 9	25 48 27 28	A. H A
				3 28	11 3	13 30	Gy A.									92 4	53 39	11 45	A.
				3 29	32 48	13 29	Gy A.									93 6	7 47	37 33	A.

Catalogus Fixarum

MONOCEROS	Ordo Stellarum	Magnitudo	Magnitudo	Hevelii Longitudo Latitudo Ex Distantiis °	'	''	S.	Hevelii Longitud. Latitud. Ex Alt. Merid. '	''	S.
In aure	58	4	4	5 13	38 13	43 35	♋ 5 A. 13	38 13	49 45	♋ 5 A. 13
In Cervice	60	5	5	7 14	26 59	45 0	♋ 7 A. 14	26 56	14 58	♋ 7 A. 19
Ad Oculum	57	4	4	3 15	46 53	36 33	♋ 3 A. 15	46 53	49 28	♋ 3 A. 15
In Naribus	56	4	4	1 18	35 43	27 50	♋ 1 A. 18	35 45	6 37	♋ 1 A. 18
Ad Genam	59	5	5	3 18	47 11	51 0	♋ 3 A. 18	45 21	11 53	♋ 3 A. 18
Sub Collo	61	4	4	8 20	5 31	28 33	♋ 8 A. 20	5 32	31 29	♋ 8 A. 20
In eductione colli	62	4	4	14 22	48 43	56 0	♋ 14 A. 22 Bo. 14 22	48 47 48 47	25 51 25 48	♋ 14 A. 22 ♋ A.
Inter pedes anter. praec. antecedentium Bor.	53	4	4	29 29	34 39	14 46	[illegible] 0 A. 29	25 41	50 6	♋ 29 A. 29
Inter pedes anter. seq. sequentium Bor.	55	5	5	3 28	15 0	45 51	♋ 3 A. 28	15 3	39 7	♋ 3 A. 28
In pede sinistr. anteriori seq.	54	4	4	3 30	36 16	50 33	♋ 3 A. 30	35 17	46 31	♋ 3 A. 29
In Tergo seq. in eductione Caudae										

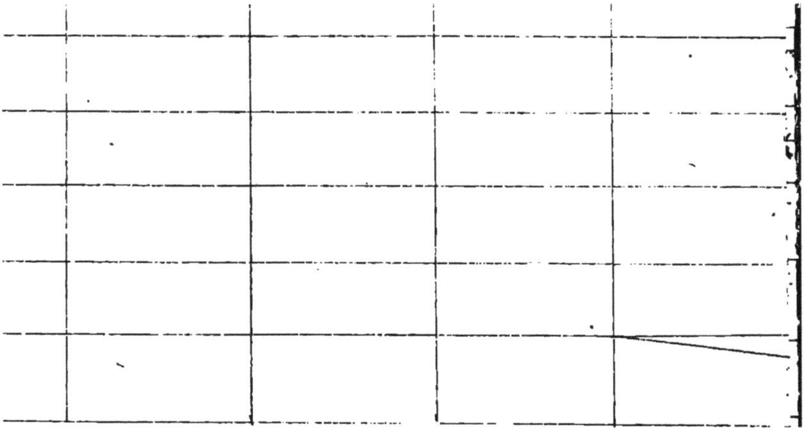

Catalogus Fixarum

Lyra

Lyra		Hevelij Longitudo Latitudo Ex distantiis °	'	"	S.	Hevelij Longitudo Latitudo Ex Alt. Merid. °	'	"	S.	H… H… D… °
Ad Collum testudinis infer.	5	20 / 66	29 / 14	10 / 25	♑ B.					281 / 43
Praecedens Caput seu in extrem. [illegible] super. seq.	6	5 / 62	26 / 49	3 / 0	♑ B					273 / 39
In ala seq. duarum Mediarum Austral.	6	28 / 57	29 / 22	30 / 57	♑ B.	28 / 57	30 / 25	26 / 17	♑ B	288 / 35
In cuspide alae seq.	5	29 / 55	32 / 18	20 / 33	♑ B.	29 / 55	30 / 17	42 / 43	♑ B.	289 / 33
Praecedens lucidam capitis [illegible]	5	3 / 59	6 / 30	10 / 47	♑ B.	3 / 59	5 / 28	23 / 13	♑ B.	271 / 35
Ad collum testudinis superior.	6	25 / 68	21 / 52	31 / 22	♑ B.					287 / 46
Ad collum testudinis inferior.										

Princ. Hass. Longit. Latit.				Riccioli Longitud. Latitudo				Ulug Beigh Longit. Latitud.				Ptolomei Longit. Latitudo				Hevelij Asc. Recta Declinat.			
°	′	″	S.	°	′	″	S.	°	′	″	S.	°	′	″	S.	°	′	″	Bor. Aust.
10	37	42	♑	10	32	40	♑	11	29	0	♑	8	55	0	♑	276	20	7	
61	47	15	B	61	47	0	B.	62	0	0	B.	62	0	0	B	38	30	46	Bor.
																276	22	23	
																38	30	46	Bor.
																=36	21	21	
																38	30	46	B.
14	15	42	♑	14	6	13	♑	15	35	0	♑	12	35	0	♑	279	20	51	
56	4	30	B	56	4	30	B	56	41	0	B	56	10	0	B	33	2	54	Bor.
17	19	27	♑	17	0	43	♑	15	5	0	♑	15	45	0	♑	281	31	47	
55	4	30	B	55	5	30	B.	55	15	0	B	55	20	0	B	32	18	25	B.
14	2	47	♑	14	3	43	♑	14	5	0	♑	12	15	0	♑	278	12	45	
62	24	45	B	62	26	30	B.	62	30	0	B.	62	20	0	B	39	21	39	B.
																278	12	4	H
																39	18	35	B.
13	29	27	♑	13	15	41	♑	14	20	0	♑	14	55	0	♑	278	12	25	
60	24	45	B	60	25	31	B	60	45	0	B	60	0	0	B	37	17	54	B.
																278	12	15	H
																47	17	3	B.
16	59	57	♑	16	0	13	♑	18	5	0	♑					280	34	51	
59	23	15	B.	59	25	29	B	59	48	0	B.					36	32	54	B.
																280	34	30	H
																36	30	4	B.
				21	41	43	♑									283	42	31	
				58	5	30	B									35	39	10	B.
																283	47	5	H
																35	37	17	B.
				25	15	41	♑	26	20	0	♑	23	35	0	♑	285	30	3	
				60	45	30	B	60	48	0	B	61	20	0	B.	38	38	5	B.
																285	29	31	H
																74	36	24	B.
				25	51	43	♑	26	51	0	♑	22	55	0	♑	286	4	49	
				59	40	28	B	59	30	0	B	60	20	0	B	37	37	5	B.
																286	4	0	H
																37	34	8	B.
13	26	55	♑	13	53	13	♑	18	17	0	♑	12	25	0	♑	279	13	25	H
55	0	0	B	55	15	29	B	55	24	0	B	55	0	0	B	32	14	15	B.
17	14	57	♑	17	9	42	♑	18	23	0	♑	12	35	0	♑	281	37	42	H
54	46	0	B	54	31	0	B	54	36	0	B.	54	50	0	B.	32	8	44	B.

Catalogus Fixarum

Lyra

Lyra				Hevelij Longitudo Latitudo ex Distantijs °	′	″	S.	Hevelij Longitudo Latitudo ex Alt. Merid. °	′	″	S.	Ty[cho] °
Lucida Lyrae	1	1	1	10 61 10 61 10 61	33 48 31 48 35 49	17 37 23 30 12 13	♑ B. ♑ B. ♑ B.	10 61 10 61 10 61	31 47 35 47 33 47	25 17 9 7 13 12	♑ B. ♑ ♑	10 61
In Jugo praecedens	7	3	3 4 3	14 56	4 5	29 23	♑ B.	14 56	7 4	16 50	♑ B.	14 56
In Jugo seq.	7	3	3	17 55	13 7	25 0	♑ B.	17 55	11 7	6 30	♑ B.	17 55
Lucidam seq. Bor.	2	5	5	13 62	47 25	24 13	♑ B.	13 62	49 28	28 13	♑ B.	14 62
Lucidam seq. Aust.	3	5	5	13 60	17 29	38 37	♑ B.	13 60	18 25	4 27	♑ B.	13 60
Lucidam seq. Austral. secunda	4	4	5	16 59	50 23	25 33	♑ B.	16 59	51 26	48 10	♑ B.	17 59
Lucidam seq. Aust. tertia	11	5	6	21 58	22 6	38 43	♑ B.	21 58	23 8	51 35	♑ B.	21 58
In ala seq. [illegible] Bor.	5	5	5	25 60	17 45	13 50	♑ B.	25 60	18 46	55 37	♑ B.	25 60
Duarum mediarum Boreal.	6	5	5	25 59	43 38	24 37	♑ B.	25 59	46 41	0 20	♑ B.	25 59
Sub praecedente in Jugo	8	6	6	13 55 13 55	46 18 51 19	38 0 6 3	♑ B. ♑					13 55
Sub ~~[illegible]~~ in Jugo sequente	10	6	6	17 54 17 54	17 57 17 57	22 10 15 3	♑ B. ♑					17 54

rum 1660 gpc.

Hevelij Longitudo Latitudo Ex distantijs °	'	"	S.	Hevelij Longitudo Latitudo Ex Altit. Merid. °	'	"	S	Hevelij Ascens. Rect. Declinat. °	'	"	Asc.
6 22	9 9	49 29	6ч CR.					48 45	9 29	15 20	A. B.
22 23	45 5	43 36	6ч CB.	22 23 22 23	49 4 48 4	34 43 25 27	6ч CR. 6ч CR.	119 49 119 49	52 14 51 14	33 16 1 16	R. B.
25 26 25 26	26 24 26 28	58 11 38 37	6ч CR. 6ч CR.					124 46	19 54	35 46	A. B.
28 25	12 2	47 39	6ч CR.	28 24	11 56	58 27	6ч B.	127 44	11 51	37 45	
26 17	54 7	36 35	6ч CB.	26 17	54 6	29 3	6ч CB.	123 37	4 42	51 30	B.
2 25	31 49	15 0	♌ B.	2 25	31 49	25 32	♌ B.	132 49	47 36	15 12	B.
5 20	47 5	53 3	♌ B.	5 20	47 5	53 42	♌ B.	134 38	22 13	21 56	B.
7 17	5 57	55 32	♌ B.	7 17	6 57	27 27	♌ B.	135 35	3 49	31 26	B.
3 15	13 8	24 56	♌ B.	3 14	15 30	45 31	♌ B.	129 33	35 33	1 40	B.

Catalogus Fixarum

Lynx / Tigris.		Hevelij Longitudo Latitudo Ex Distantijs ° ' " S	Hevelij Longitudo Latitudo Ex Altit. Merid. ° ' " S.	
Genu dextrum H.	6.	28 16 4 ♊ 38 15 0 B.		87 61
Ad mentum præced H	5.	28 21 41 ♊ 35 37 27 B		87 59
Ad Mentum Seq. H.		29 31 4 ♊ ♋ 35 6 46 B.		89 58
In collo super. sive ad collum. H	5	4 24 30 ♋ 35 25 31	4 44 57 ♋ 36 2 23 B	97 59 97 58
In Collo inferior. H.	6.	4 18 10 ♋ 34 43 34 B		96 58
Ad aurem sinistr. H.	6.	7 33 45 ♋ 37 6 57 B.		102 60
Supra Cervicem. H.	5	11 32 42 ♋ 36 41 7 B.		108 59
In eductione Colli H	6.	9 7 52 ♋ 32 49 21 B.		103 55
In tergo H	5.	17 47 37 ♋ 30 30 16 B.		115 52
In latere Seq. H.	5.	10 51 4 ♋ 26 42 18 B.		105 49
In latere præced. H.	5.	9 29 33 ♋ 27 1 50 B.		103 56

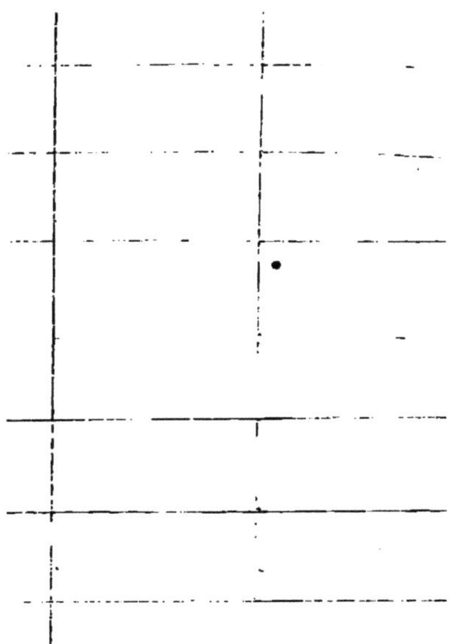

Catalogus Fixarum

Lupus		Hevelii Longitudo & Latitudo Ex Distantiis				Hevelii Longitudo Latitudo Ex Alt. Merid.			
		°	′	″	S	°	′	″	S
Ad pedem Lupi sinist.	5.4	20 11	11 24	50 33	♏ A.				
M. In ore superior.		23 8	49 26	13 7	♏ A.	23 8	50 26	51 51	♏ A.
M. In ore inferior.		24 9	32 54	27 58	♏ A.	24 9	34 54	1 27	♏ A.

Ad Annum 1660 9br.

Princip. Hevel. Longit. Latit.				Riccioli Longitudo Latitud.				Ulug Beigh Longit. Latitudo				Ptolemaei Longitud. Latitud				Hevelii Asc. Rect. Declinat.			
°	′	″	S	°	′	″	S.	°	′	″	S.	°	′	″	S.	°	′	″	Bor. Aust.
				23 0	1 2	40 0	M B	25 0 23 1	35 36 35 24	0 0 0 0	M B. M B.								
				25 3	7 32	43 12	M B	25 2	14 57	0 0	M B.					233 15	36 38	1 0	A.
				25 6	39 9	59 15	M B	25 0	56 30	0 0	M. B					239 13	46 12	13 49	A.
				26 9	33 19	3. 50	M B.	26 8	45 54	0 0	M B					236 10	25 22	25 49	A.
																228 18	29 26	47 35	A
																217 14	59 28	58 21	A

♎ Catalogus Fix[illegible]

Libra				Longitudo Latitudo Distantiis °	'	''	S	°
Post Lancem inferiorem prima [illegible] amplius	11	4	0					
Post Lancem Secunda [illegible] prima	13	4	4					25 3
Post Lancem Tertia [illegible] secunda	14	4	4.					25 6
Post Lancem Suprema vel quarta, [illegible] tertia	15	4	4					26 9
Supra Iugum duarum Australis			5	18 9	46 52	5 16	♏ [illegible]	18 8
H. Supra Iugum duarum Borealis			6 5					18 9
H. Sub Scapo Lancis occid. Nebulosarum Media			7	9 5	58 52	5 16	♏ [illegible]	
H. Sub Lance Orientali ad Eclipticam			6					21 0
H. Sub Lance [illegible] Eclipt. [illegible] vide [illegible]								
H. Sub Lance orientali Sep. sub Eclipt.			6.	20 0	54 25	45 30	♏ Aust.	
H. Cum Lance Aust. [illegible] non nisi Tubo visibilis				10 0	16 29	0 30	♏ [illegible]	

Ad Annum 1660 [illegible]

Princ. Hass. Longit. Latit.				Riccioli Longit. Latit.				Uleg Beigh Longit. Latit.				Ptolemaei Longit. Latit.				Hevelii Asc. Rect. Declinat.			
°	′	″	S	°	′	″	S	°	′	″	S	°	′	″	S	°	′	″	A.R.
10 0	21 27	27 30	M B	10 0	22 25	40 10	M B	11 0	2 45	0 0	M B	9 0	35 40	0 0	M B.	215 14 218 14	3 32 3 32	27 8 23 28	 A. A.
14 9	39 37	17 15	M B.	14 8	38 33	30 30	M B	15 8	8 45	0 0	M B.	13 8	45 50	0 0	M B	224 8 224 8	42 3 42 3	5 28 7 41	 A. A.
				9 1	33 54	40 10	M B.	9 1	41 45	0 0	M B.	8 2	35 30	0 0	M B	217 12	40 40	41 16	A.
				13 1	18 13	13 10	M B	13 1	56 9	0 0	M B	12 1	55 15	0 0	M B	221 14	53 51	47 0	A.
				10 8	30 17	43 0	M B	11 8	8 36	0 0	M B	9 8	15 30	0 0	M B	220 7	40 7	57 24	A.
				16 8	37 5	13 30	M B.	19 8	5 42	0 0	M B.					226 9	30 1	19 22	A.
				20 2	18 20	43 10	M B									228 15	24 36	51 40	A.
				17 2	10 57	43 40	M B.									225 14	27 6	56 = 7[illegible] 15	A.
				20 4	24 27	41 10	M B.	20 1	57 45	0 0	M B.					229 13	7 33	55 50	A.
				22 4	40 3	10 10	M B									231 14	1 30	15 20	A.
				16 1	7 47	13 25	M A.	16 1	26 46	0 0	M A					[illegible] 18	12 27 28 24	30 [illegible] 14 30 21	A.

♎ Catalogus Fixarum

Libra				Hevelii Longitudo Latitudo Ex Distantiis °	′	″	S	Hevelii Longitudo Latitudo Ex Alt. Merid. °	′	″	S	°
Lanx Austrina praeced.	1	2	2	10 0 10 0	20 25 20 26	45 15 30 10	♏ B. ♏ B.	10 0 10 0	20 27 20 26	32 0 30 38	♏ B. ♏	10 0
Centrum ♎	3	2	2	14 8 14 8	39 36 37 39	18 44 40 29	♏ B. ♏ B.	14 8 14 8	37 34 37 34	22 55 28 47	♏ B. ♏ B.	14 8
Lancem Austrinam praeced. Bor.	2	5		9 2	25 5	2 16	♎ B.	9 2	24 6	12 9	♏ B.	9 1
Lancem Austrin. seq.	5	5		14 1	0 14	39 43	♏ B.	13 1	58 17	16 4	♏ B.	13 1
In Jugo praecedens	4	4	5	10 8	27 20	45 30	♏ B.	10 8	29 17	50 43	♏ B.	10 8
In Jugo sequens	10	4	5	16 8	40 7	17 39	♏ B.	16 8	37 9	44 34	♏ B.	16 8
In medio Lancis Orientalis	9	4	4	20 2	20 17	39 20	♏ B.	20 2	17 20	7 23	♏ B.	20 2
In superiori Limbo praeced.	6	6	6	17 2	4 58	16 49	♏ B.					17 2
In Super. Limbo Media	7	3	6	20 4	21 28	49 36	♏ B.	20 4	21 28	23 53	♏ B.	20 4
In Super. Limbo Ultima	8	4	6	22 4	18 7	13 2	♏ B.	22 4	22 2	28 29	♏ B.	22 4
Ad inferiorem Limbum Lancis Orient. [illegible]	18	3	3					16 1	13 45	20 38	A.	16 1

27 11 13 II
33 24 20 A.

87 45 17
14 55 6 A.

66 21 24
20 18 19 A

65 43 43
14 17 39 A

65 46 39
12 46 0 A

Catalogus Fixarum

Lepus				Hevelij Longitudo Latitudo Ex Distantijs °	′	″	S	Hevelij Longitud. Latitud. Ex Alt. Merid. °	′	″	S	°
In Spina dorsi Media	12	4	4	24 37	12 38	36 8	♊ A.	24 37	12 38	12 58	♊ A.	24 37
In Spina dorsi Ultima	13	4	4	27 38	14 21	16 22	♊ A.	27 38	13 24	52 10	♊ A.	27 38
Ante Leporem sedentium inferior H			5	29 41	59 19	40 0	8 A.	0 41	0 22	24 47	♊ A.	
Ante Leporem sedentium Media H.			4	0 36	36 2	40 0	♊ A.	0 36	35 0	43 47	♊ A.	
Ante Leporem sedentium Suprema H.			6	1 33	12 54	11 29	♊ A.	1 33	11 52	18 27	♊ A.	

Princip. Hass. Longit. Latit.				Riccioli Longit. Latit.				Ulug Beigi Longit. Latit.				Ptolemaei Longit. Latit.				Hevelii Longit. Asc. Rect. Declinat.			
°	'	"	S.	°	'	"	S.	°	'	"	S.	°	'	"	S.	°	'	"	
16 41	39 7	27 24	II A	16 41	38 4	13 0	II A.	16 41	11 18	0 0	II A	17 41	25 30	0 0	II A	79 18 79 18	28 6 28 9	49 4 43 22	A. A
14 43	57 57	42 30	II A	14 43	55 57	20 50	II A.	14 44	53 12	0 0	II A.	16 44	25 20	0 0	II A	78 21	27 1	13 4	A.
				20 45	10 48	43 0	II A.	19 46	53 9	0 0	II A.	20 45	35 50	0 0	II A	82 22	50 49	33 4	A
				22 44	25 16	13 20	II A.	22 44	20 9	0 0	II A.	22 44	35 0	0 0	II A.	84 20	14 54	57 30	A.
				11 34	3 32	43 20	II A.	10 35	50 0	0 0	II A.	10 35	35 0	0 0	II A.	74 12	4 16	27 47	A
				11 35	9 52	43 22	II A.	10 36	41 0	0 0	II A.	11 36	25 30	0 0	II A.	74 13	35 20	53 52	A.
				12 35	16 16	13 25	II A.	13 35	5 30	0 0	II A	12 35	55 40	0 0	II A	76 12	6 40	45 2	A
				13 36	3 12	13 24	II A.	12 30	53 18	0 0	II A	12 36	55 40	0 0	II A	76 13	2 31	55 32	A.
10 39	39 7	42 15	II A.	10 39	34 2	13 21	II A.	10 39	20 30	0 0	II A.	10 39	45 15	0 0	II A.	74 16	27 37	23 12	A.
7 45	18 1	37 6	II A.	7 44	14 58	43 23	II A	7 45	20 30	0 0	II A	7 45	45 15	0 0	II A	72 22	50 49	36	A.
				21 38	15 14	43 22	II A.	21 38	8 30	0 0	II A.	21 38	35 20	0 0	II A	82 14	55 56	51 50	A

Catalogus F[illegible]

Lepus				Longitudo Latitudo et Distantias				
In dorso S. Medii Corporis	7	3	3	16 41	55 7	29 5	♊ A	11 4 11 4
In armo sinistro	8	3	3	14 43	58 57	54 28	♊ A	14 4[illegible]
In ped. post. praeced. sub.	9	3	4					2[illegible] 4[illegible]
In ped. post. seq. Bor.	10	3	4					2[illegible] 4[illegible]
Praecedenti auris sup.	1	5	5	11 34	3 44	34 33	♊ A	11 34
Praeced. auris Inferior	2	5	5	11 36	19 2	54 30	♊ A	11 3[illegible]
Sequenti auris Super.	3	6	5	13 35	13 34	0 47	♊ A	1[illegible] 3[illegible]
Sequenti auris Infer.	4	5	4	13 36	6 12	22 40	♊ A	1[illegible] 3[illegible]
Ad oculum	5	5	4	10 39	40 5	50 12	♊ A	10 39
Extrema priorum pedum	6	4	4	7 45	23 4	42 9	♊ A	7 44
In spina dorsi sequ.	11	4	4	21 38	17 14	17 0	♊ A	21 3[illegible]

Ad Annum 1600 [illegible]

		[illegible] Longitudo Latitudo Ex Distantiis				[illegible] Longitudo Latitudo Ex Alt. Merid.				[illegible] Asc. Rect. Declinat.			
		°	'	"	S	°	'	"	S	°	'	"	R
In tergo [illegible] [illegible]						26 24	21 14	57 31	♌ B.	158 35	28 18	37 19	B.
In Coxa [illegible] [illegible]		26 21	7 6	43 46	♌ B.	26 21	9 3	57 42	♌ B.	156 32	44 27	27 48	B.
In [illegible] [illegible] [illegible] super dorsum	6. m. [illegible]	27 16	22 51	18 19	♌ B.	27 16	24 49	0 10	♌ B.	156 28	5 6	23 5	B.
In [illegible] [illegible] super dorsum [illegible]		0 16	45 32	3 19	♍ B.	0 16	45 30	20 27	♍ B.	159 26	17 34	25 30	B.
In pred. [illegible] [illegible] ultima / Supra dorsum [illegible] 6.		3 17	38 38	4 31	♍ B.	3 17	40 35	10 59	♍ B.	162 26	38 28	5 48	B.
In medio [illegible] [illegible] / Supra dorsum [illegible]		5 16	41 47	59 28	♍ B.	5 16	41 47	40 14	♍ B.	164 24	14 57	37 45	B.
In extremitate [illegible] / Supra dorsum [illegible] 6. m.	[illegible]					28 13 28 13	44 56 44 57	47 46 47 8	♌ B. ♌ B.	156 24 156 24	13 57 13 57	1 4 7 24	B. B.

[illegible] 9. 9.

Catalogus Fixarum

Leo Minor	Magn.	Hevelii Longitudo Latitudo ex Distantiis °	′	″	S.	Hevelii Longitudo Latitudo ex Altit. Merid. °	′	″	S.	°
In Capite / ad pedem sinist. anterior. Bor. Urs. major.	6	11 26	51 43	51 25	♌ B.	11 26	51 42	32 22	♌ B.	149 42
In Naribus / ad ped. sinist. anter. Aust. Urs. Major.	6	8 23	0 50	13 48	♌ B.	8 23	0 48	8 52	♌ B.	138 41
In Hiatu / sub dra[illegible] anter. sinist. sequentem Bor. Urs. Maj.	7					9 20	3 44	12 15	♌ B.	138 37
In [illegible] sinist. ped. anter. / In extremitate Caud. Lyncis / sub [illegible] sinist. [illegible] Aust.	6					8 18	53 29	0 26	♌ B.	137 35
In Collo Australis / Supra Caput ♌ [illegible] superior.		16 22	11 2	55 39	♌ B.	16 22	12 3	0 45	♌ B.	146 36
Cor ♌ minoris / Supra Caput [illegible] ad [illegible] ♌	6	16 18	20 56	23 0	♌ B.	16 18	30 37	32 6	♌ B.	145 33
In Ventre Supra Caput ♌ Seq.	6	20 17	29 32	12 39	♌ B.	20 17	35 20	48 28	♌ B.	149 30
In Collo Borealis / Supra Caput ♌ Sequ. sup.		19 25	44 5	28 51	♌ B.	19 25	46 2	40 19	♌ B.	152 38
In medio Corporis [illegible] Supra Caput ♌ Sequ. media		20 22	37 14	12 57	♌ B.	20 23	12 10	58 6	♌ B.	151 36
In Medio Corpori [illegible] infra ped. dext. Urs. Maj. media.		24 21	3 40	15 12	♌ B.	24 21	6 37	3 12	♌ B.	154 33
In tergo [illegible] infra ped. [illegible] Urs. Major.	6					21 23	57 16	50 42	♌ B.	153 36

		Herculis Longitudo Latitudo ex D. Stadii ° ′ ″	S	Herculis Longitudo Latitudo ex Observ. Mea ° ′ ″ S	Herculis Asc. Rect. Declinat. ° ′ ″ B. A.
Supra caput [illegible]				16 30 32 ♌ 18 37 6 B	145 31 53 33 34 0 B.
H. [illegible] ♌ Minor. Supra caput [illegible]				20 35 46 ♌ 17 20 28 B	149 22 7 30 59 50 B
H. [illegible] Supra caput [illegible]				16 12 0 ♌ 22 3 45 B	146 45 37 36 53 30 B
4. [illegible] ♌ Minor. [illegible]				20 12 58 ♌ 23 10 6 B	151 34 3 36 32 30 B
4. [illegible] ♌ Minor. Supra caput [illegible]				19 46 40 ♌ 25 2 19 B	152 0 31 38 25 21 B.
H. [illegible] Supra dorsum [illegible]	H.				
4. [illegible] Supra dorsum [illegible]	H. Sub [illegible] ante genu dextrum part. infer. 6. m.			3 45 40 ♍ 3 37 7 A	154 14 0 6 28 22 B
H. [illegible] Sub [illegible] super. 6. m.				4 21 20 ♍ 1 21 0 A 2 59 10 ♍ 1 50 45 A	155 16 3 8 37 4 B. 154 16 3 8 42 52 B
4. Sub [illegible] 5. m.				28 57 0 ♌ 5 58 23 A.	149 0 11 6 16 4 B
Ante illam [illegible] 6 m.				0 24 20 ♍ 0 51 13 A	152 10 47 10 33 42 B
Superior [illegible] illam in [illegible] 6 m. secunda				8 55 0 ♍ 23 1 57 B	169 36 51 29 39 22 B

9 . 74 . 4 .

♌ Catalogus Fixarum

Leo				Hevelii Longitudo Latitudo ex Distantiis °	'	"	S	Hevelii Longitudo Latitudo ex Alt. Merid. °	'	"	S	H[illegible] °
Sub draci Boreal. H.			5					19 6	35 57	43 42	♌ A.	139 8 8
Sub ♌ prima in femoris. H.			4					29 11	22 6	0 52	♌ A.	147 1
Ante pedi dextr. poster. Austr. H.			5	5 11	21 15	31 29	♍ A.	5 11	21 19	0 48	♍ A.	153 0
Ante pedi dext. post. Boreal. H.			5	4 9	45 19	41 0	♍ A.	4 9	45 15	45 50	♍ A.	153 1
Inter pedes poster. praeced. H.			6					10 7 10 8 10 B. 8	28 45 49 28 50 37	45 42 0 55 12 57	♍ A. ♍ A. ♍ [illegible]	159 0
Inter pedes poster. seq. H.			6					12 7	25 6	54 13	♍ A.	161 0
In pectore Bor. seq. H.			6					26 2	30 48	0 2	♌ B.	149 15
Supra Caput praed. ~~1. Caput Minor~~ Caput praecedens ad ... Borealibus praed. frontem ♌ H.			6					11 15	24 44	40 22	♌ B.	138 32
Supra Caput seq. ~~1. In ... Minor~~ Caput sequens ... ad ... bor. ... seq. ad frontem ♌ H.			6					13 15	9 19	38 3	♌ B.	190 31
Sub ♌ ad Aequatorem Media. Sequens Caudae seq. 1. prima Caudae H.			6					17 13	53 53	40 31	♍ B.	174 17
Sub ♌ ad Aequatorem ultima. In ... Caudae tertia H.			5					12 17	7 39	53 31	♍ B.	170 25

Ad Annum 1660 fixe.

Princ. Hass. Longit. Latit. °	'	"	S	Riccioli Longitud. Latitud. °	'	"	S	Ulug Beigh Longitud. Latitudo °	'	"	S	Ptolemaei Longitud. Latitudo °	'	"	S	Hevelii Asc. Rect. Declinatio °	'	"
				16 7	41 40	13 30	♍ A									169 1	50 46	25 57
				19 5	38 42	13 0	♍ A	14 5	41 0	0 0	♍ A					168 1	14 6	17 42
				20 3	16 2	13 40	♍ A	20 3	14 15	0 0	♍ A					169 1	53 3	1 38
				27 17	11 38	43 40	♌ B	28 14	50 0	0 0	♌ B	27 13	35 20	0 0	♌ B	156 24	13 57	1 4
				0 16	46 28	13 50	♍ B	1 16	5 30	0 0	♍ B	29 15	45 30	0 0	♌ B	159 26	17 34	25 30
				5 16	12 45	43 40	♍ B	5 16	50 45	0 0	♍ B					164 24	14 57	37 45
				14 17	11 17	13 50	♍ B									172 22	36 6	5 0
																154 8	17 39	8 39
																170 23	46 13	5 39
																145 23	58 33	29 22
																140 6	15 10	21 22

♌ Catalogus Fixarum

Leo				Hevelii Longitudo Latitudo Sy. Distantiis °	′	″	S	Hevelii Longitudo Latitudo Sy. Altitud. Merid. °	′	″	S	Ty[illegible] L[illegible] °	
In fimbr. ped. Aust. praeced.	32	4	4	16 7	43 33	55 25	♍ A.	16 7	44 37	34 46	♍ A.	16 7	4 [illegible]
In fimbr. ped. Media	33	5	5	19 5	37 36	16 25	♍ A.	19 5	37 41	36 10	♍ A.	19 5	4 4
In fimbr. ped. seq. Bor.	26	4	4	20 2	17 59	19 9	♍ A.	20 3	17 2	24 30	♍ A.	20 3	1
Supra dorsum prima ν. in extremitate Caudae ♌ Minoris	34	5	5					28 13	44 56	47 46	♌ B.	27 17	1 4
Supra dorsum secunda γ. in medio pede ♌ Minor.	35	5	5					0 16	45 30	20 27	♍ B.	0 16	4 [illegible]
ο. ♌ Mi. Supra dorsum Tertia	36	5	5					5 16	41 17	20 14	♍ B.	5 16	4 4
ο. ♌ min. Extrema supra Caudam seu in Cingulo ♍	37	4	5					14 17	13 19	45 7	♍ B.	14 17	1
Sub [illegible] Ventre Austr.			6	3 1	1 53	15 25	♍ A.						
Hl. [illegible] In [illegible] Caud.			5	12 17	7 37	43 47	♍ B.						
Hl. [illegible] Ad [illegible]			6					20 9	20 19	40 4	♌ B.		
Hl. Sub [illegible]			5					20 8	41 59	45 44	♌ A.		
H.													

Princip. Hass. Longit. Latit.				Riccioli Longitud Latitud				Ulug Beigh Longitud Latitud				Ptolemaei Longitud Latitud				Hevelii Asc. Rect. Declinat.			
°	'	"	S	°	'	"	S	°	'	"	S	°	'	"	S	°	'	"	Bor. Aust.
				1 10	3 15	43 30	♍ B									157 20	0 40	23 19	B.
				2 5	59 55	13 50	♍ A	3 9	11 36	0 0	♍ B.	4 9	35 20	0 0	♍ B	~~147~~ 15	~~42~~ 59	~~33~~ 34	B.
																157 15	5 59	37 34	B
				4 2	53 49	43 20	♍ B	5 2	29 6	0 0	♍ B.	3 2	45 20	0 0	♍ B	157 12	51 20	13 49	B
				4 12	2 52	13 50	♍ B	4 13	29 6	0 0	♍ B	2 12	55 15	0 0	♍ B	160 21	59 59	35 0	B.
				9 1	46 19	13 0	♍ B	9 1	53 15	0 0	♍ B	8 1	5 10	0 0	♍ B	161 9	51 11	17 29	B.
				9 0	18 10	28 50	♍ A	9 0	29 30	0 0	♍ A.	8 0	45 30	0 0	♍ A	160 8	49 4	1 3	B.
																160 7	45 55	3 37	B.
				10 2	8 30	13 30	♍ A.	10 3	26 0	0 0	♍ A.	10 2	35 40	0 0	♍ A	160 5	44 27	55 48	B
				9 7	56 50	13 25	♍ B									164 15	35 9	19 52	
				12 6	46 6	43 50	♍ B	13 6	8 9	0 0	♍ B	11 5	55 50	0 0	♍ B	166 17	33 25	21 8	B.
																166 12	33 24	9 42	B.
				13 1	56 39	43 52	♍ B	14 1	26 15	0 0	♍ B.	13 1	15 15	0 0	♍ B	165 7	54 54	23 32	B.
																165 7	54 55	47 32	B
				16 0	46 33	13 10	♍ A					13 0	15 50	0 0	♍ A B	167 4	37 43	1 17	B.

♌ Catalogus Fixarum

Leo				Heurl. Longitudo Latitudo Ex Distantijs °	'	''	S	Heurl. Longitudo Latitudo Ex Alt. Merid. °	'	''	S	Ty. °
In medio corporis Suprema	30	6	6	1 10	1 28	36 27	♍ CB.	1 10	4 14	37 59	♍ CB.	1 10
In medio Corp. Media	17	6	6	2 5	55 53	47 37	♍ CB	3 6 2 5	~~28~~ ~~9~~ 54 56	~~20~~ ~~59~~ 20 12	♍ CB. ♍ CB.	2 5
In medio Corp. Infima	18	6	6					4 2	56 49	35 15	♍ CB	4 2
In dorso praeced. Lucid.	17	5	5	4 12	4 53	34 24	♍ CB.	4 12	4 52	15 33	♍ CB.	4 12
Ad dext. genu Bor.	38	4	5 4					9 1	46 22	54 3	♍ CB.	9 1
Ad dext. genu Media	39	5	5					9 0 9 0	14 3 14 12	55 39 27 56	♍ CA. ♍ CA	9 0
Ad dext. genu Austral.	40	5	8	10 2	10 30	0 48	♍ CA.	10 2	10 29	5 53	♍ CA	10 2
In sinistr. femore Bor.	22	6	6	9 7	56 49	20 6	♍ CB.	9 7	57 54	44 45	♍ CB.	9 7
In sinistr. femor. Media	23	3	4	12 6 12 6	47 7 47 5	56 39 50 43	♍ CB. ♍ CB	12 6 12 6	48 7 48 6	0 10 7 51	♍ CB ♍ CB	12 6
In sinistr. femore Austr.	24	4	4	13 1	57 41	42 14	♍ CA.	13 1 13 1	58 43 58 44	7 5 13 13	♍ CA ♍ CB	13 1
Ad sinistrum genu	25	4	4	16 0	46 32	17 29	♍ CA	16 0	46 33	10 35	♍ CA	16 0

16 55 13 ♌ 3 10 0 A.	17 32 0 ♌ 3 9 0 A.	15 45 0 ♌ 3 40 0 A.	138 25 35 12 48 6 B.
18 42 43 ♌ 0 15 50 B.	20 5 0 ♌ 0 6 0 B.	18 55 0 ♌ 0 0 0 B.	141 17 5 15 32 21 B. 141 16 51 15 35 0 B.
23 12 13 ♌ 2 9 52 A.	25 32 0 ♌ 1 27 0 A.		144 54 55 14 9 10 B.
22 31 43 ♌ 0 0 25 A.	23 5 0 ♌ 0 12 0 A.	21 35 0 ♌ 0 15 0 B.	149 59 55 14 4 10
16 50 43 ♌ 5 44 30 A.			137 45 53 10 32 22 B.
17 21 13 ♌ 4 49 30 A.			138 29 47 11 25 7 B. 138 27 37 11 12 37 B.
19 28 13 ♌ 3 47 10 A.	19 32 0 ♌ 3 57 0 A.		140 43 49 11 26 30 B. 140 45 53 11 26 30 B.
24 34 13 ♌ 3 55 10 A.	24 50 0 ♌ 4 0 0 A.		149 33 49 9 40 40 B.
25 38 43 ♌ 1 25 40 A.		25 5 0 ♌ 1 50 0 A.	147 27 49 11 29 35 B. 11 39 0
1 36 13 ♍ 0 7 50 B.	1 47 0 ♍ 0 9 0 B.	0 45 0 ♍ 0 10 0 B.	153 44 25 11 3 41 B. 153 49 27 11 3 45 B.

♌ Catalogus Fixarum

Leo				Hevelij Longitudo Latitudo Ex Distantijs				Hevelij Longitudo Latitudo Ex Alti. Merid.				1
				°	'	''	S.	°	'	''	S.	°
Media parvula Capitis	31	6	6					17 10	2 44	53 52	♌ B.	17 10
In draci dextra	12	4	5 4	16 3	54 12	0 31	♌ A.	16 3	56 8	26 44	♌ A.	16 3
In dextro armo	11	5	5					18 0 18 0	44 18 43 20	28 18 30 45	♌ B. ♌ B.	18 0
Parvarum ex pectore Boreal.	16	6	0									23 2
Parvarum in pector. Aust.	10	4	4					22 0	36 3	55 31	♌ A.	22 0
In draci finist. Austr.	29	5	5	16 6	59 2	19 15	♌ A.	16 5	59 29	36 58	♌ A.	16 5
Media	28	6	6	17 4	28 42	49 29	♌ A.	17 4 17 4	25 26 26 39	0 44 48 18	♌ A. ♌ A.	17 4
Sequens	13	4	4	19 3	34 48	32 3	♌ A.	19 3 19 3	30 45 32 44	0 0 0 49	♌ A. ♌ A.	19 3
In finist. armo Aust.	14	4	4	24 3	38 58	18 48	♌ A.	24 3	34 54	47 32	♌ A.	24 3
In finist. armo Boreal.	9	5	5	25 1	34 23	9 33	♌ A.	25 1	40 25	53 6	♌ A.	25 1
In infimo ventris. bor.	15	4	4	1 0	41 6	24 36	♍ B.	1 0 1 0	39 9 39 9	40 37 40 37	♍ B. ♍ B.	1 0

Ad Annum 1660 compl.

Princip. Hass. Longit. Latit.				Riccioli Longitud. Latitud.				Ulug Beigh Longit. Latit.				Ptolomaei Longit. Latit.				Hevelii Asc. Rect. Declinat.			
°	'	"	S.	°	'	"	S.	°	'	"	S.	°	'	"	S.	°	'	"	Bor. Aust.
25	7	17	♌	25	4	45	♌	25	23	0	♌	24	5	0	♌	147	33	25	
0	29	24	B.	0	26	40	B.	0	9	0	B.	0	10	0	B.	13	38	32	B.
24	49	17	♌	24	14	32	♌	25	8	0	♌	23	45	0	♌	150	15	39	
8	50	0	B.	8	15	40	B.	9	0	0	B.	8	30	0	B.	21	33	7	B.
																150	17	47	
																21	33	7	B.
6	31	57	♍	6	33	45	♍	6	38	0	♍	5	45	0	♍	167	59	57	
14	22	10	B.	14	18	30	B.	14	9	0	B.	13	40	0	B.	22	23	32	B.
																164	1	15	
																22	23	32	B.
16	54	57	♍	16	53	0	♍	16	59	0	♍	16	5	0	♍	172	55	49	
12	21	15	B.	12	16	20	B.	2	0	0	B.	11	50	0	B.	10	29	37	B.
15	58	37	♌	15	51	15	♌	16	17	0	♍	15	45	0	♍	141	36	27	
9	42	30	B.	9	38	40	B.	9	45	0	B.	9	30	0	B.	25	18	36	B.
																141	36	13	
																25	18	36	B.
22	46	37	♌	22	43	0	♌	23	35	0	♌	21	45	0	♌	149	26	55	
11	51	20	B.	11	48	40	B.	11	33	0	B.	11	0	0	B.	25	6	40	B.
23	10	57	♌	23	5	30	♌	23	29	0	♌	22	15	0	♌	147	10	55	
4	51	30	B.	4	50	40	B.	4	48	0	B.	4	30	0	B.	16	23	35	B.
8	41	57	♍	8	38	13	♍	8	50	0	♍					164	5	53	
9	43	15	B.	9	41	20	B.	9	24	0	B.					17	16	48	B.
				10	27	43	♌	11	20	0	♌	9	45	0	♌	136	12	55	
				10	21	40	B.	10	9	0	B.	10	0	0	B.	27	37	32	B.
				13	2	43	♌	13	20	0	♌	12	45	0	♌	138	4	17	
				7	50	45	B.	8	0	0	B.	7	30	0	B.	24	26	52	B.
6	45	7	♌	16	37	13	♌	16	35	0	♌	15	55	0	♌	143	20	55	
2	22	20	B.	12	19	50	B.	12	21	0	B.	12	0	0	B.	27	35	6	B.

♌ Catalogus Fixarum

Leo				Hevelij Longitudo Latitudo ex Distantijs				Hevelij Longitudo Latitudo ex Altit. Merid.				Ty[illegible]
				°	'	"	S	°	'	"	S	°
Regulus	8	1	1	25 0	6 28	0 45	♌ B.	25 0	6 28	0 45	♌ B.	25 0
Lucida Colli	6	2	2	24 8	50 50	15 53	♌ B.	24 8 24 8	48 47 50 48	7 32 0 19	♌ B. ♌ B.	24 8
Lucida Dorsi	20	2	3	6 14	32 22	23 1	♍ B.	6 14 6 14	32 20 33 20	35 25 55 58	♍ B. ♍ B.	6 14
Cauda	27	1	2	16 12	53 20	26 0	♍ B.	16 12	53 18	51 55	♍ B.	16 12
In Capite Austral.	4	3	3	15 9	56 42	55 23	♌ B.	15 9 15 9	57 49 56 40	16 43 58 39	♌ B. ♌ B.	15 9
In Collo Boreal.	5	3	3	22 11	49 52	3 17	♌ B.	22 11	49 51	15 43	♌ B.	22 11
In Collo Austral.	7	3	3	23 4	9 51	45 35	♌ B.	23 4	9 49	35 57	♌ B.	23 4
In Coxa p. Coxendice	21	3	3	8 9	34 42	48 10	♍ B.	8 9	41 40	0 32	♍ B.	8 9
In Naribus	1	4	4	10 10	33 25	50 48	♌ B.	10 10	34 29	0 37	♌ B.	10 10
In Hiatu	2	4	4	13 7	7 53	42 34	♌ B.	13 7	8 52	8 15	♌ B.	13 7
In Capite Boreal.	3	4	4	16 12	42 20	18 52	♌ B.	16 12	42 20	32 0	♌ B.	16 12

Ad Annum 1660 &c.

Catalogus Fixarum

Lacerta / Stellio.				Hevelii Longitudo Latitudo Ex Obs. Dantzig. °	'	"	S.	Hevelii Longitudo Latitudo Ex Ale-Monid. °	'	"	S.	°
In Extremitate Caudae			5.	19 44	20 25	29. 36	♓ B.	19 44	23 24	40 48	♓ B.	330 36
H. In pede sinist. post.			5.	20 46	13 20	34 28	♓ B.	20 46	15 21	12 22	♓ B.	329 38
H. In ventre			5.	26 47	47 34	21 18	♓ B.	26 47	50 35	0 0	♓ B.	333 41
H. In dorso			5.	29 47	54 22	57 45	♓ B.					46 336 42
H. In Pectore			5.	27 51	33 20	44 50	♓ B.	27 51	36 21	0 0.	♓ B.	331 49
H. In Collo			5.	0 51	29 26	18 35	♈? B.					330 45
H. In Capite			6	1 53	10 21	17 20	♈? B.					47 330 46
H. In eductione Caudae Sequens			6.	25 44	21 4	26 54	♓ B.	25 44	22 5	0 6	♓ B.	335 37
H. In eductione Caudae Sequentium Austral.			6.	25 43	43 15	46 32	♓ B.	25 43	43 15	20 4	♓ B.	336 37
H. In eductione Caudae Sequentium Boreal.			6.	27 44	0 1	26 4	♓ B.	27 44	2 2	0 10	♓ B.	336 38
H.												

10 11.

Ad Annum 1660 [illegible]

[illegible] Longit. Latit.	Ricciolo Longit. Latit. °	′	″	S	Ulug Beigh Longitud. Latitud. °	′	″	S	Ptolemaei Longit. Latitud. °	′	″	S	Hevelij Asc. Rect. Declinat. °	′	″	[illegible]
	22 13	12 43	15 0	[illegible] A	22 13	5 45	0 0	[illegible] A	21 9	35 13	0 0	[illegible] A	195 21	10 19	47 0 A	
	6 17	45 40	13 0	M B	4 13	20 9	0 0	M AB	5 4	5 17	0 0	M AB	206 24	48 58	43 16	
													136 8	2 7	5 38	
													135 10	51 32	51 38 A	
													143 6	55 31	11 0 A	
													148 6 148 6	30 39 29 44	35 0 A 53 8 A	
													149 6 149 6	51 26 51 23	15 0 A 37 0 A	
													158 7 158 7	18 14 19 5	51 12 A 41 53 A	
[illegible] Capite Hydr. [illegible] [illegible] Capite Hydr. [illegible]	6. m. 6 6. m. 6								[illegible] 11 20	13 23	0 8	[illegible] A	128 2	10 11	39 32 A	
Post 1 Flex. prima 6. m.									17 23	56 57	48 56	[illegible] A	133 7	10 22	15 32 A	
Post 1 Flex. secunda									19 23	50 21	30 33	[illegible] A	135 7	1 19	23 22 A	

[illegible] 11.

Catalogus Fixarum

Hydra		Hevelij Longitudo Latitudo Ex Distantijs ° ′ ″ S.				Hevelij Longitudo Latitudo Ex Altit. Merid. ° ′ ″ S.				Tyc[ho] Lon[gitudo] La[titudo] °
Penultima a Lucida 22 3 Caudæ.						22 13	17 39	49 19	♎ A.	22 11 13 4[illegible]
Extrema Caudæ. 31 4						3 12	53 56	0 46	♏ A.	6 5 17 4[illegible]
Sub Corde duarum Boreal. H.		21 23	11 53	56 45	♌ A.	21 23	9 48	8 45	♌ A.	
Sub Corde duarum Austr. H.	6	21 26	47 8	51 0	♌ A.	21 26	44 9	8 31	♌ A.	
In ultimo flexu fecid. H.										
Informium supra Hydram prima H.	6	29 22	20 35	13 37	♌ A.	28 19	32 43	17 16	♌ A.	
Informium supra Hydram Secunda H.	6	3 18	11 36	59 7	♍ A.	3 18 3 15	6 19 7 19	15 52 25 55	♍ A. ♍ A.	
Tertia H.	6	4 16	6 47	55 17	♍ A.	4 17 4 17	19 33 18 31	50 55 50 0	♍ A. ♍ A.	
Quarta H.	7	12 15	44 5	41 40	♍ A.	12 15 12 15	46 10 43 2	0 21 27 22	♍ A. ♍ A.	
H. Tertia Caudæ		24 12	40 44	12 44	♎ A.					Al 147 21
Informis supra mediam H. ante Crat. Sey.						11 20	49 28	0 54	♍ A.	155 11
Sub Corde Hydræ triam prec. H.										

Ad Annum 1660 [illegible]

Princip. Hass. Longit. Latitudo				Riccioli Longit. Latitud.				Ulug Beigh Longit. Latitud.				Ptolemaei Longit. Latit.				Hevelij Asc. Rect. Declinat.			
°	′	″	S	°	′	″	S.	°	′	″	S.	°	′	″	S.	°	′	″	Bor. Aust.
22 19	57 15	9 36	♌ A.	22 19	52 17	13 20	♌ A	22 19	38 39	0 0	♌ A	22 19	15 50	0 0	♌ A	140 0 140 0 140	36 24 37 29 37	47 37 1 37 17	B.
				27 26	58 33	43 30	♌ A					27 26	35 30	0 0	♌ A	141 12	3 45	19 8	A.
0 26	58 3	47 48	♍ A	0 26	56 12	13 0	♍ A	1 26	20 0	0 0	♍ A	28 26 29 26	35 30 45 15	0 0 0 0	♌ A. ♌	143 13	49 14	27 39	A.
3 23	39 10	47 12	♍ A	3 23	36 13	13 0	♍ A	3 23	23 15	0 0	♍ A	3 23	15 35	0 0	♍ A	147 11	9 25	39 10	A.
4 21	40 59	37 45	♍ A	4 21	41 51	13 0	♍ A	4 22	20 0	0 0	♍ A					148 10	32 40	29 10	A.
10 24	20 38	27 15	♍ A	10 24	19 38	43 0	♍ A	10 24	14 45	0 0	♍ A	9 24	35 40	0 0	♍ A.	152 15	26 5	5 20	A.

Catalogus Fixarum

Hydra				Hevelii Longitudo Latitudo Ex Distantiis				Hevelii Longitudo Latitudo Ex Alt. Merid.				
				°	'	"	S.	°	'	"	S.	°
In nexu Colli sequens	9	4	4	22 14	55 18	26 27	♌ A.	23 15 Br. 22 14 Ra. 22 19	9 2 53 16 55 17	35 57 35 11 36 32	♌ A. ♌ A. ♌ A.	22 14
A Corde prima	12	4	4	28 26 27 26	2 37 58 35	58 38 23 31	♌ A. ♌ A.	27 26	59 32	20 51	♌ A.	25 26
A Corde secunda	13	5	5	1 26	2 6	6 0	♍ A.	0 26	58 3	57 43	♍ A.	1 26
A Corde tertia	14	5	5	3 23	39 11	37 27	♍ A.	3 23	36 10	45 35	♍ A.	3 23
A Corde quarta	15	4	4	4 22	43 0	51 49	♍ A.	4 21	41 58	10 57	♍ A.	4 21
Prima trium ante Craterem	16	4	4	10 24	22 39	35 0	♍ A.	10 24	19 38	49 29	♍ A.	10 29
Media	17	5	5	13 23	23 30	56 20	♍ A.	13 23	20 28	47 5	♍ A.	13 23
Tertia e proxima	18	4	4	15 21	38 48	59 17	♍ A.	15 21	39 47	30 11	♍ A.	15 21
Sub Cratere Borealis	20	4	4					23 25	48 34	45 39	♍ A.	23 25
Sub Cratere Austral.	21	5	5					24 30	41 11	16	♍ A.	29 30

Ad Annum 1660 [illegible]

Princip. Hass. Longit. Latit.				Riccioli Longitud. Latitud.				Uleg Beigh Longitud. Latitud.				Ptolomaei Longit. Latit.				Hevelii Asc. Rect. Declinat.			
°	'	''	S.	°	'	''	S.	°	'	''	S.	°	'	''	S.	°	'	''	Bor. Austr.
22 22	35 22	27 45	♌ A.	22 22	32 23	50 50	♌ A.	22 22	41 30	0 0	♌ A.	21 20	35 30	0 0	♌ A.	137 7 137 137 7	49 11 43 45 11	15 13 19 19 13	 A. x [illegible]
5 12	36 25	27 12	♌ A.	5 12	33 27	43 0	♌ A.	5 12	35 30	0 0	♌ A.	4 13	55 4	0 0	♌ A.	129 0 124 6	55 51 54 51	23 53 33 53	 B. 7. B.
7 11	38 8	7 11	♌ A.	7 11	36 8	13 0	♌ A.	7 11	38 15	0 0	♌ A.	6 11	55 30	0 0	♌ A.	127 7 127 7	12 38 12 38	7 33 9 53	 B. B.
—	—	—		9 11	48 1	43 0	♌ A.	10 11	5 4	0 0	♌ A.	9 12	25 15	0 0	♌ A.	129 7 129 7	21 14 22 14	29 22 21 22	 B. B.
6 14	31 37	37 40	♌ A.	6 14	37 36	43 50	♌ A.	6 14	38 33	0 0	♌ A.	5 15	35 0	0 0	♌ A.	125 4	20 31	37 39	 B.
7 14	36 17	33 0	♌ A.	7 14	34 16	13 20	♌ A.	7 14	35 9	0 0	♌ A.	7 14	5 15	0 0	♌ A.	126 4	20 36	31 15	 B.
				8 11	10 36	43 0	♌ A.									127 7	34 5	35 33	 B.
				12 11	39 5	43 20	♌ A.	12 12	50 9	0 0	♌ A.	14 11	35 40	0 0	♌ A.	132 6	0 26	45 38	 B. 1.
5 3	54 3	17 50	♌ A.	15 13	29 5	43 0	♌ A.	15 13	38 0	0 0	♌ A.	14 13	55 40	0 0	♌ A.	134 5	9 43	53 42	 B.
0 6	52 43	9 10	♌ A.	20 16	41 46	43 0	♌ A.	21 16	5 42	0 0	♌ A.	20 17	5 10	0 0	♌ A.	137 1 137 1	57 16 57 16	15 53 47 53	 A. A.
				20 15	59 0	43 0	♌ A.	21 15	11 9	0 0	♌ A.	20 15	25 20	0 0	♌ A.	138 0 138 0	40 18 39 18	36 42 37 42	 B. B.

Catalogus Fixa[rum]

				Hevelij Longitudo Latitudo Ex Distantijs				
				°	′	″	S.	Ex
34 46 ♌ 22 43 A. 39 7 ♌ 13 3 A 35 39 ♌ 22 41 A	11	1	1	22 22 22 22 22 22	33 22 33 22 33 21	48 48 23 11 58 23	♌ A. ♌ A. ♌ A.	22 22 22 22 22 22
..xima	19	4	4	5 12	34 24	51 15	♌ A.	5 12 5 12
..dra	3	4	4	7 11	38 7	5 0	♌ A.	7 11 7 11
.Chira	5	4	4	9 10	51 59	49 26	♌ A.	9 10 9 10
..axilla	1	5	5	6 14	32 32	11 24	♌ A.	6 14
..xill. seq.	2	4	4	7 14	34 19	36 10	♌ A.	7 14
..dra C..	4	5	5	8 11	9 39	44 47	♌ A.	8 11
..	6	6	6					12 11
.. Coll.	7	4	4	15 13	33 1	12 45	♌ A.	15 13
..ll. prima	10	.	5	20 16	53 46	30 11	♌ A.	20 16 20 16
..ndra	8	5	5	21 15	2 1	54 12	♌ A. B. B.	21 14 21 14

Ad Annum 1660 [illegible]

		Hevelij Longitudinale Ex Distantijs ° ′ ″ S.	Hevelij Longitudo Latitudo Ex Alt. Merid. °	′	″	S.	Hevelij Asc. R. Declin. °	′	″	Bor. Aust.
In fronte precedent. [illegible] 4. 6 m.			8 35	48 31	20 x 33	♐ B	252 15	24 18	3 37	B.
In collo 6 m. 4.			4 40	49 41	10 x 12	♐ B.	250 18	3 54	35 44	A.T.
In [illegible] 4.			21 50	4 53	7 x 2	♏ B	242 31	12 45	39 4	B.
In genu[illegible] supra [illegible] 4.			12 52	17 33	45 x 25	♏ B	236 34	58 23	29 56	B.
In genu[illegible] supra [illegible] 4.			16 53	56 54	26 x 12	♏ B	240 39	29 45	1 56	B.
In genu[illegible] supra [illegible] 4.			19 54	12 16	47 x 10	♏ B	242 34	22 36	55 56.	B.
Ad [illegible] 4.			20 58	27 19	32 27	♏ B	244 38	49 14	23 14	B

28. 21. h.

Catalogus Fixarum

Hercules				Herculis Longitudo Latitudo Ex Ms. Rantzij			Herculis Longitudo Latitudo Ex Alt. Mond.			
				°	′	″ S.	°	′	″ S.	°
In sinistra tibia Nebulosa			6	22 63	18 28	29 ♐ 30 B.				265 38
Inferior ad dextr. brachium sup.			5				26 35	47 14	23 ♏ 11 B.	242 14
Inferior ad dextr. brachium infer.			5	29 33	27 8	53 ♏ 34 B.	29 33	28 5	45 ♏ 27 B.	244 12
In Cubito			5				9 56	22 38	42 ♐ 10 B.	256 42 34
In manu sinistra			5	2 52	47 15	19 ♑ 53 B.				271 28
Inferiorum infra manum sinist. super. sequ.			4	3 45	2 9	15 ♑ 32 B.	3 45	1 9	46 ♑ 0 B.	272 21
Inferiorum trium superior sequ. pedi.			5	25 45	44 8	8 ♐ 16 B.				266 21
Media			5	28 44	6 20	34 ♐ 4 B.				268 22
Infima			5	25 40	16 20	35 ♐ 25 B.				266 16
Parvula ad sinistrum Humerum			5	12 47	0 36	36 ♐ 0 B.				256 24
Inter Humeros			5	2 46	19 51	13 ♐ 0 B.	2 46	19 49	26 ♐ 40 B.	249 25

Ad Annum 1660 [illegible]

Principis Hassiae Longit. Latit. °	′	″	S.	Riccioli Longit. Latit. °	′	″	S.	Ulug Beigi Longit. Latit. °	′	″	S.	Ptolemaei Longit. Latit. °	′	″	S.	Hevelii Asc. Rect. Declinat. °	′	″	Bor. Austr.
				6 63	49 50	25 14	♏ B.	7 63	47 42	0 0	♏ B	5 63	15 40	0 0	♏ B.	239 45	31 50	51 52	B.
27 57	56 16	7 5	♎ B	27 57	58 15	21 0	♎ B	28 57	14 15	0 0	♎ B.	26 57	35 30	0 0	♎ B.	229 42	50 2	37 20	B.
				3 60	20 15	51 0	♏ B.					2 60	45 0	0 0	♏ B	235 43	15 22	0 48	B.
				11 71	59 13	23 0	♐ B	8 71	59 18	0 0	♐ B.	11 72	15 15	0 0	♐ B.	261 48	52 45	11 12	H B.
				7 71	57 19	53 17	♐ B	7 70	23 12	0 0	♐ B	6 70	55 15	0 0	♐ B	259 48	18 30	41 2	H B.
				18 71	52 4	51 13	♐ B.	12 72	20 0	0 0	♐ B	8 71	25 15	0 0	♐ B.	264 48	52 9	46 10	H B
												2 58	45 30	0 0	♐ B				
												1 56	35 30	0 0	♐				
																247 49	20 36	0 42	H B.
																249 46	46 36	49 24	H B.
																257 46	39 49	57 40	H B.

Catalogus Fix

...or				Tertii Longitudo Latitudo Ex Distantijs °	'	''	S	Ex °
...ia seq.	24	4	4	6 63	25 51	37 40	♏ B.	6 63
...llcaneo	28	4	4	27 57	51 16	23 50	♒	27 57
...ulo	27	4	4	3 60	21 17	54 30	♐ B	3 60
...st. pedis	17	6	6	12 71	39 46	39 7	♐ B.	
...o sinistro	18	6	6	7 71	37 10	28 33	♐ B.	
sinistro	20			19 71	12 27	16 54	♐ B	
...oxa prad.								
...ia seq.								
...plite			5	14 69	24 32	5 42	♏ B.	
...one suprema			5	21 67	44 26	8 5	♏ B.	
...calcan.			6	5 69	35 17	23 22	♐ B.	

…Hass. Longit. Latit.			Riccioli Longitudo Latitudo				Ulug Beigh Longit. Latit.				Ptolemaei Longit. Latit.				Hevelij Asc. Rect. Declinat.			
'	''	S.	°	'	''	S	°	'	''	S	°	'	''	S	°	'	''	Bor. Aust.
			15 49	14 22	22 14	♐ B	15 49	17 15	0 0	♐ B	13 49	35 30	0 0	♐ B.	259 26	16 28	33 0	B.
			20 51	28 16	25 0	♐ B	21 51	23 48	0 0	♐ B.					263 27	16 57	7 34	B.
			24 52	30 46	23 20	♐ B	25 52	5 39	0 0	♐ B	23 53	5 0	0 0	♐ B	266 29 266 29 266 22	6 19 10 19 7 22	5 50 3 50 51 4	 B. B. B
			28 53	11 45	21 16	♐ B	25 53	35 39	0 0	♐ B	23 51	15 0	0 0	♐ B.	266 7 26[illegible] 30	23 23 18	19 19 20	 B
1 16	42 30	♐ B	28 52	11 18	23 20	♐ B.	27 52	56 21	0 0	♐ B	27 52	5 50	0 0	♐ B.	268 28 268 28	35 48 35 48	47 0 47 0	 B B.
			8 60	11 11	25 0	♐ B	9 60	11 15	0 0	♐ B	6 63	55 0	0 0	♐ B.	256 37	28 43	47 30	B.

Catalogus Fixarum

…les				[illegible] Longitudo Latitudo Ex Distantijs °	'	"	S	[illegible] Longitudo Latitudo Ex Alt. Merid. °	'	"	S	°
…medio	6	9	4	15 49	8 23	54 23	♏ B.	15 49	9 25	47 12	♐ B.	15 49
…giedius	7	9	4	20 51	28 14	59 0	♏ B.	20 51 20	28 14 32	51 30	♐ B.	20 51
…edjarum …l.	10	9	4					29 52 29 52 29 52	22 45 28 45 25 47	44 35 27 45 8 52	♐ B. ♐ B. ♐ B.	29 52
…diarum …l.	9	9	4					24 53	43 44	25 42	♐ B.	24 53
…ltima	8	9	4					27 52 27 52	59 17 59 17	22 45 22 45	♐ B. ♐ B.	28 52
…tenore	19	9	4 5	8 60	6 10	8 7	♐ B.	8 60	9 12	9 23	♐ B.	8 60
…mor alt. …a	15	4	4	10 60	36 13	17 23	♐ B.	10 66	37 19	0 0	♐ B.	10 60
…n Boreal.	22	9	4	18 63	24 15	40 45	♏ B.	18 63	23 12	28 45	♏ B.	18 63
…ore …fid. …h II.	26	5	5	16 62	40 23	32 17	♏ B.					16 62
…ede f. fem.	23	4	9	9 65	31 53	14 25	♏ B.	9 65	33 52	5 15	♏ B.	9 65
…s. Tibia …s.	25	9	4	3 64	27 22	50 45	♐ B.	3 42 64	30 0 21	17 22 20	♏ B. S.	3 6[illegible]

Ad Annum 1660

Princip. Hass. Longit. Latit.				Riccioli Longit. Latit.				Ulug Beigh Longit. Latit.				Ptolemaei Longit. Latitud.				Hevelii Asc. Rect. Declin.			
°	'	"	S	°	'	"	S	°	'	"	S	°	'	"	S	°	'	"	Bor. Austr.
11	25	37	♐	11	24	20	♐	11	5	0	♐	9	15	0	♐	254	47	27	
37	22	48	B	37	22	15	B	37	9	0	B	37	30	0	B.	14	50	47	B.
																254	48	45	
																14	50	47.	B.
26	22	27	♏	26	20	15	♏	26	50	0	♐ (♏)	25	15	0	♐ (♏)	243	53	17	
42	49	30	B	42	47	15	B	42	54	0	B	43	0	0	B.	22	15	13	B.
																243	56	29	
																22	15	43	B.
10	5	57	♐	10	3	16	♐	9	29	0	♐	8	15	0	♐	255	15	21	
47	48	45	B	47	46	15	B	47	45	0	B.	48	0	0	B.	25	16	32	B.
																255	17	29	
																25	16	32	B.
26	48	17	♏	26	54	25	♏	27	20	0	♏	28	25	0	♏	247	5	39	
53	10	29	B.	53	10	0	B	53	9	0	B.	56	40	0	B	32	16	24	B.
																247	4	29	
																32	16	24	B.
				24	28	23	♏	23	56	0	♏	23	15	0	♏	241	46	1	
				40	5	0	B	39	27	0	B.	40	10	0	B.	19	59	27	B.
																			B.
				3	37	53	♐	3	35	0	♐	1	45	0	♐	251	47	29	
				53	20	18	B	53	30	0	B	53	30	0	B.	31	28	24	B.
																251	50	33	
																31	28	49	B.
7	21	27	♐	7	13	53	♐	7	56	0	♐	5	35	0	♐	255	48	1	
59	39	40	B	59	37	15	B	59	51	0	B	59	50	0	B	37	16	44	B.
				29	0	53	♏	29	5	0	♏	22	15	0	♏	247	31	4	
				60	22	0	B.	60	36	0	B.	60	0	0	B	39	36	49	B.
				26	48	23	♐	23	50	0	♐	22	25	0	♐	266	6	35	H
				60	46	17	B.	60	51	0	B	61	0	0	B.	37	19	37	B.
15	12	57	♐	15	9	22	♐	16	5	0	♐	13	45	0	♐	262	25	29	
69	21	50	B	69	21	20	B.	69	15	0	B.	69	20	0	B	46	14	53	B.
																262	27	23	H
																46	19	16	B.
21	0	42	♏	20	58	53	♏	20	59	0	♏	19	35	0	♏	238	14	5	
37	19	12	B	37	18	15	B	37	0	0	B.	37	10	0	B.	18	2	0	B
				22	20	13	♏					24	15	0	♏	242	25	43	
				34	59	19	B.					38	10	0	B.	14	51	52	B.

Catalogus [illegible]

...res.				Hypothesi Longitudo Latitudo Ex Distantijs °	'	"	S.	[illegible]
...ylo ...all	1	3	3	11 37	21 23	56 27	♈ B.	11 37 11 37
...uerus	2	3	3	26 42	17 48	10 26	M B.	26 42 26 42
...uarij	5	3	3					9 42 10 42
...	11	3	4	26 53	47 11	59 13	M B	26 53 26 53
...Brachij	3	3	3	24 40	26 7	44 17	M	24 40
...ltera	12	3	3					3 53 3 53
...nte pedi	13	4	4	7 59	17 41	0 50	♈ B	7 59
	41	3	3	23 60	58 25	35 33	M	29 60
...gine	16	3	3	29 60 29 60	42 45 39 44	56 0 29 30	♈ ♈ B.	
...stra	17	3	3	15 69 15 69 15 69	9 22 4 21 0 20	6 29 32 5 58 44	♈ B ♈ B ♈ B	18 69 14 69
...Brachij	4	4	4	20 37	58 23	14 30	M B.	20 37
...hypothesi [illegible] Sextr.	57							26 35

Ad Annum 1660

II Catalogus Fixa[rum]

Gemini				Hevelii Longitudo Latitudo Ex Distantiis °	'	"	S.	Ex
Duarum supra Caput Castor. praeced. ex Aust. Hl.			6	9 16	38 40	24 49	♋ B.	9 16
Seq. ex Bor. Hl.			6	11 18	59 29	44 53	♋ B.	
In Tiara Castoris Hl.			6	12 14	7 31	54 0	♋ B.	12 14
In fronte sive diademate Castoris Hl.			6	15 12	59 54	33 43	♋ B.	
Supra Caput Castor. Hl.			6	17 16	7 6	18 41	♋ B.	17 15
Supra Caput Pollucis Hl.			6	17 12	57 3	54 20	♋ B.	17 13
In Clavâ Pollucis infer. Hl.			6	22 7	38 22	12 8	♋ B.	22 7
In Clavâ Pollucis super. Hl.			6	27 9	13 24	20 54	♋ B.	29 9

29. 4.

Ad Annum 1660

Principis Hass. Longit. Latit.				Ricciol. Longitud. Latitud.				Ulug Beigh Longit. Latit.				Ptolomaei Longit. Latitud.				Hevelij Asc. Rect. Declinat.			
°	′	″	S.	°	′	″	S.	°	′	″	S.	°	′	″	S.	°	′	″	Bor. Aust.
28 0	43 56	17 50	♊ A.	28 0	40 58	13 30	♊ A	0 1 29 1	41 15 5 30	0 0 0 0	♋ A. ♊ ♋ A	28 1	5 30	0 0	♊ ♋ A	88 22 88 22	36 32 35 32	45 45 9 45	A B
2 3	3 7	27 45	♋ A.	2 3	1 8	30 30	♋ A.	2 3	35 24	0 0	♋ A.	1 3	35 30	0 0	♋ A	92 20	12 22	49 21	B.
6 10	29 8	12 30	♋ A.	6 10	16 9	33 30	♋ A	6 10	41 12	0 0	♋ A	6 10	15 30	0 0	♋ A	96 13	32 13	25 7	B.
				8 9	43 41	13 30.	♋ A.									98 13	53 35	1 27	B.
				18 3	53 49	3. 0	♋ A	18 4	56 15	0 0	♋ A.	17 3	35 30	0 0	♋ A.	109 18	57 22	39 35	B.
				20 2	17 42	33 30.	♋ A	20 3	23 0	0 0	♋ A	17 3	55 20	0 0	♋ A	111 19	36 17	17 30.	A. B.
				22 0	15 58	3 0.	♋ A	22 1	11 20	0 0	♋ A	19 1	55 20	0 0	♋ A.	113 20	57 43	3 24	S.
				20 5	31 42	3 30	♋ B.									118 27	9 35	53 55	B
																107 22	33 6	41 15	B.

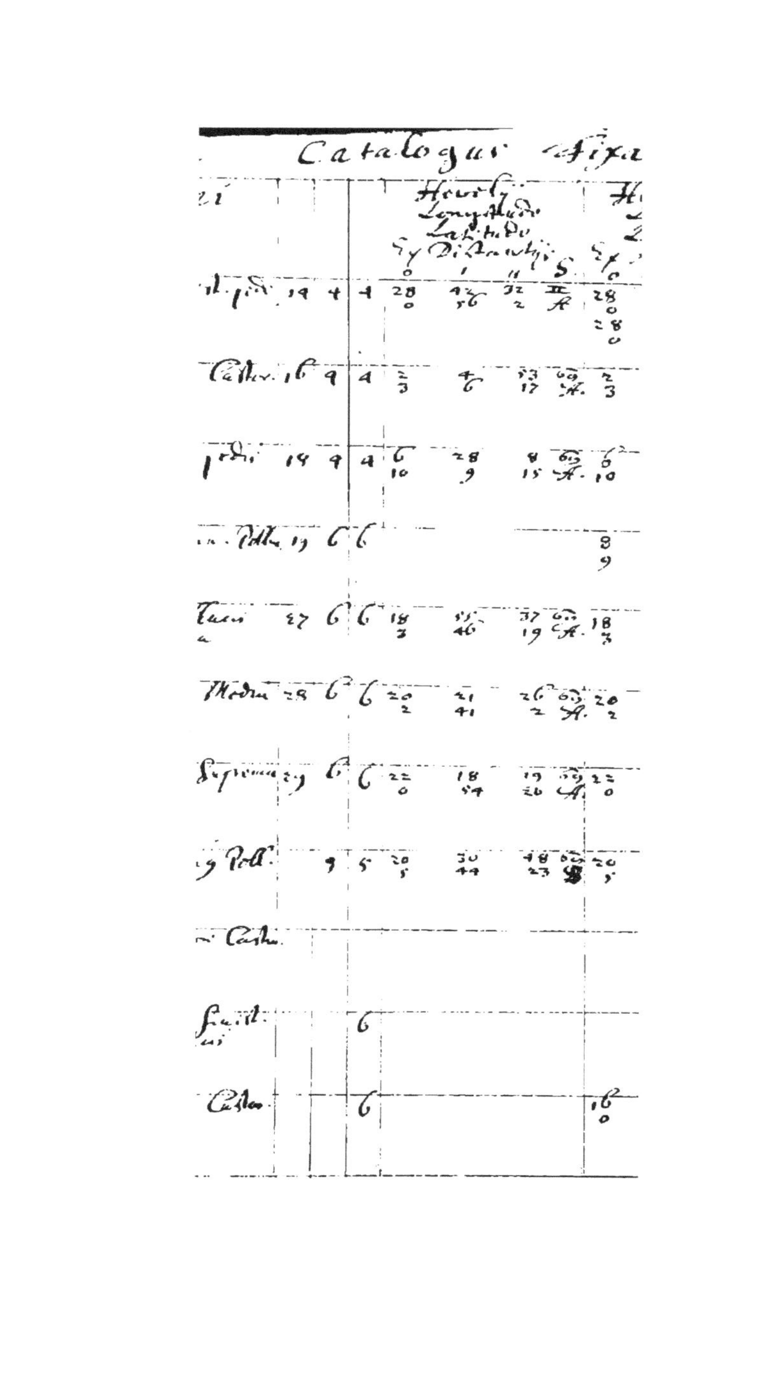

Catalogus Fixa
Hevelij
Longitudo
Latitudo

Ad Annum 1660

Princip. Hass. Longit. Latit.				Riccioli Longitud. Latitud.				Ulug Beigh Longitud. Latitud.				Ptolemaei Longitud. Latitudo				Hevelii Asc. Rect. Declinat.			
°	'	"	S.	°	'	"	S.	°	'	"	S.	°	'	"	S.	°	'	"	Bor. Aust.
				18	55	13	♋	19	11	0	♋	18	15	0	♋	110	58	27	
				3	3	30	B	2	45	0	B	2	40	0	B.	25	9	45	B.
				20	31	3	♋												
				5	44	30	B.												
				14	7	13	♋	14	11	0	♋	13	15	0	♋	105	40	55	
				2	56	30	B	2	45	0	B	2	40	0	B	25	40	15	B.
				9	24	33	♋									100	32	45	
				1	31	25	B									25	39	39	B.
				7	10	3	♋	7	14	0	♋	6	45	0	♋	97	48	59	
				1	12	20	A	2	0	0	A.	2	15	0	A.	22	33	4	B.
																97	18	11	
																22	7	10	B.
13	45	57	♋	13	45	3	♋	13	53	0	♋	14	45	0	♋	104	[illegible]	31	
0	13	54	A.	0	14	0	A	0	21	0	A.	3	0	0	A.	22	32	56	B.
				5	11	13	♋	5	23	0	♋					95	47	3	
				2	11	13	B.	1	51	0	B					25	24	8	B.
10	14	17	♋	16	15	13	♋	16	8	0	♋	9	50	0	♋	101	0	53	
2	6	45	A.	2	7	0	A.	2	18	0	A.	5	30	0	A.	20	59	54	B.
14	1	42	♋	14	2	13	♋	15	5	0	♋	13	15	0	♋	104	39	51	
5	41	50	A.	5	41	30	A.	5	45	0	A.	6	30	0	A.	17	6	46	B.
				17	49	33	♋	18	56	0	♋					108	33	19	
				5	52	25	A	4	15	0	A.					16	30	40	B.
				26	9	3	♊	26	13	0	♊	25	45	0	♊	85	54	1	
				0	13	36	A	0	45	0	A	0	40	0	A.	23	12	41	B.

Catalogus

				Stellæ Longitud. Latitud. Ex Distantijs			S.	Lo... Ex
				°	′	″	S.	°
Pollucis	7	4	4					18 3
Castoris	22	6	6					
Castoris	8	6	5	14 2	6 57	38 33	♋ B.	14 2
Castoris	21	6	5					9 2
Pollucis	20	6	5	7 1	13 11	48 10	♋ C	7 0 7 1
...ucis	12	3	4	13 0 13 0	47 12 47 12	29 43 57 45	♋ A. ♋ A.	13 0
...e Castor.	10	3	3	5 2 5 1	12 1 10 59	15 2 9 21	♋ B ♋ B	5 1
Pollucis	11	3	3	10 2 10 2	16 5 16 4	48 27 14 41	♋ A. ♋	10 2
...llucis	13	4	4	14 5	3 39	6 0	♋ A	14 5
Pollucis	26	6	6					17 5
	21	4	5	26 0 26 0	13 12 13 11	15 0 8 39	♊ A. ♊ A.	26 0

Ad Annum 1660

S	Riccioli Longit. Latitudo °	′	″	S	Ulug Beighi Longit. Latit. °	′	″	S	Ptolomaei Longit. Latit. °	′	″	S	Hevelij Asc. Rect. Declin. °	′	″ Re. Aust.
♋ B	15 10	28 2	0 50	♋ B	15 9	53 59	0 0	♋ B	14 9	55 30	0 0	♋ B.	108 32 108 32	12 36 12 36	17 3 B. 17 G. 3
♋ B.	18 6	31 38	6 30	♋ B	19 6	5 30	0 0	♋ B	19 6	15 15	0 0	♋ B.	111 28	7 49	5 40 B.
♋ A.	4 6	18 48	0 0	♋ A.	4 7	41 12	0 0	♋ A	3 7	35 30	0 0	♋ A.	94 16 94 16	32 39 31 37	17 47 B. 1 47
♋ A	0 0	31 53	3 30	♋ A	3 1	41 15	0 0	♋ A	0 1	5 15	0 0	♋ A.	90 22 90 22	36 38 35 38	59 7 B. 13 7
	14 9	10 42	3 30	♋ B									106 32 106 32	48 25 49 26	35 16 B. 2 42 B.
	17 7	51 29	33 45	♋ B.									110 29	29 40	47 30 B.
♋ B.	6 10	21 58	3 30	♋ B.	6 10	35 45	0 0	♋ B	4 10	50 0	0 0	♋ B.	97 39	35 20	31 27 B
♋ B.	10 7	43 43	5 30	♋ B	11 7	5 30	0 0	♋ B	10 7	15 20	0 0	♋ B	102 30	21 45	51 46 B
♋ B.	14 5	14 43	13 0	♋ B	14 5	38 30	0 0	♋ B	13 5	35 30	0 0	♋ B	106 28	7 25	59 31 B
	14 6	49 8	13 0	♋ B	14 6	3 0	0 0	♋ B.	15 4	35 50	0 0	♋ B	107 28 107 28	8 45 9 46	51 0 21 52 B
	16 5	36 10	13 30	♋ B.	16 4	59 54	0 0	♋ B.					108 27	44 38	27 10 B.

Catalogus

...ni				[illegible] Longitudo Latitudo Ex Distantijs °	'	''	S.	Ex... ...
I.	1	2	2	15 10 15 10 15 10	30 3 31 2 30 4	19 21 2 55 53 21	[illegible] R. [illegible] R. [illegible] R.	15 10 15 10
II	2	2	2	15 10	30 4	5 33	[illegible]	18 6
...ers	17	3	2	4 6 4 6 4 6	22 47 21 46 21 47	34 32 26 43 59 20	[illegible] A. [illegible]	4 6 4 6
...orij	15	3	3	4 6 0 0	21 46 33 31	49 35 54 53	[illegible] A.	0 0
...e Casto...	24	5	5					14 9 14 9
...r Pollucis	23	5	5					17 7
..., Castor.	3	5	4	6 10	22 59	55 52	[illegible]	6 11
... Castor.	4	4	4	10 7	42 45	28 18	[illegible] R.	10 7
... Castor.	5	4	4	14 5	13 42	0 54	[illegible]	14 5
...minorum	9	6	6					15 6 15 6
...S. Castor	6	5	5					16 5

...ngi. Hass Longit. Latit.			Riccioli Longitudo Latitudo				Ulug Beigh Longit. Latitud				Ptolemaei Longitudo Latitudo				Hevelij Asc. Rect. Declinat.			
'	"	S.	°	'	"	S.	°	'	"	S.	°	'	"	S.	°	'	"	Bor. Aust.
			13 41	10 10	13 0	♉ A.	13 41	35 30	0 0	♉ A.	12 41	55 20	0 0	♉ A.	53 24	8 19	47 20	A.
			13 42	20 20	13 0	♉ A.	13 42	47 30	0 0	♉ A.	13 42	5 30	0 0	♉ A.	53 25	33 0	59 43	A.
			14 43	0 0	13 0	♉ A.	14 44	11 0	0 0	♉ A.	13 43	45 15	0 0	♉ A.	54 29	57 36	5 28	A.
			16 43	30 10	13 0	♉ A.	16 44	20 6	0 0	♉ A.	16 43	15 20	0 0	♉ A.	56 24	27 58	27 16	A.
			26 50	0 20	13 0	♈ A.	24 50	53 42	0 0	♈ A.	25 50	45 20	0 0	♈ A.				
			26 51	50 40	13 0	♈ A.	25 51	20 45	0 0	♈ A.	26 51	35 45	0 0	♈ A.				
															49 30	25 15	55 25	A.

Catalogus Fixarum

Eridanus				Hevelii Longit. Latit. Ex Distantijs °	'	"	S.	Hevelii Longit. Latit. Ex Alt. Merid. °	'	"	S.	Ty[...] L[...] °	
Post IV flexur. Quarta	28	4						12 41	44 52	15 22	8 A	13 41	11 1
Quinta	29	5						12 42	53 43	32 46	8 A	13 42	[illegible]
Sexta	30	4						14 42	41 44	18 38	8 A	14 43	1 0
Septima	31	4						16 43	18 30	54 38	8 A	16 43	31 1[illegible]
In flexur. V Boreal.	32	4										26 50	1 2
In flex. V Austral.	33	4										26 51	5 4
Sub Eridano ad ... pr. dext. Ceti			3.					29 44	49 41	20 14	8 A		

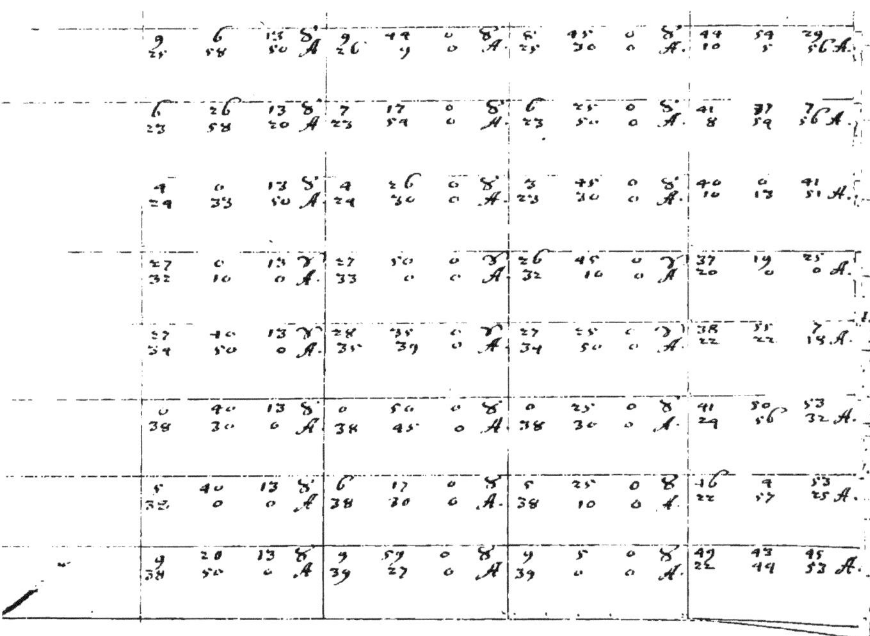

9 25	6 58	13 50	♉ A	9 26	44 9	0 0	♉ A.	8 25	45 30	0 0	♉ A.	44 10	59 5	29 56 A.
6 23	26 58	13 20	♉ A	7 23	17 59	0 0	♉ A.	6 23	25 50	0 0	♉ A.	41 8	37 59	7 56 A.
4 29	0 33	13 50	♉ A	4 24	26 30	0 0	♉ A.	3 23	45 30	0 0	♉ A.	40 10	0 13	41 51 A.
27 32	0 10	13 0	♈ A.	27 33	50 0	0 0	♈ A	26 32	45 10	0 0	♈ A	37 20	19 0	25 0 A.
27 34	40 50	13 0	♈ A.	28 35	35 39	0 0	♈ A	27 34	25 50	0 0	♈ A.	38 22	55 22	7 18 A.
0 38	40 30	13 6	♉ A	0 38	50 45	0 0	♉ A.	0 38	25 30	0 0	♉ A.	41 29	50 56	53 32 A.
5 32	40 0	13 0	♉ A	6 38	17 30	0 0	♉ A.	5 38	25 10	0 0	♉ A.	46 22	9 57	53 25 A.
9 38	20 50	13 0	♉ A	9 39	59 27	0 0	♉ A	9 39	5 0	0 0	♉ A.	47 22	43 49	45 53 A.

Catalogus Fixa[rum]

[...]nus				Apparens Longitudo Latitudo Ex Distantijs °	'	"	S.	[...] Ex [...]
[...]rima	8	4		16 31	15 8	4 48	8 A.	16 31
[...]ecunda	9	3		16 28	8 46	0 44	8 A	16 28 16 28
Tertia	10	3		13 27	33 45	16 32	8 A.	13 27 13 27
Quarta	13	3		9 25	7 59	48 0	8 A.	9 25
Quinta	12	4		6 23	16 35	5 55	8 A.	6 23
	11	3		4 29	1 30	18 50	8 A.	4 24
Preced[...]	23	4						27 32
Sub[...]	24	4						27 35
[...] Prima	25	4						29 38
Secunda	26	4						5 38
Tertia	27	4						9 39

Ad Annum 1660

Princ. Hass. Longit. Latit.				Riccioli Longitud. Latitudo				Ulug Beigh Longitudo Latitudo				Ptolomaeus Longit. Latit.				Hevelij Asc. Rect. Declinat.			
°	'	"	S.	°	'	"	S.	°	'	"	S.	°	'	"	S.	°	'	"	[illegible]
10	34	7	♊	10	34	13	♊	11	17	0	♊	10	25	0	♊	72	48	33	[illegible]
27	55	50	A.	27	53	0	A.	28	12	0	A.	28	15	0	A.	5	32	26	A.
																72	48	53	
																5	32	29	A.
																72	48	7	
																5	32	24	A.
				10	32	13	♊	11	5	0	♊	9	55	0	♊	73	16	41	
				31	34	0	A.	31	54	0	A.	31	50	0	A.	9	11	52	A.
																73	14	7	
																9	11	52	A.
				8	31	43	♊	8	50	0	♊	9	35	0	♊	71	21	45	
				29	51	10	A.	29	54	0	A.	29	50	0	A.	7	41	16	A.
				6	20	43	♊	6	53	0	♊	6	15	0	♊	69	3	53	
				27	51	0	A.	27	48	0	A.	28	15	0	A.	6	3	30	A.
				4	35	43	♊	5	11	0	♊	4	45	0	♊	67	10	3	
				25	33	30	A.	25	48	0	A.	25	50	0	A.	3	52	54	A.
				2	5	13	♊	2	16	0	♊	7	45	0	♊	64	53	21	
				25	11	0	A.	25	29	0	A.	25	20	0	A.	4	2	53	A.
				28	36	13	♉	28	29	0	♉	27	55	0	♉	61	43	51	
				25	2	43	A.	26	6	0	A.	26	0	0	A.	4	33	3	A.
				25	48	13	♉	26	5	0	♉	27	5	0	♉	59	52	35	
				28	9	20	A.	28	15	0	A.	27	0	0	A.	8	12	35	A.
				24	43	13	♉	24	50	0	♉	24	25	0	♉	58	51	53	
				27	31	50	A.	27	39	0	A.	27	50	0	A.	7	43	52	A.
				29	39	13	♉									59	36	37	
				30	29	49	A.									11	6	42	A.
				19	8	13	♉	19	56	0	♉	18	35	0	♉	55	35	45	
				33	13	0	A.	33	15	0	A.	32	50	0	A.	14	29	20	A.
																55	33	37	
																14	29	10	A.
																55	35	13	
																14	27	10	A.

Catalogus Fixa

...nus				Horologii Longitudo & Latitudo Ex Distantiis °	'	"	S.	L... Ex... °
...rincipio	2	3		10 27	33 53	57 0	II A.	10 27 10 27 10 27
Principio	1	4		10 31	28 34	49 36	8 A.	10 31 10 31
...ecunda	3	5		8 29	56 53	30 34	8 A.	8 29
Tertia	4	5		6 27	20 50	33 8	8 A.	6 27
Quarta	5	9		4 25	37 23	50 21	8 A.	4 25
...exta	6	9		2 25	5 11	38 30	II A.	2 25
prima	17	5		28 25	35 0	3 30	8 A.	28 25
Secunda	16	4		25 28	45 14	20 22	8 A	25 28
Tertia	15	4		24 27	41 29	48 22	8 A	24 27
Quarta	14	5		29 31	54 26	25 25	8 A	29 30
...fima	7	3		19 33 19 33 19 33	7 13 9 12 7 11	36 0 13 4 9 4	8 A 8 A 8 A	19 33 19 33 19 33 19 33

18 43 57 ♒ 25 13 45 B	18 43 25 ♒ 25 15 0 B	18 56 0 ♒ 25 0 0 B.	17 55 0 ♒ 25 30 0 B.	313 26 29 8 50 17 B. 313 23 35 8 51 24 B.
19 45 17 ♒ 29 47 36 B.	19 43 53 ♒ 24 51 0 B.	19 50 0 ♒ 24 36 0 B.	19 15 0 ♒ 25 0 0 B.	314 28 35 8 41 52 B.
				316 50 23 4 49 0 A.
				310 33 5 3 3 12 B.

Catalogus Fixarum

Draco. Equuleus.				Hevelij Longitudo Latitudo Ex Distantiis °	'	"	S.	Hevelij Longitudo Latitudo Ex Alt. Merid. °	'	"	S.
In Capite praeced.	1	4	3	18 20	25 9	47 5	♒ B.	18 20 18 20	23 11 23 11	48 27 50 51	♒ B ♒ B
In Capite seq.	2	4	4	20 21	43 0	51 35	♒ B.	20 21	39 7	50 38	♒ B
In ore praeced.	3	4	4	18 25	43 9	53 49	♒ B.	18 25 18 25 18 25	42 16 39 18 43 17	43 47 55 46 23 30	♒ B ♒ B ♒ B
In ore seq.	4	4	4	19 29	45 49	10 7	♒ B.	19 29	44 50	28 3	♒ B
In extremitate auri H.			6					17 11	49 14	13 11	♒ B
Ante caput inferius H.			5.					13 20	59 34	8 35	♒ B

7. Septentrionum in 5 49 27 72 3
Conversione Claudii

H. Seq. ultima			6	24 75	44 23	9 23	♍ B.
H. Supra Caudam, quae inter ultimam et extremitatem Caudae. H.			5	21 58	23 32	12 53	♋ B.
Supra Caudam seq. bor. seq. penultimam. H. D. caput Cameloparde.			5	24 64	42 12	43 5	♋ B.
Supra penultimam Caudae seq. Austr. H. i. supra mediam Caudae.			6	8 63	5 22	58 30	♌ B.
Ad tertiam flexuram ad pedes Urs. Minoris H.			6	13 79	59 55	17 40	♍ B.
Ad Septentrionem in curvatura Caudae H.				5 72	49 5	27 30	♍ B

Principe Heil. Longit. Latit.				Ricciol. Longit. Latit.				Ulug Beigh Longit. Latit.				Ptolemaei Longit. Latit.				Hevelii Asc. Rect. Declinat.			
°	′	″	S.	°	′	″	S.	°	′	″	S.	°	′	″	S.	°	′	″	Bor. Aust.
				16 83	6 9	13 0	♉ B.									284 70	29 51	28 12	H B.
				20 80	28 37	43 0	♉ B.									289 72	49 13	41 47	H B.
6 84	26 47	17 50	♊ B.	6 84	19 17	13 0	♊ B.									276 71	19 9	51 18	H B.
8 84	34 5	17 0	♋ B.	7 83	22 3	43 30	♋ B.									267 72	14 18	56 48	H B.
11 84	50 28	12 0	♊ B.	2 83	16 27	13 30	♋ B.									276 72	47 33	53 47	H B.
				8 86	14 52	13 0	♌ B.									264 68	29 45	52 16	H B.
				0 81	32 3	43 30	♍ B.									247 69	19 31	14 55	H B.
				29 83	9 17	13 0	♍ B.									257 65	35 41	7 45	H B.
				29 81	10 40	13 0	♍ B.									249 65	42 12	25 35	H B.
29 69	59 21	57 50	♌ B.	0 65	5 17	13 0	♍ B.									205 66	25 24	0 25	H B.

Catalogus Fixarum

Draco				Fixarum Longit. Latitud. Ex Distantijs ° ′ ″ S.	Fixarum Longit. Latit. Ex Altit. Merid. ° ′ ″ S.
Post flex. II ~~Mediam~~ praecedentium praec. Bor.	14	4	4	16 12 24 ♉ 83 11 20 B	
~~Post flex. II Mediam~~ Post flexum II quarum praecedentium Austr. Seq.	15	4	4.	18 22 46 ♉ 81 2 0 B.	
Post flex. II ~~ultimam~~ Mediarum praec.	19	4	4	6 45 13 ♊ 84 47 20 B.	
Post flex. II triun Bor. Seq. praecedentium ultimam	17	4	4	8 4 30 ♋ 84 6 9 B.	
~~Post flexuram III primam~~ Post flexur. II Mediam Seq.	18	4	4	11 45 20 ♊ 83 29 40 B.	
Post flex. III ~~secundam~~ polo propinqua	21	4	4	10 22 8 ♌ 86 55 30 B.	
In flexur. III ~~[illegible]~~	20	3	3	0 0 22 ♍ 81 2 36 B.	

Brahe Hass. Longit. Latit. ° ′ ″ S	Riccioli Longitud. Latitud. ° ′ ″ S	Ulug Beighi Longitudo Latitudo ° ′ ″ S	Ptolemaei Longitud. Latitud. ° ′ ″ S	Hevelii Asc. Rect. Declin. ° ′ ″
5 33 37 ♐ 78 14 40 B.	5 2 43 ♐ 78 19 30 B.		3 25 0 ♐ 78 30 0 B.	261 26 23 # B. 55 27 43 B.
20 5 27 ♐ 8 22 10 B.	19 51 13 ♐ 80 20 30 B.		0 ♐ 0 0 B.	266 58 1 # B. 56 57 27 B.
	17 52 13 ♑ 81 52 0 B.			274 45 19 # B. 58 41 7 B.
	25 12 13 ♑ 77 56 0 B.			279 2 34 # B. 55 16 0 B.
	21 21 43 ♑ 79 50 30 B.			276 44 11 # B. 56 53 17 B.
	10 17 13 ♒ 80 12 27 B.			281 28 52 # B. 59 0 37 B.
	29 41 13 ♓ 81 50 0 B.			289 39 21 # B. 64 57 0 B.
	1 52 13 ♈ 77 30 30 B.			299 24 0 # B. 63 52 20 B.
	16 11 13 ♈ 78 8 30 B.			306 13 5 # B. 66 53 0 B.
	27 32 13 ♈ 80 53 0 B.			293 51 52 # B. 69 46 22 B.
28 12 57 ♉ 79 25 0 B.	28 35 13 ♉ 79 24 0 B.			297 14 35 # 69 24 27 B.

Catalogus Fixarum

Draco				Hevelii Longitudo Latitudo ex Distantiis °	′	″ S.	Hevelii Longitudo Latitudo Ex Altit. Merid. ° ′ ″ S.
In ore	2	4	4	5 78	32 14	32 [illegible] 20 B.	
Ad Genam	4	4	4	20 80	4 21	43 [illegible] 36 B.	
In flexura I Boreal.	6	5	5	17 81	47 53	47 [illegible] 45 B.	
In flex. I ~~Media~~ Austr.	7	5	5	25 77	26 58	16 [illegible] 0 B.	
In flex. I ~~Austral.~~ Media	8	5	5	21 79	24 53	35 [illegible] 24 B.	
Post flexuram I	9	4	5 4	10 80	18 53	2 [illegible] 0 B.	
Austr. ~~In~~ flex. II ~~praecedens Bor.~~ parvula. Austral.	10	4	4	29 81	24 48	19 [illegible] 12 B.	
In flex. II sequens Austr. ~~Media~~	32	5	5	1 77	38 30	22 [illegible] 34 B.	
In flex. II. seq. Austr. [illegible] Bor.	12	4	4	15 78	48 9	6 [illegible] 0 B.	
In post. flex. II [illegible] [illegible] parvula.	16	4	4	27 80	10 57	33 [illegible] 12 B.	

Princip. Hass. Longit. Latit. °	′	″	S.	Ricciol. Longit. Latit. °	′	″	S.	Ulug Beigh Longitud. Latit. °	′	″	S.	Ptolomaei Longit. Latit. °	′	″	S.	Hevelij Asc. Rect. Declinat. °	′	″	Bor. Aust.
7 75	16 24	37 0	♐ B.	7 75	7 20	43 0	♐ B.					4 75	45 40	0 0	♐ B.	260 57 260 52	41 34 39 34	3 25 35 25	B. # B.
23 75	26 1	42 36	♐ B.	23 75	12 2	20 10	♐ B.					21 75	15 30	0 0	♐ B.	267 51 267 51 267 51	9 33 7 33 9 33	15 18 57 18 3 18	B. B. # B.
12 82	59 49	57 20	♈ B.	13 82	14 48	43 0	♈ B.									251 67	44 8	36 15	# B. B.
27 84	37 51	57 0	♍ B.	27 84	39 45	43 0	♍ B.									252 66	7 11	19 35	# B. B.
9 78	23 30	17 10	♎ B.	8 78	43 31	15 0	♎ B.									244 62	53 20	2 13	# B. B.
11 79	48 28	27 45	♎ B.	13 79	16 10	45 30	♎ B.									238 59	55 31	40 0	# B.
29 71	58 8	12 0	♍ B.	0 71	10 3	15 0	♍ B.									229 60	17 15	55 17	# B. B.
2 66	30 21	57 45	♍ B.	2 66	58 35	45 0	♍ B.									208 66	49 2	15 0	# B. B.
11 61	51 43	27 30	♌ B.	11 61	14 32	15 0	♌ B.									164 71	41 41	35 53	# B. B.
5 72 5 57	49 3 26 11	27 30 27 50	♍ B. ♌ B.	5 57	25 6	43 0	♌ B.									167 71	32 11	30 48	# B. B.
				19 76	44 16	45 0	♍ B.					18 76	15 30	0 0	♍ B.	254 54	32 47	8 27	# B.

Catalogus Fixarum

~~Delphinus~~ Draco				Hevelij Longitudo Latitudo ex Distantijs °	'	''	S.	Hevelij Longitudo Latitudo ex Altit. Merid. °	'	''	S.	Tyc[ho] Long[itudo] La[titudo] °	'
Ad Rostrum	3	3	3	7 75 7 75 7 75	6 22 2 19 8 22	19 43 21 17 53 10	♐ B. ♐ B. ♐ B.	7 75 7 75	7 20 4 20	42 15 22 0	♐ B. ♐ B.	7 75	1[illegible] 2[illegible]
In Vertice	5	3	3 2	23 75 23 75	15 1 10 3	9 53 33 9	♐ B. ♐ B.	23 74 23 74 23 24	9 59 6 59 8 59	10 37 1 37 42 37	♐ B. ♐ B. ♐ B.	23 75	1[illegible]
4 In flexu II Lucid. Bor.	11	3	3	13 82	24 48	58 45	♈ B.					13 82	1[illegible] 4[illegible]
Post flex. III ~~propior~~ Secunda	24	3	3	27 84 27 84 27 84	29 47 28 50 34 45	27 20 0 0 17 0	♍ B. ♍ B. ♍ B.					27 84	4[illegible] 4[illegible]
Ante flex. IV prior	25	3	3	9 78 9 78	15 29 15 29	41 0 48 0	♒ B. ♒ B.					8 78	
Ante flex. IV propinqu.	26	3	3	11 74	47 29	20 15	♒ B.					13 74	
In flexura IV	27	3	3	29 71 29 71	58 7 56 7	55 24 57 0	♍ B. ♍ B.					0 71	
Prima Caudae	29	2	2	2 66 2 66 2 66	32 21 33 21 32 22	36 20 34 10 10 5	♍ B. ♍ B. ♍ B.					3 66	
Penultima Caudae	30	3	3	11 61 11 61 11 61	26 49 23 49 23 44	47 33 14 50 0 50	♌ B. ♌ B. ♌ B.					11 61	
Ultima Caudae	31	3	3	5 57 5 57	29 16 29 16	59 47 31 40	♌ B. ♌ B.					5 57	
In Lingua	1	4	4	19 76	46 17	4 17	♏ B.					19 76	

′	″	S.	°	′	″	S.	°	′	″
41 46	25 0	R	15 32	2 54	0 0	B	14 33	45 10	0 0
45 56	25 30	R.	11 31	26 45	0 0	R.	10 32	5 0	0 0
39 4	53 0	R	12 32	59 51	0 0	R.	11 33	35 50	0 0
25 59	55 0	R	14 31.	5 51	0 0	B.	12 32	55 0	0 0
21 7	25 0	B	9 29	32 12	0 0	B	9 19	15 10	0 0
6 7	25 30	R.	10 31	20 21	0 0	R	9 34	5 0	0 0
7 40	25 30	B	10 32	29 12	0 0	B	8 31	55 50	0 0
31 40	28 0	R	11 30	41 30	0 0	B	10 31	35 30	0 0
37 51	26 30	R	11 28	17 45	0 0	B.	10 29	15 0	0 0
31 33	25 0	R	10 27	59 36	0 0	R	10 26	15 45	0 0

Catalogus Fixarum

Delphinus				Hevelii Longitudo Latitudo Ex Distantiis °	'	"	S.	Hevelii Longitudo Latitudo Ex Alt. Merid. °	'	"	S.	Tycho Longitudo Latitudo °	'
In Capite	7	3	3	14 32	40 47	34 31	♒ B.	14 32 14 32	40 47 40 48	26 34 20 17	♒ B. ♒ B.	14 32	43 4
Apex V occident.	4	3	3	11 31	36 57	36 46	♒ B.	11 32	37 1	18 17	♒ B.	11 31	4 5
Mediarum in V Bor.	5	3	3	12 33	37 3	36 21	♒ B.	12 33 12 33	37 6 38 7	55 13 16 27	♒ B. ♒ B.	12 33	41 5
Earundem Austral.	6	3	4. 3	13 31	22 58	23 14	♒ B.	13 32	23 2	18 36	♒ B.	14 32	2 0
In Cauda	1	3	3	9 29	21 8	18 32	♒ B.	9 29 9 29	21 9 21 9	18 7 22 20	♒ B. ♒ B.	9 29	2
Ante apicem V occid.	8	5	5	11 32	3 14	6 41	♒ B.	11 32	2 15	45 31	♒ B.	11 32	8 8
Sub eodem apice sequ.	9	6	6	10 30	8 41	15 14	♒ B.	10 30	6 45	48 54	♒ B.	10 30	9 41
Sub eodem apice seq.	10	6	6					11 30	35 39	0 15	♒ B.	11 30	3 4
Inferioris seq. Delph. inter alias Aquilae			6	5 34	21 8	47 30	♒ B.						
Sequens Caudae	2	6	6					10 28	30 56	17 12	♒ B.	10 28	3 5
Delphinum seq. super.			6					13 29	46 49	28 5	♒ B.		
Infima in Cauda	3	6	6					10 27	36 34	48 23	♒ B.	10 27	3 3
Delphinum seq. media			6					15 24	47 44	52 6	♒ B.		
In Inflexione Caudae			5					11 23	32 2	6 40	♒ B.		
Delph. seq. infima			6					15 26	53 50	56 56	♒ B.		

3. 4. n.

♓ inf. 5. m. Sub ipso Tropico				
♓ inf. 5. m. Sub Capite duarum in inferiori fig.				
♓ inf. 5. m. Ad cuspidem alae Andromedae superioris ♓ 6			8 0 33 ♓ 40 20 10 B 8 9 10 ♓ 40 17 35 B	323 34 37 28 40 29 B 323 46 13 28 46 29
Ad cuspidem alae Andromedae inferioris ♓ 6. m.			8 3 30 ♓ 38 41 2 B	324 25 43 27 18 12 B

26. 22. n.

Catalogus Fixarum

Cygnus.				Hevelii Longitudo Latitudo Ex Distantiis °	′	″	S.	Hevelii Longitudo Latitudo Ex Alt. Merid. °	′	″	S.	°
In extremitate Caudae Austr. Hl.			5	22 56 22 56	31 57 32 57	19 33 40 50	♓ B. ♓ B.	22 57	43 1	45 20	♓ B.	323 47 323 47
Ad Genum Cygni Hl.			5	24 49	57 7	38 20	♑ B.	24 51	56 1	46 15	♑ B.	287 29
Infra Lucidiorem Colli. Hl.			5	4 53	14 45	37 15	♒ B.	4 53	15 47	17 35	♒ B.	243 33
Supra Lucidiorem Colli 3. grad. Hl.			5	10 57	20 36	55 57	♒ B.	10 57	19 36	38 3	♒ B.	245 37
Media illarum Hl.			5	10 55	38 55	52 33	♒ B.	11 57	39 21	46 0	♒ B.	296 37 246 36
Sequens Hl.			5	12 54	3 27	32 53	♒ B.	12 54	4 30	52 43	♒ B.	298 35

Ad Annum 1660

Princip. Ast. Longit. Latit.	Riccioli Longitud. Latitud. °	'	"	S.	Ulug Beigh Longitud. Latitud. °	'	"	S.	Ptolemaei Longitudo Latitudo °	'	"	S	Asc. Rect. Declinat. °	'	"	Bor. Aust.
													303 29	52 19	7 0	B
													307 29	54 33	35 52	B.
													305 34	14 10	33 0	B.
													313 37	1 11	43 0	B
													287 28	38 59	48 8	A. B.
	Ex Distantijs				Ex Declin.											
In Superiori parte [illegible] H. 5. m.	1 58 1 58	56 5 44 10	12 40 6 47	A B. A B.									309 42	16 48	54 54	A B
In [illegible] Caud. [illegible] 5. m.	8 60 8 60	26 7 31 7	39 30 45 53	A B A B.									312 46	5 15	48 44	A B.
In eadem Caudi [illegible] H. 5. m.	10 59 10 59	27 34 31 34	18 40 14 7	A B. A B.									313 46	44 19	49 30	A B
Infra eandem Ad [illegible] 6. m.	9 55	54 22	6 0	A B.									316 42	27 35	26 0	A B
Infra Caudam inferiorem H. 5. m.	15 55 15 55	29 14 31 14	44 0 32 0	A B A B									320 47 44	18 47 8	11 = 38	A B.
In extremitate Caud. Bor. H. 5. m.	23 58 23 58	37 54 40 55	28 30 15 0	A B. A B.	23 58	38 54	43 50	A B					322 49	24 41	7 13	B.

Catalogus Fixarum

Cygnus				Ascens. Longitudo Latitudo Ex Distantiis °	′	″	S	Ascens. Longitudo Latitudo Ex Alt. Merid. °	′	″	S
Informium sub ala Aust. Antec.			4	16 47	2 32	45 25	♒ B.	16 47	2 32	26 32	♒ B
Informium sub al. Aust. Austral. Seq.			4	21 46	1 33	47 34	♒ B	21 46	1 33	15 50	♒ B
Informium sub al. Aust. Boreal. Seq.			4	20 51	23 43	21 5	♒ B	20 51	20 40	48 30	♒ B
Inter rectam et pedem Austrinum [illegible] sub Seq. [illegible]			5	1 51	39 50	38 28	♓ B	1 51	40 51	27 30	♓ B
Informis ad Rostrum M.			4. [illegible] 3 6.	24 50	54 58	39 25	♒ B				
Sub Capite informis M. vid. vulg.											
Duae informium Capiti praecedentium Super. M. vid. vulg.			6								

Ad Annum 1660

Principis Hass. Longit. Latit.				Riccioli Longitudo Latitudo				Ulug Beigh Longitudo Latitudo				Ptolemaei Longitud. Latitud.				Hevelii Asc. Rect. Declinat.			
°	′	″	S	°	′	″	S.	°	′	″	S.	°	′	″	S.	°	′	″	Bor.
				14 69	9 43	13 0	♒ B.	15 69	35 42	0 0	♒ B	19 69	5 40	0 0	♒ B.	291 49	47 27	53 38	B.
23 63	28 37	17 50	♒ B.	23 63	38 38	13 2	♒ B	29 63	38 27	0 0	♒ B	22 64	45 0	0 0	♒ B.	300 45	42 47	39 38	B.
25 64	14 19	57 45	♒ B	25 64	22 18	43 30	♒ B.	25 64	17 24	0 0	♒ B	24 64	15 30	0 0	♒ B.	301 46	15 44	23 13	B
1 9	32 55	42 36	♓ B	1 55	20 0	15 0	♓ B	1 55	41 0	0 0	♓ B.	1 55	35 10	0 0	♓ B.	311 39	6 56	43 0	B.
				6 56	9 37	43 10	♓ B.	6 56	44 42	0 0	♓ B	6 57	5 0	0 0	♓ B.	313 42	8 37	11 33	B.
—	—	—		25 51	6 42	13 30	♒ B.	23 49	14 18	0 0	♒ B	25 52	25 10	0 0	♒ B.	308 35	31 20	55 0	B
				5 51	41 32	43 0	♓ B.	5 51	14 27	0 0	♓ B	5 51	25 40	0 0	♓ B.	316 38	2 2	19 29	B
—	—	—		3 50	51 39	43 0	♓ B	3 50	53 12	0 0	♓ B.	2 49	15 40	0 0	♓ B.	315 36	18 40	43 4	B
																315 33	58 32	53 14	B.
																322 27 322 27 322 27	5 17 13 17 14 17	5 14 4 14 27 14	B. B. B.
																302 31	33 9	24 52	B

Catalogus Fixarum

Cygnus				Accurati Longitudo Latitudo ex Distantiis °	'	"	S.	Accurati Longitudo Latitudo ex Alt. Merid. °	'	"	S.	°
Antepenultima in inferiori alae Boreae	7	4	4	13 69	58 39	4 22	♒ B	13 69	57 39	16 5	♒ B	14 69
In boreo pede praeced.	15	4	4	23 63	22 38	0 45	♒ B.	23 63	28 41	53 45	♒ B	23 63
In boreo pede seq. Bor.	16	4	4	25 64	8 18	55 40	♒ B.	25 64	13 21	50 0	♒ B	25 64
In Austral. pede praeced.	13	4	4	1 54	30 59	57 43	♓ B.	1 54	30 59	17 30	♓ B	1 54
In genu sinistro	14	4	4	6 56	13 29	47 20	♓ B	6 56	10 38	5 0	♓ B	6 56
In principio alae Australis Cygni Accuman	11	4	4	25 51	3 43	35 15	♒ B	25 51	5 42	50 30	♒ B	25 51
In tertia Alae Austr. Boreal.	18	4	4	5 51	44 33	58 8	♓ B	5 51	43 32	40 55	♓ B.	5 51
In tertia Al. Austr. Media	17	4	4	3 50	54 34	39 38	♓	3 50	55 35	0 12	♓ B.	3 50
In tertia alae Austr. infima		4	4	2 47	34 31	49 35	♓ B	2 47	35 31	30 57	♓ B	
In cuspide alae Austr.	19	3	3					5 39 5 39 5 39	38 28 45 36 46 36	20 50 45 17 0 3	♓ B ♓ B ♓ B	5 38
Informium sub ala Austr. Bor. praeced.			4	15 49	21 40	45 30	♒ B	15 49	20 39	38 27	♒ B	

Princip. Hass. Longit. Latit.				Riccioli Longitudo Latitudo				Ulug Beigh Longitudo Latitudo				Ptolomaei Longitudo Latitud.				Hevelii Asc. Rect. Declinat.			
°	'	"	S.	°	'	"	S.	°	'	"	S.	°	'	"	S.	°	'	"	Auth.
26	34	37	♑	26	31	41	♑	27	35	0	♑	26	5	0	♑	284	14	49	
49	2	20	B.	44	3	0	B.	49	12	0	B.	49	20	0	B.	27	20	25	B.
																284	15	17	
																27	26	25	B.
				15	41	13	♒									301	16	43	
				55	30	0	B.									37	3	47	B.
20	15	47	♒	20	12	53	♒	21	38	0	♒	20	5	0	♒	302	28	21	
57	9	10	B.	57	10	20	B.	57	51	0	B.	57	20	0	B.	39	14	32	B.
																302	28	31	
																39	14	32	B.
0	46	9	♓	0	41	25	♓	1	56	0	♓	0	45	0	♒	307	27	45	
59	55	30	B.	59	57	20	B.	59	42	0	B.	60	0	0	B.	44	7	15	
11	39	57	♒	11	41	0	♒	12	17	0	♒	10	55	0	♒	293	32	31	
64	28	0	B.	64	28	50	B.	64	30	0	B.	64	20	0	B.	44	18	22	
23	3	17	♒	22	57	30	♒	–				22	25	0	♒	308	6	53	
49	25	30	B.	49	27	0	B.					49	30	0	B.	32	46	8	B.
28	22	12	♒	28	31	15	♒	28	53	0	♒	25	15	0	♒	314	36	49	
43	42	0	B.	43	45	0	B.	43	0	0	B.	44	0	0	B.	28	54	38	B.
																314	35	43	
																28	52	38	B.
				0	12	13	♒	1	20	0	♒	0	35	0	♒	291	29	3	
				50	43	0	B.	50	39	0	B.	50	30	0	B.	29	27	11	B.
8	19	12	♒	8	25	13	♒	8	26	0	♒	7	55	0	♒	295	53	27	
54	19	45	B.	54	20	0	B.	54	30	0	B.	54	30	0	B.	34	15	12	B.
																295	53	27	
																34	15	42	B.

Catalogus Fi

us				Hevelii Longitudo Latitudo Ex Distantiis °	′	″	S	L... Ex ... °
	1	3	5	26 49 26 49 26 49	31 4 34 2 31 2	58 8 10 43 41 43	♋ R. ♋ B ♋ B	26 49 26 49
ns	27	3		17 55	6 32	10 43	♒ R.	17 55
	4	3	3+	20 57 20 57 20 57	9 12 9 12 11 12	30 17 42 17 16 27	♒ R. ♒ R. ♒	20 57 20 57
	5	2	2	0 59 0 59 0 59	38 58 49 58 49 58	28 47 36 47 4 47	♓ B. ♓ B. ♓ B.	0 59
Alie Bor. 51 ♒ 5 R. 51 ♒ 50 R.	6	3	3	11 64 11 64 11 64	28 28 30 27 31 29	46 15 21 55 15 50	♒ R. ♒ R. ♒ R.	11 64
Alie Aust. 1 5 ♒ 8 33	10	3	3	22 49 23 49 23 49	59 29 1 28 0 29	28 59 16 23 12 10	♒ R. ♒ R. ♒ R.	23 49
Austr.	12	3	3	28 43 28 43	21 47 21 46	11 2 14 18	♒ B. ♒	28 43 28 43
	2	5	5	0 50	14 38	29 15	♒ R.	0 50
Colli	3	4	4	9 54	16 18	29 35	♒ R.	8 54 8 54
prima	9	4	4	10 73	15 50	25 0	♒ R.	10 73
Media	8	4	4	13 71	15 29	53 6	♒ B.	13 71

19	45	0	4. A.	19	30	0
21	32	0	♍	20	55	0
13	21	0	B. A.	13	40	0
24	5	0	♍	23	55	0
11	24	0	B. A.	11	50	0
28	47	0	♍	28	35	0
18	33	0	B. A.	18	30	0

Catalogus Fixarum

Crater				Hevelij Longitudo Latitudo Ex distantijs °	'	''	S.	Hevelij Longitudo Latitudo Ex Alti. Meri. °	'	''	S.	°
In basi	1	4	4					19 22 19 22 18 22	3 39 2 39 59 40	48 57 40 32 50 46	♍ A. ♍ A. ♍ A.	19 22
In Medio Crateris Superior	3	4	4	21 17	57 33	43 15	♍ A.	21 17	57 32	15 36	♍ A.	24 19 22 17
In medio Inferior	2	4	4	24 19	32 39	39 0	♍ A.	24 19	29 34	20 46	♍ A.	24 19
Ansae superioris praeced.	4	4	4					21 13 21 13	12 28 24 26	0 21 36 55	♍ A. ♍ A.	21 13
Ansae Superioris Sequens	5	4	4					23 11	51 17	0 51	♍ A.	23 11
Ansae infer. praecedens	6	4	4	29 18	19 12	0 27	♍ A.	29 18 29 18	26 23 19 13	0 9 0 47	♍ A. ♍ A.	29 18
Ansae Infer. Sequens	7	4	4					1 16	23 2	0 15	♎ A.	1 16
Media inter ansas	8		5	25 14	42 9	28 5	♍ A.	25 14	44 12	0 23	♍ A.	25 14
Parvula ad inferiorem accedens H.			6	24 20	30 30	16 20	♍ A.	24 20 24 20	41 45 40 44	20 25 40 20	♍ A. ♍ A.	
Extrema ansae H.			6	3 17	30 47	0 0	♎ A.	3 17 3 17	33 50 33 50	30 11 30 45	♎ A. ♎ A.	

b. 2.

9 2 13 ♎ 18 19 0 A.	9 35 0 ♎ 18 15 0 A	8 15 0 ♎ 18 10 0 A.	180 20
9 9 93 ♎ 11 28 0 A.	9 11 0 ♎ 11 39 0 A.	8 35 0 ♎ 11 45 0 A.	183 19
			185 11

Catalogus Fixarum

Corvus				Hevelii Longitudo Latitudo ex Distantiis °	'	"	S	Hevelii Longitudo Latitudo ex AE. Meri. °	'	"	S.	Tyc… La… La… °	
Ala praecedens	2	3	3	5 14 6 14	59 28 0 25	12 9 30 29	♎ A. ♎ A.	6 14 6 14	1 25 1 25	40 8 40 8	♎ A. ♎ A.	6 14	4… 2…
Ala sequens	3	3	3	8 12 8 12	43 8 44 2	10 59 0 15	♎ A. ♎ A.	8 12 8 12	43 6 43 6	45 18 15 34	♎ A. ♎ A.	8 12	4… 7…
In pectore	4	3	3	12 17 12 17	37 56 36 59	35 23 49 34	♎ A. ♎ A.	12 17 12 17	36 58 36 58	50 35 56 35	♎ A. ♎ A.	12 17	4… 5…
In Capite	1	4	4	6 19 6 19	55 38 56 36	9 29 31 10	♍ A. ♍ A.	6 19 6 19	55 37 55 37	15 51 15 51	♎ A. ♎ A.	6 19	5… 3…
In Rostro	5	4	4	7 21	35 42	6 53	♎ A.	7 21	32 40	15 5	♎ A.	7 21	2… 9…
In Collo	6	5	5	9 18	3 12	43 7	♎ A.	9 18	4 11	0 51	♎ A.	9 18	3… 1…
Parva supra alam seq.	7	5	5	9 11	5 35	58 35	♎ A.	9 11	5 34	12 17	♎ A.	9 11	1… 2…
In Cauda Corvi H.			6.										
H. Inferior supra sinistram alam Corvi			6.					9 7	56 51	0 20	♎ A.		

9	45	0
49	45	0
8	45	0
47	50	0

Lucida corona	1
In superiori limbo prima	2
In superiori limb. secunda	3
In sup. limbo tertia	4
In sup. limbo quarta	8
In infer. limbo prima	5
In infer. limb. secunda	6
In infer. limb. tertia et ultima	7
Supra coronam et limbum superiorem in Ezechiel]	

ME.

Princ. Hass. Longitud. Latitud.				Riccioli Longitudo Latitudo				Ulug Beigh Longitudo Latitudo				Ptolemaei Longitudo Latitudo				Hevelii Asc. Rect. Declinat.			
°	′	″	S.	°	′	″	S.	°	′	″	S.	°	′	″	S.	°	′	″	S.
				28 31	39 40	43 23	♍ B									192 29	16 29	31 52	B.
				29 28	5 30	13 20	♍ B									191 26	40 48	21 40	B.
				29 32	48 49	47 20	♍ B.									194 29	0 38	55 18	B.
																191 32	2 39	25 32	B.
																201 24	20 24	53 16	B.
																200 26	33 26	47 16	B.
																197 25	22 39	39 30	B.
																189 23	8 6	55 40	B.
																184 20	35 17	21 40	B.
																186 18	7 26	47 17	B
																197 15	56 38	43 47	B.

Catalogus Fi[illegible]

[illegible]niceer.				Hevelij Longitudo Latitudo et Distantijs °	′	″	S.	[illegible]
[illegible]	32		4.5	28 31	38 53	21 5	♍ B Bo.	28 31 28 31
[illegible]	14		4.5					2[illegible] 2[illegible]
[illegible]	11		4	27 32	41 31	45 15	♍ B. Bo.	29 32
[illegible]			4	25 34	19 0	4 49	♍ B Bo.	25 34 25 33
[illegible]			6.7.	9 30	19 31	9 31	♎ B Bo.	9 30 9 30
[illegible]			6.7.	7 31	31 45	52 34	♎ B.	7 32 7 32
[illegible]			6.	4 29	58 41	13 11	♎ B.	4 30
[illegible]			4	28 24	33 45	30 24	♍ B Bo.	2[illegible] 2[illegible] 2[illegible] 2[illegible]
[illegible] Super.			6	25 20	45 17	10 40	♏ A. B.	2[illegible] 2[illegible]
[illegible] infer.			7					2[illegible] 1[illegible]
[illegible] Com[illegible] [illegible]			6					1[illegible] 2[illegible]

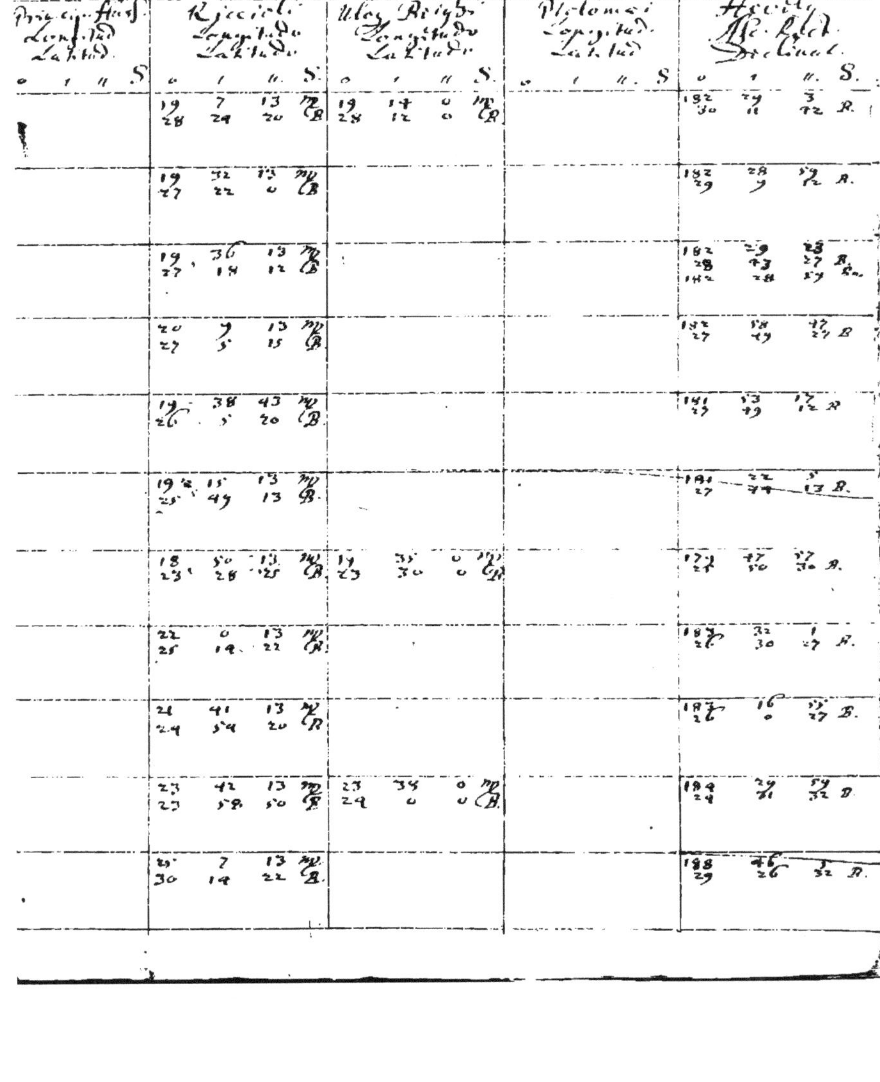

Principiis Hasf. Longitud. Latitud. °	'	"	S	Riccioli Longitudo Latitudo °	'	"	S.	Ulug Beigh Longitudo Latitudo °	'	"	S.	Ptolemaei Longitud. Latitud. °	'	"	S	Hevelii Asc. Rect. Declinat. °	'	"	S.
				19 28	7 24	13 20	♍ B	19 28	14 12	0 0	♍ B					182 30	24 11	3 42	B.
				19 27	32 22	13 0	♍ B									182 29	28 9	59 12	B.
				19 27	36 18	13 12	♍ B									182 28 182	29 43 28	28 27 57	B. B.
				20 27	9 5	13 15	♍ B									182 27	58 49	47 27	B
				19 26	38 5	43 20	♍ B.									181 27	53 49	17 12	B
				19 25	15 49	13 13	♍ B.									181 27	22 44	5 13	B.
				18 23	50 28	13 25	♍ B	19 23	35 30	0 0	♍ B					179 21	47 50	57 30	B.
				22 25	0 19	13 22	♍ B									187 26	32 30	1 27	B.
				21 24	41 54	13 20	♍ B									187 26	16 0	55 27	B.
				23 23	42 58	13 50	♍ B	23 24	38 0	0 0	♍ B.					189 24	29 31	59 32	B.
				25 30	7 14	13 22	♍ B.									188 29	46 26	5 32	B.

Catalogus Fixarum

Coma Berenices				Hevelii Longitudo Latitudo Ex Distantiis				Hevelii Longitudo Latitudo Ex Altit. Merid.				
				°	'	"	S.	°	'	"	S.	°
Intra Coronam Suprema	1	3	4	19 28	5 25	45 41	♍ B. Bu.	19 28 19 28	6 26 6 25	50 18 12 13	♍ B ♍ B	19 28
Secunda	2	4	5	19 27	37 29	49 38	♍ B. Bu.	19 27 19 27	38 30 38 30	10 18 11 15	♍ B ♍ B	19 27
Tertia	3	4	5	19 27	50 ~~48~~ 8	44 9	♍ B Bu.	19 27 19 27	50 7 51 7	50 18 26 25	♍ B ♍ B	19 27
Quarta	4	4	5	20 26	43 32	37 9	♍ B. Bu.	20 26 20 26	44 30 44 30	12 50 21 38	♍ B ♍ B	20 27
Quinta	6	4	5	19 26	42 11	43 52	♍ B Bu.	19 26 19 26	45 4 46 4	12 10 37 39	♍ B ♍ B	19 26
Intra Coronam Sexta	5	4	5	19 25	20 49	52 7	♍ B. Bu.	19 25 19 25	22 48 21 47	12 17 36 59	♍ B ♍ B	19 25
Infima	7	4	5	18 23	52 30	35 16	♍ B Bu.	18 23	53 28	22 55	♍ B	18 23
In limbo oriental. Bor.	8	4	5	21 25	55 25	31 33	♍ B. Bu.	21 25 21 25	52 32 52 32	15 40 47 15	♍ B ♍ B	22 25
In limbo Orient. Austr.	9	4	5	21 25	44 24	18 12	♍ B Bu.	21 25 21 25	54 0 53 0	48 10 58 2	♍ B ♍ B	21 24
Limbum Orient. Seq.	10	4	4	23 29	41 9	51 22	♍ B Bu.	23 29 23 29	42 9 42 11	30 5 9 58	♍ B ♍ B	23 24
In Coma Sequens	13		4.5	25 30	2 13	58 31	♍ B. Bu.	25 30 25 30	7 14 3 14	0 50 57 48	♍ B ♍ B	25 30

In Alo sequentium infer. 5 m. ♓.			26 19	55 55	52 46	♓ A	21 18	6 48	15 28	♓ A	359 20	40 49	26 23 A.
In Alto Caudae inferior praeced. 4 m. ♓.			27 6	15 33	44 34	♓ A	28 5	19 39	30 33	♓ A	356 7	8 50	2 58 A.
In Alto Caudae inferior seq. 4 m. ♓.			24 6	10 39	21 43	♓ A	24 5	13 42	20 1	♓ A	356 7	58 31	38 43 A.
In Alto Caudae superior praeced. 5 m. ♓			23 4	33 5	32 15	♓ A	23 3	37 7	20 3	♓ A	355 5	23 24	38 0 A.
In Alto Caudae superior seq. 5 m. ♓.			24 3	27 47	40 11	♓ A	24 2	28 55	0 11	♓ A	356 4	5 57	44 0 A.
							2	54	11	A	4	52	[illegible]
In fronte occid. super. 6 m. ♓.			3 3	58 33	54 31	♉ A	2 3	40 35	37 24	♉ A	31 9	42 3	47 42 A.
♓	In inferiore [illegible] majoris [illegible] ♓		16 24	41 [illegible]	34 43	♉	16 24	41 0	34 43	♉ A	50 6	55 12	54 10 A.
In fronte orient. super. 6 m. ♓.			2 2	12 43	41 37	♉ A	7 2	58 23	10 59	♉ A	36 10	42 59	21 7 A.
♓ Borealium locul. praeced. 5 m.			16 20	29 1	15 13	♈ A	16 20	37 26	15 10	♈ A	23 17	12 18	49 49 A.
♓ Mediam ventr. praeced. 5 m.			9 21	9 59	38 8	♈ A	9 21	12 47	30 26	♈ A	17 16	14 19	0 49 A.
♓ Trium ad Caudam prima	5 m.		1 14	9 3	29 4	♈ A	1 14	11 4	0 0	♈ A	6 12	46 21	7 48 A.
♓ Secunda	5 m.		2 14	32 42	56 13	♈ A	2 14	34 41	30 32	♈ A	8 12	47 26	41 0 A.
♓ Ultima	6 m.		3 15	44 51	10 23	♈ A	3 15	44 52	30 56	♈ A	9 13	51 3	37 13 A.
♓ In gibbo dorsi 5 m.			9 14	16 37	52 0	♈ A	9 14	17 35	48 9	♈ A	14 9	19 42	15 18 A.

22. 25. m.

Catalogus Fixarum

Cete	Magn.	Hevelii Longitudo Latitudo ex distantiis °	'	"	S.	Hevelii Longitudo Latitudo ex Alt. Merid. °	'	"	S.	A °
Nova in Collo Ceti	2 3.	26 15 26 15	47 53 46 53	6 30 45 44	♈ A. ♈ A.	26 15 26 15	47 54 47 54	0 16 0 17	♈ A ♈ A	30 4 30 4
Nebulosam supra novam Colli sive oculum	6									
Os praecedens	6	1 11	30 53	21 14	♉ A	1 12	32 3	17 24	♉ A	33 0
Genam praecedens	6	6 15	30 4	51 15	♉ A.	0 15	34 16	0 41	♉ A	33 2
Infra oculum duarum Australis	6	28 14	12 7	10 33	♈ A	28 14	13 11	7 35	♈ A	31 2
Infra oculum duarum Boreal.	6	28 12	29 53	45 40	♈ A.					31 1
Oculum praecedens sub nodo lini	6	23 10	59 43	12 50	♈ A.	23 11	59 40	51 46	♈ A.	26 1
Infra Oculum [illegible]	6.									
Praecedens Novam	6 7.	25 14 25 14	24 47 24 43	46 10 35 48	♈ A ♈ A	25 14	27 57	0 4	♈ A	28 4 24 [illegible]
Sub Nodo Lini [illegible]	6	23 10	59 43	12 50	♈ A.					
In Alv Caudae praeced.	5 4.	18 16	52 56	30 41	♓ A	14 16	2 8	10 45	♓ A	356 19

Ad Annum 1660

Princip. Hass. Longitud. Latitud. °	'	"	S.	Riccioli Longitud. Latitudo °	'	"	S.	Ulug Beigh Longitudo Latitudo °	'	"	S.	Ptolemaei Longitudo Latitudo °	'	"	S.	Hevelii Asc. Red. Declinat. °	'	"	Bor. A.
				29 4	16 18	43 51	♈ A.					28 9	55 10	0 0	♈ A.	28 7	45 15	13 8	Bor.
				24 25	57 16	13 30	♈ A.	25 25	47 42	0 0	♈ A.	24 29	35 30	0 0	♈ A.	32 13	26 51	17 52	A.
				25 28	20 39	43 29	♈ A.	26 29	14 15	0 0	♈ A.	24 29	55 0	0 0	♈ A.	34 16	2 41	43 52	A.
				28 25	35 57	44 29	♈ A.	29 26	35 15	0 0	♈ A.	28 25	15 10	0 0	♈ A.	35 13	51 17	23 42	A.
				38 28	39 16	42 0	♈ A.	29 28	53 51	0 0	♈ A.	28 27	35 30	0 0	♈ A.	37 15	2 17	13 22	A.
17 20	11 23	12 54	♈ A.	17 20	14 17	28 20	♈ A.	17 21	42 9	0 0	♈ A.	16 20	35 0	0 0	♈ A.	23 12 23 11	41 0 40 59	3 34 2 * 23	A. A.
13 25	12 2	47 6	♈ A.	13 25 15 21	13 0 53 53	13 30 58 0	♉ A. ♈ A.	14 25	5 30	0 0	♈ A.	13 25	35 20	0 0	♉ A.	22 17 22 17	3 40 4 40	57 19 35 * 19	 A. A.
				14 31	34 3	13 28	♈ A.	15 31	17 0	0 0	♈ A.	14 30	35 50	0 0	♈ A.	26 22 26 22	2 44 1 40	37 24 45 34	A. A.
				13 14	33 29	13 50	♉ A.									45 2	26 6	9 35	B.
				17 18	15 26	43 50	♉ A.					16 17	55 30	0 0	♉ A.	49 0 49	57 41 57	13 40 13	A.
				20 22	57 44	13 50	♉ A.									52 3 54 3 56 2	58 58 21 58 6 31	45 30 31 * 30 55 10	 A. A.

Catalogus Fixarum

Cete				Hevelii Longitudo Latitudo Ex Distantiis °	'	''	S	Hevelii Longitudo Latitudo Ex Altit. Merid. °	'	''	S	°
In occipite	7	4	4	29 4	18 19	12 45	♈ A	29 4	17 16	40 35	♈ A	29 4
In □ pectoris praeced. Bor.	8	4	4	24 25	57 18	35 51	♈ A	24 25	59 18	45 19	♈ A	25 25
In □ pect. praeced. Austral.	9	4	4	25 28	23 31	36 39	♈ A	25 28	25 30	0 42	♈ A	25 28
In □ pect. sequ. Boreal.	11	3	3	28 26	38 2	14 47	♈ A	28 25	39 59	20 30	♈ A	28 25
In □ pect. sequ. Austral.	10	4	4 3	29 28	2 16	55 9	♈ A	29 28	2 15	40 50	♈ A	29 28
Borea ex Suprema ventris sequ.	14	3	3	17 20 17 20 17 20	9 7 16 17 12 18	52 45 15 2 23 28	♈ A ♈ A ♈ A	17 20 17 20	12 20 11 18	7 12 33 41	♈ A ♈ A	17 20
Tertia alias Media dicta seu potius secunda quippe Secunda ventris ...	12 20	4	3 0	13 29	10 53	51 38	♈ A	13 24 13 24	11 54 13 54	51 11 9 39	♈ A ♈ A	13 25 15 21
Inferior in ventre	13	4	4					14 31 14 30	41 3 41 59	0 45 45 56	♈ A ♈ A	14 31
Ad inferiorem Maxillam prima	17	5	5	13 19	35 30	17 25	♉ A	13 14	35 29	26 23	♉ A	13 19
Ad inferiorem Maxillam Media	18			17 18	14 31	46 8	♉ A	17 18 17 18	17 26 17 26	48 46 45 45	♉ A ♉ A	17 20
Ad infer. Maxillam ultima / tertia			6.	20 22	59 47	16 50	♉ A	19 22 20 22	28 29 55 45	40 37 18 41	♉ A ♉ A	20 22
Ad maxillam quarta sequ.			6	23 21	8 47	12 30	♉ A	23 21	8 47	57 0	♉ A	

Ad Annum 1660

Princip. Hass. Longitud. Latitud. °	'	"	S	Riccioli Longitudo Latitudo °	'	"	S	Ulug Beigh Longitudo Latitudo °	'	"	S	Ptolomaei Longitudo Latitudo °	'	"	S	Hevelij Asc. R. Declinat. °	'	"	
9 12	34 39	57 24	♉ A	9 12	33 36	45 30	♉ A	12 12	5 51	0 0	♉ A	9 11	15 20	0 0	♉ A	41 2	9 44	25 2	 A
4 12	42 4	27 30	♉ A	4 12	40 2	43 20	♉ A	5 12	20 18	0 0	♉ A	4 11	15 30	0 0	♉ A	36 1	25 48	29 37	 B.
2 14	48 31	12 20	♉ A	2 14	49 31	13 49	♉ A	3 14	32 42	0 0	♉ A	2 14	5 0	0 0	♉ A	35 1	30 7	17 21	
11 15	28 49	7 40	♈ A	11 15	30 46	43 0	♈ A	12 16	5 15	0 0	♉ A	11 15	15 40	0 0	♉ A	16 9 16 9	46 55 46 55	27 44 11 20	 A
6 16	58 7	27 36	♈ A	6 16	59 54	43 29	♈ A	7 16	50 42	0 0	♈ A	6 50	35 40	0 0	♈ A	12 11	51 57	59 39	 A
26 10	20 2	9 40	♓ A	26 9	13 58	0 10	♓ A	27 10	5 30	0 0	♓ A	26 9	15 40	0 0	♓ A	0 10 0 10	31 40 32 40	28 43 13 23	 A A
27 20	48 48	12 10	♓ A	27 20	46 43	0 40	♓ A	28 21	35 0	0 0	♓ A	27 20	15 20	0 0	♓ A	6 19 6 19	38 49 37 49	23 13 3 17	 A
				10 7	18 49	13 50	♉ A	7 10 8	49 41 18	50 0 0	♉ A	9 7	15 45	0 0	♉ A	40 7	23 33	13 42	
				6 5	54 35	13 48	♉ A	6 0	17 30	0 0	♉ A	4 6	15 20	0 0	♉ A	36 7	58 42	37 22	
2 5	43 55	12 20	♉ A	2 5	41 51	13 50	♉ A	1 4	5 24	0 0	♉ A					32 6	31 56	59 10	
				3 9	36 12	43 20	♉ A	2 8	56 9	0 0	♉ A	1 8	45 10	0 0	♉ A	34 4	30 6	31 22	 B.

Catalogus Fixarum

Cete					Hevelii Longitudo Latitudo Ex Distantiis				Hevelii Longitudo Latitudo Ex Altit. Merid.				T…
					°	'	"	S.	°	'	"	S.	°
Lucida Mandib.		2	2	2	9 12	34 36	48 59	♉ A.	9 12	35 37	7 6	♉ A.	4 12
Media in ore		3	3	3	4 12 4 12	42 0 42 0	6 51 8 49	♉ A. ♉	4 12	42 0	0 0	♉ A	4 12
Boreal. ad Genam		4	3	3	2 19 2 14 2 14	48 28 49 32 47 28	32 2 46 42 38 13	♉ A. ♉ A. ♉ A.	2 14	48 27	23 3	♉ A	2 14
In dorso Orient.		15	3	3					11 15 11 15	30 45 30 49	0 9 0 45	♈ A. ♈ A.	11 15
In dorso occident.		16	3	3	7 16	1 3	5 22	♈ A	7 16	0 4	15 29	♈ A	7 16
Borealis Caudae		17	3	3	26 9	12 57	47 7	♓ A	26 9 26 9	11 59 11 59	0 41 28 32	♓ A. ♓ A.	26 10
Lucida Caudae Austral.		18	2	2					27 20 27 20	49 45 48 44	0 2 19 35	♓ A. ♓ A.	27 20 27 20
Ad Rostrum		1	4	4	10 7	20 45	31 19	♉ A	10 7	21 47	5 15	♉ A	10 7
In fronte oriental.		6	4	4	7 5	9 33	39 2	♉ A	7 6	9 35	42 24	♉ A	6 5
In fronte occident.		5	4	4	2 5	42 50	56 15	♉ A	2 5	43 51	13 53	♉ A	2 5

		Hevelii Longitudo Latitudo Ex Distantiis °	'	"	S.	Hevelii Longitudo Latitudo Ex Altit. Merid. °	'	"	S.	Hevelii Ascens. Rect. Declinat. °	'	"	Bor. Aust.
In fronte [illegible] inferior Media 6. m.		18 66	32 47	10 × 55	♊ B.					350 85	41 27	36 × 0	# B.
	Ex [illegible] in fronte Boreal. M. 7. m.	10 57	53 47	37 × 27	♊ B.					35 77	29 37	30 × 40	# B.
Ultima 5. m.		16 65	46 10	50 × 10	♊ B.					7 84	39 26	20 × 20	# B.
	Ex [illegible] in fronte Austral. M. 6. m.	10 56	38 5	39 × 53	♊ B.					39 76	20 16	45 × 9	# B.
In fronte [illegible] praecedentium Media 6. m.		11 67	2 30	50 × 40	♊ B.					343 82	30 33	51 × 30	# B.
Praecedentium super. 6. m.		2 67	57 35	35 × 0	♊ B.					341 81	35 23	49 × 15	# B.
Ad [illegible] Urs. Minoris proxima													
Ad [illegible] Urs. Min. ultima													
Praecedentium inferior [illegible]													
Supra [illegible] superior	In [illegible] [illegible] M. 6. m.	13 57	7 57	5 × 40	♊ B.					49 79	1 36	8 × 48	# B.
Ad [illegible] 5. m.		25 67	0 28	32 × 35	♊ B.					330 87	59 49	5 × 0	# B.
[illegible]													
Sub manu sinistra 6. m.		18 65	52 33	39 × 15	♋ B.					344 73	10 34	4 × 0	# B.
In [illegible] manus 6. m.		13 66	36	11 × 40	♋ B.					336 71	58 14	58 × 40	# B.

Catalogus Fixarum

Cepheus		Hipparchi Longitudo Latitudo Ex distantiis ° ′ ″ S.				Hipparchi Longitudo Latitudo Ex Alti. Mer. ° ′ ″ S.	[illegible] °
In fimbria palli ad dext. humer. Cephei	4 fere	8 71	57 37	51 ♓ 48 B.			301 55
In Sceptro inferior 7. manu dext.	5	20 69	12 12	9 ♓ 0 B.			304 56
In dextro latere	6	20 69	26 57	18 ♈ 22 B.			320 73
Sub dextro humero in axilla	6	14 69	18 55	41 ♈ 24 B.			318 63
Supra dext. humerum propior.	6	9 66	58 40	26 ♈ 35 B.			322 60
Supra dext. humerum remotior.	5	9 65	53 29	17 ♈ 15 B.			323 59
In collo.	5	15 64	17 16	22 ♈ 40 B.			324 60
Supra sinist. humer.	5	22 62	41 0	52 ♈ 37 B.			336 61
In sinist. brachio	5	5 61	25 19	52 ♉ 33 B.			346 66
In sinistro cubito ad sept.	5	8 59	9 0	35 ♋ 53 B.			352 65
In fimbria tunicae praecedentium infima	6	15 68	59 1	20 ♊ 40 B.			337 84

11 . 41

Ad Annum 1600

		Herculis Longitudo Latitudo ex Distantiis ° ′ ″ S	Herculis Longitudo Latitudo ex Alt. Merid. ° ′ ″ S	Herculis Asc. Recta Declinat. ° ′ ″	Bor. Aust.
[illegible] ad Bor. in Corona Hl. 6. m.		4 31 2 [illegible] 61 49 50 B.		328 59 27 57 4 43	B.
Caput [illegible] Nebulosa Hl. 6. m.		29 43 9 [illegible] 56 43 43 B.		343 9 0 58 29 50	B.
In Pallio [illegible] ad [illegible] Hl. 6. m.		5 22 39 [illegible] 79 18 0 B.		296 46 23 86 49 47	B.
In Pallio Bor. 6. m. Hl.		8 25 46 [illegible] 79 41 15 B.		297 23 53 [illegible] 44 47	B.
[illegible] infra [illegible] Hl. 6. m.					
Sub [illegible] [illegible] Hl. 6. m.		20 18 0 [illegible] 57 53 50 B.		57 51 41 80 18 36	B.
Sub [illegible] [illegible] Bor. Hl. 6. m.		28 50 49 [illegible] 55 45 50 B.		86 31 0 79 15 12	B.
Ad [illegible] inter [illegible] Hl. 6. m.		23 53 42 [illegible] 63 48 0 B.		70 51 21 87 9 30	B.
In fascia [illegible] 6. m.		4 40 18 [illegible] 58 6 0 B.		23 44 14 75 42 9	[illegible]
In Tibia [illegible] super. Hl. 6. m.		4 12 17 [illegible] 61 38 10 B.		11 15 19 72 50 10	B.
In Tibia [illegible] infer. Hl. 6. m.		11 33 15 [illegible] 60 24 23 B.		23 54 43 79 49 0	B.

Catalogus Fi[illegible]

us				[illegible] Latitudo [illegible] Distantia °	′	″	♉	°
[illegible]			5	3 55	21 32	20 0	♉ B	
rium a			4	3 53	23 20	19 15	♉ B	3 53
[illegible] Seq.			5	6 53	7 42	33 50	♉ B	6 53
[illegible]								
Secunda			5	3 70	47 14	49 38	♉ B	3 70
tertia			6	6 70	16 17	27 55	♉ B	
quarta			5	8 68	33 18	23 5	♉ B	
quinta			6	10 69	5 21	44 0	♉ B	
[illegible]			6	24 59	50 44	2 47	♉ B	
[illegible] infer.			6	2 61	58 14	0 0	♉ B	
[illegible] sequ.			6	2 63	10 45	15 0	♉ B	

Princip. Hass. Longitudo Latitudo				Riccioli Longitudo Latitudo				Ulug Beighi Longitudo Latitudo				Ptolomaei Longitudo Latitudo				Hevelii Asc. Rect. Declinat.			
°	′	″	S.	°	′	″.	S.	°	′	″.	S.	°	′	″	S.	°	′	″	Bor. Aust.
8 68	13 52	47 0	♈ B	8 69	2 56	13 30	♈ B	7 68	44 36	0 0	♈ B	8 69	15 0	0 0	♈ B	317 61 312 61 317 61	34 9 36 36 9	15 38 0 38 5 38	 B. B B.
1 71	13 4	17 40	♉ B	1 71	2 8	43 30	♉ B	0 71	47 15	0 0	♉ B	28 71	55 10	0 0	♈ B	320 69 320 69 320 69	59 4 59 4 57 4	35 53 47 53 15 53	 B B. B.
25 69	20 34	57 12	♉ B.	25 69	12 29	43 25	♉ B.	25 69	41 30	0 0	♉ B	24 64	35 15	0 0	♉ B.	351 75 351 75	29 45 29 45	3 3 21 3	
8 59	23 54	57 10	♈ B.	8 60	45 0	13 20	♈ B	9 60	5 0	0 0	♈ B.	7 60	55 15	0 0	♈ B	330 55	41 23	27 44	 B.
9 61	23 9	9 30	♈ B.	9 61	18 4	43 30	♈ B	10 61	11 15	0 0	♈ B.	8 61	55 55	0 0	♈ B.	329 56	41 34	3 24	 B.
12 59	59 29	37 30	♈ B.	14 59	28 47	43 30	♈ B	12 61	5 42	0 0	♈ B.	10 61	35 20	0 0	♈ B.	339 56	10 43	9 54	 B.
0 73	26 52	27 20	♈ B	0 74	43 1	43 50	♈ B.	0 73	20 51	0 0	♈ B	1 74	35 0	0 0	♈ B.	305 61	54 53	0 0	♓ B
0 71	4 40	57 45	♈ B.	0 71	9 50	43 25	♈ B	29 71	35 33	0 0	♓ B	0 72	55 0	0 0	♈ B.	309 60	42 38	8 13	♓ B.
28 62	38 32	37 10	♈ B	28 62	43 36	13 25	♈ B	28 62	19 30	0 0	♈ B	29 62	5 30	0 0	♈ B.	339 64	27 25	41 59	 B.
				19 65	35 43	41 25	♈ B	19 65	20 45	0 0	♈ B	20 65	5 30	0 0	♈ B.	329 62	31 59	33 8	 B.
28 75	20 23	57 10	♉ B	28 75	22 28	43 30	♉ B	28 75	5 45	0 0	♉ B	26 75	35 40	0 0	♉ B.	304 76	45 39	21 8	 B.

Cingulum	1	3	3	0 71	59 8
Per sinistr.	11	3	3	25 64	27 35
In vertice Austral.	5	4	4	8 59	22 56
In vertice borealior	4	4	4	9 61	22 9
Ad frontem in tiara	6	4	4	13 59	1 32
In dextro Cubito	8	4	4	0 73	31 57
In dextro Lacerto	7	4	4	0 71	2 44
In Sinistro humero	3	4	4	28 62 28 62	38 34 41 35
Inter Scapulas	9	5	5	19 65 19 65	38 44 35 43
In dextro pede	10	4	4	28 75	32 25
Informis prope tiaram		5			

Ad Annum 1660

[illegible] Longitudo Latitudo				Riccioli Longitudo Latitudo				Ulug Beighi Longitudo Latitudo				Ptolomaei Longitudo Latitudo				Hevelii Asc. Rect. Declinat.			Bor. Aust.
°	'	"	S.	°	'	"	S.	°	'	"	S.	°	'	"	S.	°	'	"	
				13 44	45 59	43 0	♉ B									349 45	28 37	53 56	# B.
				23 54	11 28	13 31	♉ B									23 70	56 45	46 42	# B.
				22 52	46 10	15 0	♉ B									23 69	45 11	10 22	# B
				20 52	16 49	13 49	♉ B									15 66 19 68	35 19 21 52	49 16 52 41	B # B
				23 56	9 14	13 30	♉ B									18 71	3 16	1 24	# B
				Ex distantiis				Ex declinat.											
Inter crura [illegible] 7 m.																			
[illegible] Parvula ad [illegible] capiti 6 m.				9 49	3 27	34 33	♉ B.									8 59	10 20	44 37	# B.
In fimbria tunicae primam [illegible] 5 m. [illegible] 10				19 54 19 54	18 14 9 15	55 10 24 7	♉ B ♉ B									12 84	7 54	1 10	# B.
In fimbria tunicae secundae 5 m. # 9.				20 52 20 52	17 47 11 46	17 58 50 50	♉ B. ♉ B	20 52	12 49	12 7	♉ B.					15 66	39 17	12 15	# B.
In fimbria tunicae tertia 6 m. # 9				22 51 21 52	56 49 29 32	44 10 51 10	♉ B ♉									17 66	28 33	38 51	# B.
In fimbria IV a [illegible] 5 m. # 7.				24 51 29 51	26 38 25 39	44 0 15 13	♉ B ♉ B									22 66	33 59	6 30	# B.

Catalogus Fixarum

Cassiopea				Fixarum Longitudo Latitudo Ex Distantiis °	'	"	S	Fixarum Longitudo Latitudo Ex Alt. Merid. °	'	"	S	°
Ad genu sinistr. seq.	19	6	6	13 49	43 56	41 52	♉ B.					13 49
Prima Scabelli Antec.	15	6										20
In Scabello sequentium duarum Boreal. sed media Scabelli. # 3	17	6	4 5	28 54 28 54	51 19 54 20	33 40 3 20	♉ B. ♉ B.					23 54
Sequentium duarum Austr. infima Scabelli # 5	18	6	4 5	27 53 27 53	10 9 10 8	23 48 14 23	♉ B. ♉ B.					22 52
Praecedentium duarum Austr. / Tychoni in medio Scabelli # 6	15	6	5 6	29 53 24 53	44 52 47 52	37 20 15 43	♉ B. ♉ B.	20 52	12 49	12 7	♉ B.	20 52
Praecedentium duarum Bor. Tychoni Extrem. Scabelli # 4	16	6	6	26 55 26 55	53 56 55 58	10 10 30 7	♉ B. ♉ B.					23 56
Sub Scabello praeced. # 2			5	2 53 2 53	46 13 48 15	17 55 20 30	Ⅱ B. Ⅱ B.					Asc. 31 71
Sub Scabello seq. # 1			6	7 53 7 53	35 28 37 29	40 18 53 18	Ⅱ B. Ⅱ					39 73
In summitate sedis omnium supremum			6	23 54	28 1	29 37	♉ B.					348 56
Infra Erectionem Sedis			7					7 51	20 20	5 52	♉ B.	9 60
Supra Erectionem Sedis				10 53	2 7	47 13	♉ B.					4 62
In cruce dextra / infra cruce praeced.			7	15 49	18 22	37 35	♉ B.					14 61

27. 11

Ad Annum 1660

Principis Hassiæ Longitudo Latitudo				Riccioli Longitudo Latitudo				Ulug Beigi Longitudo Latitudo				Ptolomæi Longitudo Latitudo				Hevelii Asc. Rect. Declinat.			
°	'	"	S.	°	'	"	S	°	'	"	S.	°	'	"	S.	°	'	"	Dr. Hor.
				27 39	47 17	13 0	♈ B.									6 46	31 25	3 52	B.
				0 41	20 16	13 28	♉ B.									5 49	27 7	42 45	H. B.
				28 41	45 27	13 0	♈ B.									5 48	51 39	36 20	H. B.
				29 45	58 39	13 30	♈ B.									3 52	26 42	11 28	B.
				25 49	27 26	13 0	♈ B.	25 49	17 30	0 0	♈ B.	23 50	55 0	0 0	♈ B.	4 53	32 53	13 0	B.
				26 52	20 40	13 30	♈ B.	26 51	50 0	0 0	♈ S.					7 56	10 ~~23~~ ~~55~~ 46	35 ~~13~~ ~~12~~ 47	B.
26 51	21 7	51 20	♈ B.	26 51	22 9	13 28	♈ B.					25 51	15 40	0 0	♈ B.	5 55	32 37	17 17	B.
6 43	20 2	27 40	♉ B.	6 43	4 29	13 30	♉ B	6 44	47 30	0 0	♉ B	6 44	15 20	0 0	♉ B.	11 53	54 15	29 5	B
				7 43	2 8	43 0	♉ B	10 44	56 48	0 0	♉ B	9 45	15 0	0 0	♉ B.	12 53	43 21	23 12	B.
				7 47	40 33	13 0	♉ B									7 57	11 22	15 0	B.
				10 45	48 6	13 0	♉ B									16 56	51 56	0 40	B

Catalogus Fixarum

Cassiopea				Hevelij Longitudo Latitudo Ex Distantiis			Hevelij Longitudo Latitudo Ex Altitud. Merid.			1 2
				°	'	" S.	°	'	" S.	°
Penultima Virgae	21	6	6	27 39	47 17	41 ♈ 30 B	27 39	46 17	37 ♈ 17 B	27 39
Secunda Virgae	23	6	6	0 41	20 15	45 ♉ 13 B.				0 41
Prima Virgae	24	6	6	28 41	48 25	5 ♉ 10 B				28 41
Parvula ad Genua	22	6	6	0 45	6 37	29 ♉ 52 B	0 45	5 39	23 ♉ 12 B	0 45
In sinistro Cubito	10	6	6	25 49	26 24	42 ♈ 3 B.	25 49	27 24	35 ♈ 0 B.	25 49
In summitate Sedis Borealis	14	6	6	26 52	24 35	39 ♈ 40 B	26 52	30 47	50 ♈ 22 B	26 52
In summitate Sedis Austr.	13	6	6	26 51	28 12	29 ♈ 58 B	26 51	24 8	40 ♈ 0 B.	26 51
In dextro brachio	9	5	5	6 43	28 16	51 ♉ 39 B				6 43
In dextro Cubito	8	4	4	7 43	7 5	31 ♉ 19 B	7 43	6 6	25 ♉ 28 B	7 43
In gyro Umbilici	21	6	6	7 47	49 22	24 ♉ 25 B.	7 47	55 35	35 ♉ 15 B	7 47
Ad genu sinistrum sedentis	20	6	6	10 45	49 3	41 ♉ 44 B.				10 45

Ad Annum 1660

Principis Hassiae Longitudo Latitudo				Riccioli Longitudo Latitudo				Ulug Beigi Longitudo Latitudo				Ptolomaei Longitudo Latitudo				Hevelii Longitud. Asc. Rect. Declinat.			
°	'	''	S.	°	'	''	S.	°	'	''	S.	°	'	''	S	°	'	''	Bor. Austr.
0	29	37	♉	0	22	0	♉	1	11	0	♉	29	45	0	♈	357	48	3	
51	11	50	B	51	17	0	B.	50	48	0	B.	51	40	0	B.	57	16	13	B
3	6	57	♉	3	5	40	♉	3	35	0	♉	2	25	0	♉	5	19	23	
46	34	0	B	46	36	50	B.	46	0	0	B	46	45	0	B.	54	41	0	B
9	15	57	♉	9	15	40	♉	9	35	0	♉	7	55	0	♉	9	6	31	
48	49	24	B	48	47	50	B.	48	30	0	B	49	0	0	B.	58	53	51	B
																9	6	59	
																58	52	26	B.
13	12	12	♉	13	9	10	♉	13	29	0	♉	11	55	0	♉	15	58	11	
46	20	20	B	46	23	50	B	45	45	0	B	45	30	0	B	58	27	46	B
20	4	12	♉	20	1	43	♉	20	35	0	♉	18	35	0	♉	22	33	3	
47	27	45	B	47	30	29	B	46	51	0	B	47	45	0	B.	61	57	6	B.
0	23	7	♉	0	23	13	♉	1	38	0	♉	29	25	0	♈	4	36	37	
44	38	50	B	44	42	0	B	43	45	0	B	45	20	0	B	52	2	0	
5	31	33	♉	5	26	13	♉	6	20	0	♉	1	55	0	♉	7	15	25	
47	9	12	B	47	6	30	B	46	30	0	B	47	50	0	B.	56	0	26	B.
27	31	57	♉	27	27	13	♉	23	57	0	♉	22	56	0	♉	30	28	29	
48	52	6	B	48	55	31	B.	47	36	0	B	47	20	0	B.	65	49	23	B.
7	58	12	♉	7	54	13	♉	8	35	0	♉	6	35	0	♉	3	32	29	
52	14	40	B	51	16	0	B	51	42	0	B	52	40	0	B	61	3	0	B.
																1	47	53	
																62	20	33	B.
				27	42	43	♈									6	14	27	♓
				38	10	29	B									45	10	28	B.

Catalogus Fixarum

Cassiopea				Heveli Longitudo Latitudo Ex Distantiis °	′	″	S.	Heveli Longitudo Latitudo Ex Alt. Merid. °	′	″	S.	°
Lucida Cathedrae	12	3	3+	0 51	22 13	43 55	♉ B.	0 51	22 13	37 + 35	♉ B	0 51
Sedes in pectore	2	3	3+	3 46	3 36	52 43	♉ B	3 46	3 37	33 + 28	♉ B	3 46
In flexura ad caput	4	3	3+	9 48 9 48	15 47 14 47	30 28 3 48	♉ B. ♉ B	9 48 9 48	14 48 12 47	5 45 50 + 40.	♉ B. ♉ B.	9 48
Sinistrum genu	5	3	3	13 46 17 46	10 23 11 23	30 22 3 18	♉ B. ♉ B.	13 46	11 23	6 + 48	♉ B	13 46
Dextrum genu	6	3	3-	20 47 20 47	1 30 0 30	2 40 45 45	♉ B. ♉ B	19 47	59 30	17 + 50	♉ B.	20 47
Caput	1	4	4	0 44	24 41	59 26	♉ B.	0 44	24 40	33 + 50	♉ B	0 44
Cingulum	3	4	4	5 47	30 4	24 10	♉ B.	5 47	29 3	50 + 45	♉ B	5 47
Extrema pedis	7	4	4	27 48	29 56	9 25	♈ B	27 48	30 55	41 + 0	♉ B	27 48
In elevatione pedis	11	4	4	7 52 7 52	56 14 56 13	35 15 39 23	♈ B ♈ B	7 52	56 13	5 + 35	♈ B.	7 52
Nova in Cassiopea 1572.								8 53	18 45	47 0	♉ B	
Extrema virgae	26	6		26 38	43 19	11 + 0	♈ B.					[illegible]

Princip. Hass. Longitudo Latitudo				Riccioli Longitudo Latitudo				Ulug Beigi Longitudo Latitudo				Ptolemaei Longitudo Latitudo				Hevelii Asc. Rect. Declinat.			
°	′	″	S.	°	′	″	S.	°	′	″	S.	°	′	″	S.	°	′	″	Bo. Au.
				20 9	46 18	13 0	♒ B	20 4	44 0	0 0	♒ B	20 5	15 0	0 0	♒ B	321 10	42 33	21 33	A.
				19 2	6 23	13 10	♒ B	19 2	41 48	0 0	♒ B	18 2	25 26	0 0	♒ B.	322 12	5 49	21 33	A.
				21 0	8 9	13 0	♒ A	21 0	20 0	0 0	♒ A								
				21 0	19 13	15 30	♒ A.	18 6	53 15	0 0.	♒ A.					323 15	39 3	39 18	A.
																300 13	26 40	55 36	A.
																298 13	23 2	38.x 22	H A.
																299 13	39 26	51.x 1	H A
																320 15	48 27	11 48	A.

♑ Catalogus Fixarum

Capricornus				Hevelii Longitudo Latitudo Ex Distantiis °	′	″	S	Hevelii Longitudo Latitudo Ex Alt. Merid. °	′	″	S	Ty. He. La. °
Extrema Caudæ	28	6	6	20 4	43 23	27 31	♒ B.	20 4	41 17	20 51	♒ B.	20 4
Penultima Caudæ	25	5	5	20 1 20 1	19 58 18 56	18 32 2 7	♒ B. ♒ B.	20 2	19 1	55 41	♒ B.	19 2
Contigua in Cauda Occid. [illegible]	27	6	0									21 0
Australis Sequens maior Antepenult. duarum [illegible]	26	5	5	21 0	4 33	23 27	♒ A.	21 0	4 34	13 15	♒ A.	21 0
Trium in Cornu Seq.	2	6	6	29 6	43 41	33 0	♑ B.	29 6	43 44	27 3	♑ B.	29 6
Trium in Cornu Occid. HH.	4	6	6	27 7	52 41	31 11	♑ B.					27 7
In Cornu Bor. duarum Contiguarum Occident. HH.			4	29 7	1 7	8 39	♑ B.					
In Cauda Antepen. ultima HH.			6	18 0	27 7	15 26	♒ B.	18 0	19 5	25 24	♒ A.	

25. 3 n.

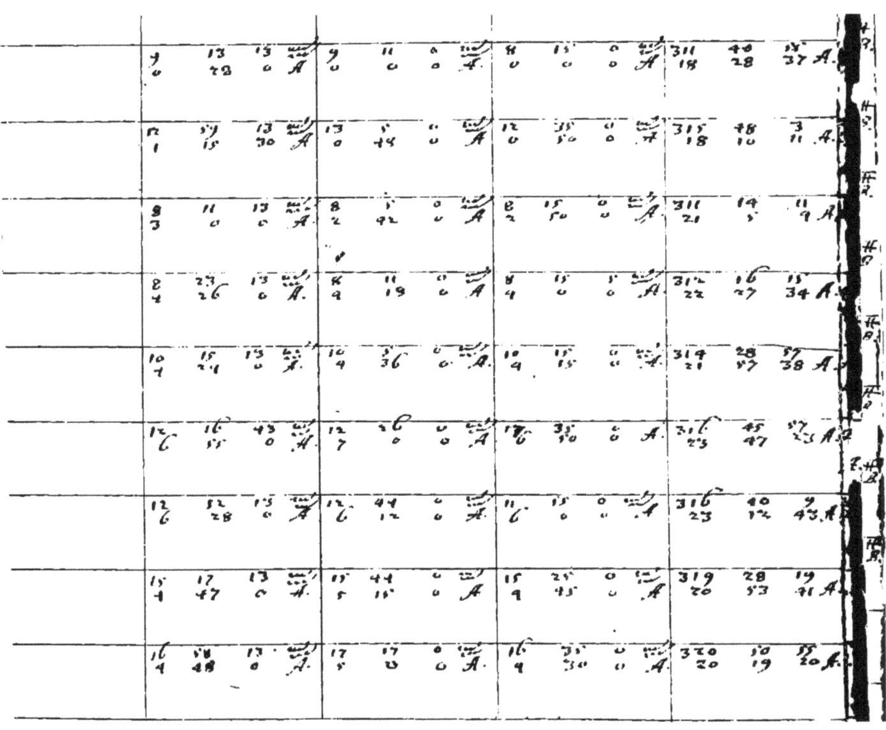

9 0	13 48	13 0	A	9 0	11 0	0 0	A.	8 0	15 0	0 0	A	311 18	40 28	15 37 A.
12 1	59 15	13 30	A	13 0	5 48	0 0	A	12 0	35 50	0 0	A	315 18	48 10	3 11 A.
8 3	11 0	13 0	A.	8 2	5 42	0 0	A	8 2	15 50	0 0	A.	311 21	14 5	11 9 A.
8 4	23 26	13 0	A.	8 9	11 19	0 0	A	8 4	15 0	5 0	A.	312 22	16 27	15 34 A.
10 1	15 21	13 0	A.	10 4	5 36	0 0	A.	10 4	15 15	0 0	A.	314 21	28 57	57 38 A.
12 6	16 55	43 0	A.	12 7	26 0	0 0	A	12 6	35 50	0 0	A.	316 23	45 47	57 23 A.
12 6	52 28	15 0	A	12 6	44 12	0 0	A.	11 6	15 0	0 0	A	316 23	40 12	9 43 A.
15 4	17 47	13 0	A.	15 5	44 15	0 0	A	15 9	25 45	0 0	A	319 20	28 53	19 41 A.
16 4	58 48	13 0	A.	17 5	17 0	0 0	A.	16 4	35 30	0 0	A.	320 20	50 19	55 20 A.

In sinistro cornu	13	6	6	7 8	9 3	23 5	♒ A.	7 7	9 57	0 32	♒ A.	7 8
In dorso precedens	19	5	5	9 0	6 30	17 23	♒ A.	9 0	6 27	17 54	♒ A.	9 0
In dorso seq.	20	5	5	12 1	56 17	45 35	♒ A	12 1	56 14	50 51	♒ A	12 1
In pectore boreali	18	5	5	8 2	0 55	56 26	♒ A.	8 2	0 52	33 6	♒ A.	8 3
In pectore Australi	17	6	6	8 4	39 29	14 13	♒ A.	8 4	34 27	22 0	♒ A.	8 4
In latere	16	6	6	10 4	39 44	19 27	♒ A.	10 4	41 31	7 56	♒ A.	10 4
In ventre preced.	14	5	5	12 6	10 53	50 36	♒ A.	12 6	10 53	58 13	♒ A.	12 6
In ventre seq. contigua	15	6	6	12 6	17 5	22 15	♒ A	12 6	16 18	0 32	♒ A	12 6
Ad ilia precedens	21	4	4	15 4	27 46	47 57	♒ A.	15 4	27 52	14 21	♒ A	15 4
Ad ilia sequens	22	5	5	16 5	46 10	2 23	♒ A.	16 4	51 43	42 27	♒ A.	16 4

Ad Annum 1660

Principis Hassiae Longitudo Latitudo				Riccioli Longitudo Latitudo				Ulug Beigh Longitudo Latitudo				Ptolemaeus Longitudo Latitudo				Hevelius Asc. Rect. Declinat.		
°	'	".	S	°	'	".	S.	°	'	".	S	°	'	".	S.	°	'	". Bor. Aust.
29 7	7 1	12 0	♑ B	29 7	10 3	40 11	♑ B	28 7	5 30	0 0	♑ B	28 7	55 20	0 0	♑ B	299 13 299 13	46 29 41 29	13 21 A. 41 20 A.
29 4	19 39	27 30	♑ B	29 4	23 42	40 10	♑ B	29 4	20 45	0 0	♑ B	28 5	55 0	0 0	♑ B	300 306 15 306 15	27 27 45 28 45	47 31 33 A. 9 33 A.
17 2	1 29	33 48.	♒ A.	17 2	6 24	40 50	♒ A	17 2	23 30	0 0	♒ A.					320 18 320 18	14 9 17 4	5 50. A. 13 50 A.
18 2	47 30	47 24	♒ A.	18 2	52 27	40 50	♒ A	18 2	38 15	0 0	♒ A.					322 17 322 17	4 33 2 33	37 43. A. 27 43 A
				28 0	5 25	13 10	♑ B									300 20	2 1	53 53 A.
				29 0	49 49	13 40	♑ B	25 0	23 36	0 0	♑ B					302 19 301 19	0 14 59 11	29 40 A. 55 30 A.
				0 0	33 29	13 10	♒ B.	0 0	41 42	0 0	♒ B.	0 0	35 45	0 0	♒ B.	302 19	35 36	9 0 A.
				0 1	29 21	13 8	♒ B.	0 1	29 39	0 0	♒ B					302 18	25 48	31 58 A.
				3 3	41 26	13 10	♒ B	3 3	32 27	0 0	♒ B	3 0	15 50	0 0	♒ B	305 16	5 2	9 50 A
				2 0	58 16	13 7	♒ B	3 0	20 54	0 0	♒ B	3 0	25 50	0 0	♒ B	305 19	18 11	19 A. 20
				2 6	39 58	13 0	♒ A	2 7	35 0	0 0	♒ A					306 26	27 23	21 15 A.

♑ Catalogus Fixarum

Capricornus				Hevelij Longitudo Latitudo Ex Distantijs °	′	″	S.	Hevelij Longitudo Latitudo Ex Altit. Merid. °	′	″	S.	Ty[illegible] Lon[illegible] La[illegible] °	
In Cornu Boreali e duobus Oriental.	1	3	3	29 7 29 7	6 2 6 2	25 1 15 0	♑ B. ♑ B.	29 7 29 7	6 3 6 3	42 3 10 9	♑ B. ♑ B.	29 7	9 2
In Cornu Austr.	3	3	3	29 4 29 4	18 41 19 42	30 59 0 4	♑ B. ♑ B.	29 4 29 4 29 4	18 41 18 41 19 41	40 27 31 37 7 28	♑ B. ♑ B. ♑ B.	29 4	2 4
Caudae praecedens	23	3	3	17 2	3 27	18 54	♒ B.	17 2 17 2	0 29 2 25	0 43 43 38	♒ A. ♒ A.	17 2	5 2
Caudae sequens	24	3	3	18 2	47 29	15 9	♒ Bor.	19 2 18 2	49 27 47 27	53 49 53 16	♒ A. ♒ A.	18 2	[illegible]
Nebulosa in fronte	8			28 0	3 14	31 47	♑ B.	28 0	3 35	50 11	♑ B.	28 0	[illegible]
Nebulosa ad oculum post.	5			0 0	0 1	44 50	♒	0 0 0 1	1 58 2 1	56 38 4 51	♒ B. ♒ B.	29 0	[illegible]
Nebulosa seq.	6			0 1	30 3	22 56	♒ B.	0 0	29 30	17 52	♒ B.	30 0	3 2
Prior sub eadem	7	6	6	0 1	30 15	39 33	♒ B.	0 1	30 18	30 44	♒ B.	30 1	[illegible]
In Cervice Boreal.	9	6	6	3 3	36 28	12 17	♒ B.	3 3	36 26	0 56	♒ B.	3 3	4 7
In Cervice Austral.	10	6	6	3 0	4 13	48 5	♒ B.	3 0	4 20	53 35	♒ A.	2 0	5 1
Genu Dextrum	11	5	5	2 6	24 53	44 38	♒ A.	2 6	25 54	28 13	♒ A.	2 6	3 [illegible]

Ad Annum 1660

		Hevelii Longitudo Latitudo et Distantia S.	Hevelii Longitudo Latitudo et Altitudo Meridiana S.	Hevelii Ascensio Recta Declinatio
		° ' "	° ' "	° ' " Asc. Rec.
[illegible] [illegible] [illegible] Hl. 5.		2 8 32 [illegible] 44 26 38 [illegible]		94 4 23 [illegible] 67 56 18 [illegible]

33 n.

Catalogus Fixarum

Camelopardalus		Hevelij Longitudo Latitudo Ex Dist: Sextantis ° ′ ″ S.	Hevelij Longitudo Latitudo Ex Alt. Meridian. ° ′ ″ S.	H[evelij] A[scensio] D[eclinatio] ° ′
In femore secundo	5	7 13 59 ♊ 41 27 30 B.		51 61
Hl. In femore tertia	6	6 36 19 ♊ 39 29 19 B		52 59
Hl In dext. femore quarta	6	7 38 37 ♊ 37 38 10 B		54 58
Hl. Supra genu post. sinistr. duarum infer.	6	10 16 8 ♊ 38 34 15 B		58 59
Hl. Supra genu post. duarum superior	6	9 42 13 ♊ 39 34 7 B		56 60
Hl. In ventre	4-5	16 9 47 ♊ 43 26 28 B.		65 65
Hl. In tergo Austr.	5	9 52 1 ♊ 49 33 40		48 70
Hl In tergo Boreal.	5	22 7 48 ♊ 55 48 0 B.	20 5 59 ♊ 58 12 20 B	56 80 67 78
Hl In sinistr. poplite ped. poster.	6	27 19 12 ♊ 41 48 36 B.		85 65
Hl In pede sinistr. poster. superior	5	27 45 12 ♊ 45 58 26 B.		85 69
Hl In genu sinistr. ped. poster. super.	5	2 24 35 ♋ 45 59 46 B		94 69
Hl.				

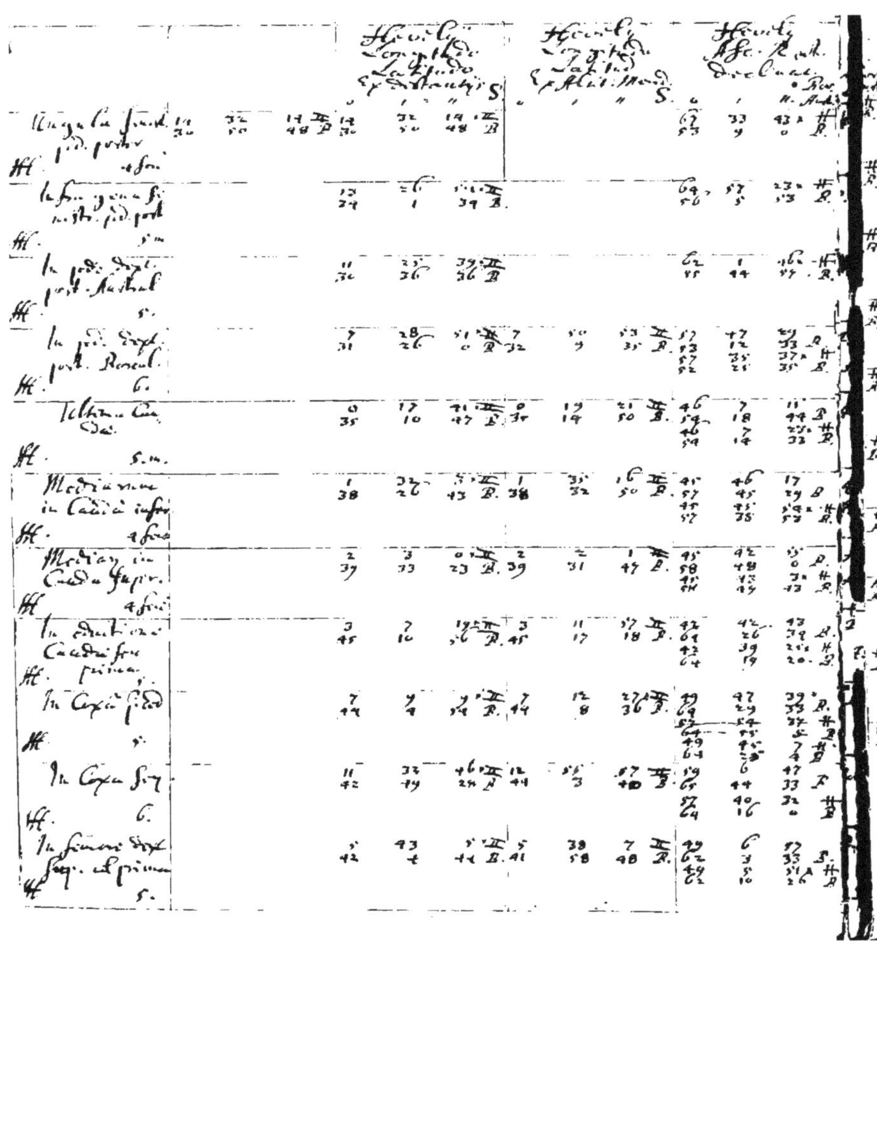

Catalogus Fixarum

Camelopardalus.		Hevelii Longitudo Latitudo ex Distantiis °	′	″	S.	Hevelii Longitudo Latitudo ex Altitud. Merid. °	′	″	S.	
In Vertice	5.	11 67	59 2	30 51	♋ B.	11 67	59 2	30 51	♋ B.	192 85
Ad genam	6.	10 62	27 51	0 15	♋ B.					145 84
In Collo primum	6.	6 63	51 50	30 25	♋ B.					140 86
In Collo secunda Ret.	6.	4 57	15 6	30 33	♋ B.					104 80
In Collo tertia Bor.	6	0 59	51 23	30 7	♋ B.					93 82
Ad Caput supra Medium Clunis Borealis	5	24 69	43 12	10 5	♋ B.					178 79
In Collo quinta in extremitate	6.	28 56	56 18	45 3	♊ B.					86 79
In pectore	5	0 53	53 47	50 10	♋ B.					92 77
In tergo super ...	5.	22 55	6 50	45 40	♊ B.					66 78
Ad Calcaneum ...										
In armo	6	20 50	0 34	0 38	♊ B.	19 50	45 45	4 2	♊ B.	66 73

Ad Annum 1660

		Hevelii Longitudo Latitudo Ex Dist. Armill. °	′	″ S.	Hevelii Longitudo Latitudo Ex Altitud. Merid. °	′	″ S.	Hevelii Asc. Rect. Declinat. °	′	″	Bor. Aust.
In armo Asterionis inferior pedis fin. 6 m.		22 44	55 11	24 ♍ 54 B.	22 44	58 11	40 ♍ 54 B.	195 42	31 24	3 0	B.
In armo Asterionis sup. 6 m.		23 41	46 4	14 ♍ 32 B.				196 41	5 54	9 20	B.
In latere Asterionis sup. 5 m.		29 42	22 59	30 ♍ 54 B.				200 38	24 42	5 42	B.
In latere Asterionis infer. 6 m.		0 42	38 29	42 ♎ 30 B.	0 42	41 29	0 ♎ 54 B.	200 38	34 2	55 38	B.
In ventre Asterionis 6 m.		5 42	18 19	31 ♎ 54 B.				206 36	45 10	0 24	B.
In tergo Asterionis sup. 6 m.		1 45	13 22	40 ♎ 18 B.	1 45	18 21	04 ♎ 39 B.	203 40	1 14	23 48	B.
In tergo Asterionis fued. 6 m.		28 47	59 30	13 ♍ 45 B.				202 41	43 54	21 22	B.
In fronte Asterionis 4 m. fere		15 51	27 46	15 ♍ 0 B.	15 51	26 47	51 ♍ 0 B.	195 51	55 29	21 14	B.
Ad aurem Asterionis 4 fere		19 52	29 53	58 ♍ 25 B.	19 52	30 49	50 ♍ 35 B.	200 50	3 45	19 53	B.
Ad ? dicatum Caudae Charae		10 36 10 36	34 47 34 45	58 ♎ 24 B. 52 ♎ 51 B.	10 36 10 36 10 36	33 35 33 35 34 45	12 ♎ 27 B. 9 ♎ 34 B. 12 ♎	205 29 205 29	16 12 16 12	7 38 9 14	B. B.
In dext. pede Asterionis Charae in angulo		9 32	26 48	20 ♍ 44 B.				176 37	2 55	11 35	B.
In ventre Charae 4 m.		25 33	20 59	15 ♍ 55 B.				191 32	2 39	23 32	B.

Catalogus Fixarum

Canes Venatici				Fixarum Longitudo Latitudo Ex Distantijs				Fixarum Longitudo Latitudo Ex Alt. Merid.				
				°	'	"	S.	°	'	"	S.	°
In annulo armillae Chari / Sub Cauda Urs. Majoris		2	2	19 40 19 40 19 40	46 10 46 4 46 4	25 0 11 28 35 28	♍ B ♍ B ♍ B	19 40 19 40	47 7 47 7	36 23 26 23	♍ B ♍ B	190 40 190 40
In fronte Chari / Sub cauda praeced.			5	12 40	58 29	28 20	♍ B	12 40	57 31	47 47	♍ B	184 43
Sub Capite Chari praeced.			6	9 38	43 6	29 45	♍ B					179 42
Sub Capite Chari seq. ad genam			5	12 37	44 44	52 23	♍ B	12 37	46 44	40 20	♍ B	182 40
In pede Chari anter. praeced.			5	14 31	14 35	28 19	♍ B					179 39
In pede Chari ant. seq.			6	18 33	19 53	53 6	♍ B	18 33	25 44	20 9	♍ B	184 35
In armilla Chari			6	18 38	54 49	51 40	♍ B	19 38	1 47	0 0	♍ B	188 39
In tergo praeced. Chari			5	23 38	29 55	48 22	♍ B	23 38	19 58	0 38	♍ B	192 37
In tergo Chari seq.			6 7	27 39	9 42	55 47	♍ B					195 36
Informis inter Asterionem et Charam			6	22 41	54 44	16 0	♍ B	22 41	52 44	45 50	♍ B	193 40
In armo Asterionis inferior praec. finit.			5	22 43	41 33	14 29	♍ B	22 43	38 34	30 30	♍ B	194 42
In femore Chari			6	8 34	58 7	12 41	♎ B					202 27

Ad Annum 1600

	Principis Hassiae Longitudo Latitudo				Riccioli Longitudo Latitudo				Ulug Beigh Longitudo Latitudo				Ptolemaei Longitudo Latitudo				Hevelii Asc. Rect. Declinat.			
	°	'	"	S.	°	'	"	S.	°	'	"	S.	°	'	"	S.	°	'	"	Dist.
	21 15	8 56	12 20	A	21 15	6 57	40 10	A	20 16	32 0	0 0	A					110 6 110 6 110 6	23 3 22 3 22 9	19 55 37 55 25 40	AB AB AB
	17 15	19 33	7 6	A	17 15	28 33	3 40	A	17 13	35 54	0 0	A					110 6 107 8	23 9 12 58	33 40 21 15	AB AB
					21 12	27 51	3 10	A									107 9	22 35	55 30	B
					14 9	11 46	3 10	A												
													sp. Declin.				Asc. R. a Decl.			
Supra lucidam [illegible] Sig.																				
Trium Sub ped. post. sequ. [illegible] 5 m.													24 18	59 52	6 52	A	113 2	30 36	17 37	B
Media [illegible] 6 m.													26 18	31 5	44 49	A	115 3	9 6	43 52	B
5 m. Sequens													27 17	28 48	56 51	A	116 3	6 13	25 43	B
[illegible] In Cauda [illegible] 5													24 11	37 46	29 41	A	114 9	26 39	29 24	B
Inform. Supra Collum [illegible] [illegible] Caudae Sig.																				
Sub cauda sequ. 6 m.													25 14	9 59	39 2	A	114 5	23 57	19 17	B
Sub cauda Sig.																				

Catalogus Fixarum

Canis Minor				Hevelij Longitudo Latitudo ex distantijs °	′	″	S.	Hevelij Longitudo Latitudo ex Alt. Meri. °	′	″	S.	°	
Procyon 21 6 / 15 57 4	2	2	1	21 15 21 15 21 15	7 56 7 55 6 56	12 21 20 1 48 39	♋ A. ♋ A. ♋ A.	21 15 21 15 21 15	7 57 6 57 6 56	12 15 28 20 12 38	♋ A. ♋ A. ♋ A.	21 15	[illegible]
In Collo	14	3	3	17 13	29 29	6 52	♋ A.	21 15 17 13	7 56 29 29	17 11 9 36	♋ A. ♋ A.	17 13	3 [illegible]
Supra Lucidam Colli Sep.	3	6	6					17 12	35 51	9 21	♋ A.	17 12	[illegible]
Inferior Supra Colla vide ♋	4	6.	6									17 9	3 4
H. In Cauda			6										
H. Supra Lucidam Colli.			6					16 12	51 38	2 29	♋ A	106 9	Al.
H. Sub pede Sept.			6	19 19 19 19	45 37 48 36	46 9 0 51	♋ A ♋ A					108 2 108 2	
H. Extrema ped. dext. poster.			6					20 18	5 12	48 37	♋ A.	109 3	
H. Per poster. Sep.			5										
H. Per post. Sept.			6										
H. In Pectore			6					17 14	53 49	18 36	♋ A.	107 7	

3. 11.

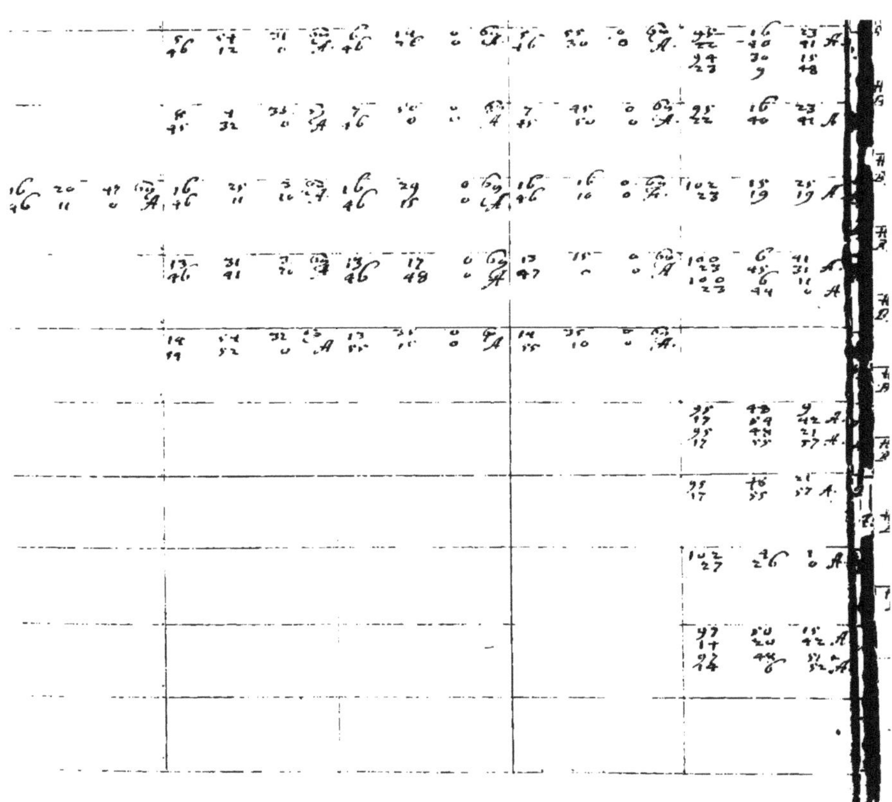

Catalogus Fixarum

Canis Major				Hevelij Longitudo Latitudo Ex distantiis °	'	''	S.	Hevelij Longitudo Latitudo Ex Altit. Merid. °	'	'' S.	L… °
In armo dextro	6	5	5	7 / 42	1 / 19	9 / 46	♋ / A	7 / 42	3 / 19	44 ♋ / 20 A	7 / 42
In armo sinistr. prae.	16	5	5	6 / 46	0 / 38	23 / 0	♋ / A	6 / 46	1 / 34	44 ♋ / 30 A	5 / 46
In armo sinistr. seq.	17	5	5	6 / 46	58 / 5	44 / 10	♋ / A	7 / 46	1 / 3	16 ♋ / 16 A	8 / 45
In dorso	8	5	~~4~~	16 / 46	16 / 9	44 / 0	♋ / A	16 / 46	20 / 7	20 ♋ / 52 A	16 / 46
In latere	9	5	5	13 / 46	33 / 49	10 / 29	♋ / A	13 / 46 13 / 46	34 / 47 33 / 45	21 ♋ / 10 A 26 ♋ / 40 A	13 / 46
In genu ~~dextro~~ sinist. posteriori	18	4	~~4~~								14 / 59
H. In armo dextro seq. in priore Bor. seq.			5	7 / 41	14 / 3	29 / 10	♋ / A	7 / 41 – / 41	21 / 16 21 / 17	12 ♋ / 7 A 32 ♋ / 17 A	
H. In genu dext. priori boreal. seq. ~~[illegible]~~								7 / 41	21 / 17	32 ♋ / 17 A	
H. In infima parte [illegible]			4					16 / 50	51 / 19	43 ♋ / 2 A	
H. Ad Oculum [illegible]			5	9 / 37	29 / 20	49 / 5	♋ / A	9 / 37 9 / 37	35 / 35 32 / 21	51 ♋ / 22 A 58 ♋ / 40 A	
H. Ad [illegible] seq.			5					21 / 46	42 / 35	44 ♋ / 36 A	10 / 24
H. Ad [illegible] seq.			5					20 / 48	52 / 28	26 ♋ / 12 A	10 / 26

16. Cm.

Ad Annum 1660

[Pr]incip. Hass. Longitudo Latitudo				Riccioli Longitudo Latitudo				Ulug Beigh Longitudo Latitudo				Ptolemaei Longitudo Latitudo				Hevelii Asc. Rect. Declinat.			
°	′	″	S	°	′	″	S	°	′	″	S	°	′	″	S	°	′	″	Lat.
9 9	27 30	37 50	♋ A.	9 39	31 32	0 5	♋ A.	9 39	29 30	0 0	♋ A.	9 39	15 10	0 0	♋ A.	97 16 97 97 16	34 14 34 36 12	33 40 37 0 40	A. A.
2 41	29 17	7 36	♋ A.	2 41	37 20	3 20	♋ A.	2 41	35 30	0 0	♋ A.	2 41	25 20	0 0	♋ A.	91 17 91 17 91 17	59 47 59 46 59 46	13 47 54 48 0 48	A. A. A.
				15 38	0 4	34 20	♋ A.	15 38	35 0	0 0	♋ A.	14 37	55 45	0 0	♋ A.	102 15	9 7	13 25	
18 48	46 27	37 40	♋ A.	19 48	47 31	33 50	♋ A.	18 48	20 21	0 0	♋ A.	18 48	15 45	0 0	♋ A.	103 25	42 50	51 15	A.
16 51	8 22	17 0	♋ A.	16 51	16 26	3 20	♋ A.	15 51	50 42	0 0	♋ A.	15 51	15 30	0 0	♋ A.	101 28	19 28	43 44	A.
24 50	50 36	12 6	♋ A.	25 51	6 26	3 20	♋ A.	24 50	35 35	0 0	♋ A.	23 50	45 40	0 0	♋ A.	107 28	40 36	35 43	A.
2 53	47 23	17 30	♋ A.	2 51	1 48	33 20	♋ A.	3 53	17 45	0 0	♋ A.	1 53	15 45	0 0	♋ A.	91 29 91 29	54 55 53 53	45 56 51 26	A. A.
				19 39	56 52	3 0	♋ A.	12 34	5 45	0 0	♋ A.	11 35	15 0	0 0	♋ A.	99 11	37 36	39 44	A.
				12 36	21 45	33 0	♋ A.	12 36	35 15	0 0	♋ A.	12 36	15 30	0 0	♋ A.	100 13 100 13	10 38 9 34	41 14 53 44	A. A.
				12 39	47 32	33 0	♋ A.	14 39	40 45	0 0	♋ A.	16 40	55 0	0 0	♋ A.	100 16	18 36	25 49	A.
				17 42	24 22	32 0	♋ A.	10 43	35 0	0 0	♋ A.	12 42	5 40	0 0	♋ A.	100 19	15 45	47 0	A.

Catalogus Fixarum

Canis Major				Haec Longitudo Latitudo Ex Distantiis °	'	"	S.	Haec Longitudo Latitudo Ex Alt. Merid. °	'	"	S.	°
Syrius	1	1	1+	9 39	28 29	7 28	♋ A.	9 39 9 59	26 30 26 30	29 5 37 10	♋ A. ♋	9 39
Extrema ped. prioris	7	2	2	2 41	28 17	30 0	♋ A.	2 41 2 41 2 41	31 17 30 16 30 16	5 7 53 8 47 8	♋ A. ♋ A. ♋ A.	2 41
Sub fronte aure	4	3	3	14 38	53 1	53 23	♋ A.	14 37	56 59	47 58	♋ A.	14 35
In ventre	10	3	2	18 48	48 26	33 45	♋ A.	18 48	46 27	0 2	♋ A.	18 48
Inter femora	11	3	2	15 51	57 21	42 43	♋ A.	16 51	3 21	0 12	♋ A.	16 51
In Cauda	13	3	2	24 50	44 37	12 58	♋ A.	24 50	50 36	0 10	♋ A.	25 51
Extrema pedis poster.	12	3	2	2 53	48 27	49 48	♋ A.	2 53 2 53	46 25 45 22	54 7 30 40	♋ A. ♋ A.	1 51
In fronte boreal.	2	5	5	11 34	30 45	15 49	♋ A.	11 34	32 43	16 53	♋ A.	11 34
In fronte Austr.	3	4	4	12 36	18 40	48 21	♋ A.	12 36 12 36	21 42 20 38	30 20 45 48	♋ A. ♋ A.	12 36
In Collo	5	4	4	12 39	49 37	40 7	♋ A.	12 39	52 39	4 32	♋ A.	12 39
In Humero	14	5	5	13 42	12 52	3 58	♋ A.	13 42	11 47	50 10	♋ A.	12 42

Ad Annum 1660

Princip. Hass. Longitudo Latitudo	Riccioli Longitudo Latitudo				Ulug Beigh Longitudo Latitudo				Ptolemaei Longitudo Latitudo				Hevelii Asc. Rect. Declinat.			
° ′ ″ S	°	′	″	S	°	′	″	S	°	′	″	S	°	′	″	Bor. Aust.
	0 0 1	40 43 32	0 13 0	♌ B B	0 1	35 21	0 0	♌ B	29 1	15 15	0 0	♋ B	123 21	13 32	1 56	B.
	1 0	0 47	43 0	♌ A.	0 1	50 15	0 0	♌ A	29 1	35 10	0 0	♋ A	123 19	2 12	15 10	B.
	29 1	0 3	43 30	♋ A.									121 19	2 21	3 10	B.
	7 1	35 53	43 30	♌ A.	7 2	20 15	0 0	♌ A.					129 16	32 36	49 48	B.
	11 5	24 35	13 23	♌ A.	11 5	5 48	0 0	♌ A.					132 12 125 29	18 0 11 11	51 10 1 11	B. B.
	25 7	52 4	13 30	♋ A.									116 14 126 11	30 4 29 17	3 7 59 40	B. B
	21 10	16 19	3 40	♋ A									111 11 129 10	52 33 45 46	53 37 39 40	B. B.
	7 1	35 53	43 30	♌ A	7 2	20 15	0 0	♌ A.					107 12 106 12	41 41 33 22	53 45 25 0	B B
	11 5	24 35	13 28	♌ A.	11 5	5 48	0 0	♌ A.								
In [illegible]													119 28 121 28	49 16 32 1	53 56 13 26	B. B.
[illegible] Aust. 6 [illegible]	Solitaria [illegible]				1 10	54 46	40 37	♌ A.	2 11	10 19	34 43	♌ A	121 8	53 40	1 40	B

Catalogus Fixarum

~~Boetes~~ Cancer				Hevelii Longitudo Latitudo ex Distantiis °	′	″	S.	Hevelii Longitudo Latitudo ex Alt. Merid. °	′	″	S.	°
In dorso Boreal.	2	5	5	0 1	44 31	54 17	♌ B	0 1	38 30	40 58	♌ B.	0 1
In dorso Austr.	3	5	5	1 0	2 45	10 47	♌ A	0 0	59 48	30 36	♌ A.	1 0
In fine in dorso a pedib.	11	6	6					29 1	6 3	39 48	♋ A.	29 1
In brachio Austrino obscura	12	6	6					7 1	37 51	17 49	♌ A.	7 1
In chela Austrina	13	5	5.4					11 5	25 36	37 38	♌ A.	11 5
In brachio bor. inf. Austr. H.			6	0 9	39 21	56 26	♌ B.					
In medio Caudae	9	5	5	25 7	56 0	26 39	♋ A.	25 7	51 5	30 0	♋ A.	25 7
H. In secundo pede Australi			6					5 7	59 46	0 0	♌ A	
Extrema Caudae	5	5	5					21 10	47 18	2 4	♋ A.	21 10
H. In tertio pede Australi			6					4 8	30 39	19 1	♌ A	
~~In chela Austr. sequ.~~ H. Ad extremitatem Caudae seq.			6					17 9	30 44	43 14	♋ A.	7 17
H. Ad extremitatem Caudae praec.			6					16 10	25 11	44 49	♋ A	
In Chela Austr. seq. Australis.												11 5
H. In ultimo pede bor. seq.			7	24 5	27 29	0 2	♋ B.					
H. In penult. pede Boreal.			6	26 7	12 29	53 52	♋ B.	26 7	13 27	7 31	♋ B.	
H. In medio pede Boreal.			6	27 7	45 30	46 17	♋ B.	27 7	45 30	21 51	♋ B.	
H. Ad chelam bor. praec. Nebulosae [illegible]			6	3 15	13 8	24 56	♌ B.	3 14	11 31	41 31	♌	1 24 39
H. ~~Ad chelam Bor. seq.~~ In latere boreal. [illegible]			6	0 5	43 13	18 44	♌	0 5	13 13	18 44	♌ B	[illegible]

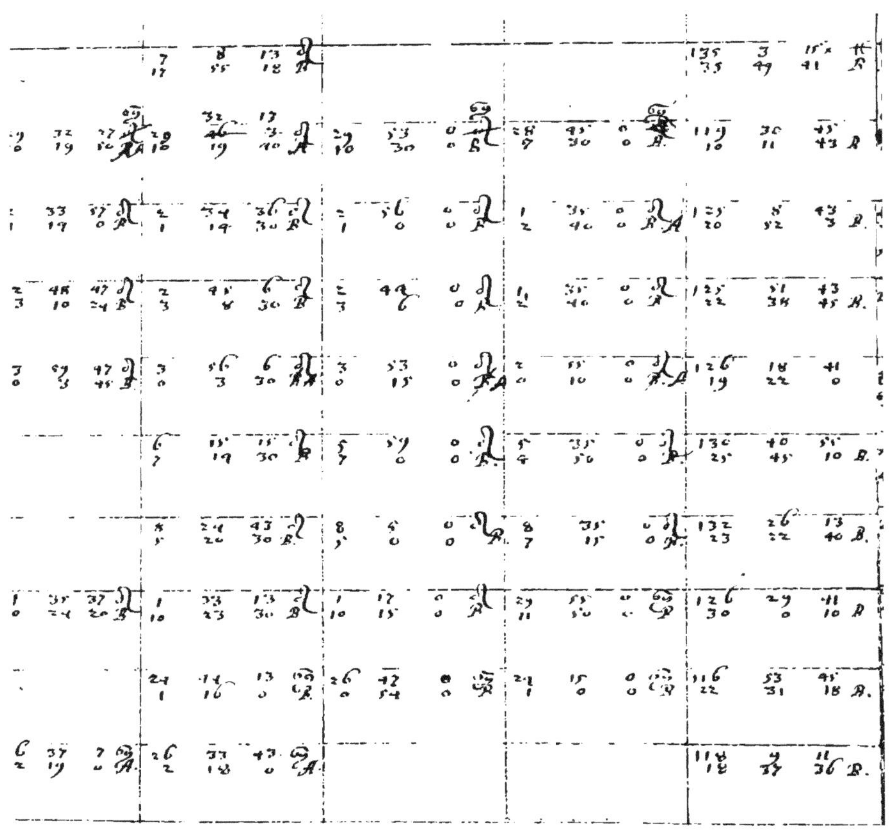

♋ Catalogus Fixarum

~~Rooter~~ Cancer				Hevelij Longitudo Latitudo Ex Distantiis °	'	"	S	Hevelij Longitudo Latitudo Ex Alt. Merid. °	'	"	S.	Ty… Lon… La… °	'
Brachium Austrinum	6	3	3					8 5	52 7	58 ♌ 19 A.		8 5	5 1
Ad Ostelam Bor.	32	3	3	7 17	6 57	2 ♌ 38 B.						7 17	5
Sub Cauda	29	3	3					29 10	31 19	3 ♋ 43 A.		29 10	
Praesepe	1	N						2 1	32 15	56 ♌ 23 B.		2 1	
Asellus Borealis	4	4	4					2 3	47 8	8 ♌ 26 B.		2 3	
Asellus Austrinus	5	4	4					3 0	57 3	47 ♌ 5 A.		3 0	
In Proboscide Boreal.	14	6	6	6 7	17 14	2 ♋ 9 B.		6 7	17 14	19 ♌ 24 B.		6 7	
In Proboscide Austr.	15	6	6	8 5	28 21	39 ♌ 40 B.		8 5	28 22	20 ♌ 31 B.		8 5	
In brachio boreali	7	5	5	1 10	29 17	0 ♌ 0 B.		1 10	34 25	48 ♌ 15 B.		1 10	
In ultimo pede Boreal.	8	5	5	24 1	43 16	14 ♋ 10 B.		24 1	41 18	36 ♋ 0 B.		24 1	
In Radice Caudae	10	4	4	26 2	39 13	42 ♋ 11 A.		26 2	34 18	57 ♋ 42 A.		26 2	

Ad Annum 1660

Bootes Nomina Stellar.	1	Hevelij Longitudo Latitudo Ex Distantijs ° ' " S.	Hevelij Longitudo Latitudo Ex Altit. Merid. ° ' " S.	Hevelij Asc. Recta Declinat. ° ' " Bor. Aust.
Supra manum sinistram inferior in clava H.				
Intermedia in media clava minimum media H. 6 m.		1 45 8 ♏ 45 28 22 B.	1 47 53 ♏ 45 54 49 B. 1 45 41 ♏	226 28 35 30 49 50 B. 226 25 50
In [illegible] sub Arcturo H. 6 m.		21 39 11 ♎ 29 36 9 B.	21 46 16 ♎ 28 29 10 B. 21 43 31 ♎	210 56 5 B. 17 54 0 210 53 20
Inter pedes sup. H. 6 m.		22 55 16 ♎ 25 24 16 B.	22 59 25 ♎ 25 23 1 B. 22 56 40 ♎	210 44 15 19 37 4 B. 210 41 30
Inter ped. infer. H. 6 m.		22 57 51 ♎ 22 25 13 B.	23 4 0 ♎ 22 19 3 B. 23 1 15 ♎	209 36 59 11 45 4 B. 209 34 14
In [illegible] H. [illegible] 6 m.		16 34 52 ♎ 36 45 51 B. [illegible]		
In [illegible] Sup. H. 5 m.		15 16 45 ♎ 35 41 40 B.	15 18 0 ♎ 35 43 33 B. 15 15 15 ♎	208 43 59 26 44 48 B. 208 41 14
In [illegible] H. 7 m.		0 21 35 ♏ 22 49 44 B.	0 28 47 ♏ 22 44 1 B. 0 27 23 ♏ 22 43 33 B.	216 15 49 9 39 35 B. 216 14 31 9 39 35 B.
Ad ped. sinistr. H. 6 m.			19 10 0 ♎ 19 41 49 B.	200 44 33 12 32 33 B.
Informis inter Bootem et Coronam [illegible] H.		4 55 50 ♏ 37 9 15 B.		225 15 27 21 49 44 B.
[illegible] H. 5 m.		11 5 0 ♎ 45 51 44 B.		210 54 7 37 12 30 B.

26. 28 4.

Catalogus Fi[...]

Bootes		Longitudo Latitudo Ex distantijs °	′	″	S.
Hl. Sub lucida [illegible]	6				
Hl. Informis inter Bootem et Caput Serpentis ~~superior~~ inferior	5	9 33	27 1	52 0	♍ B.
Hl. In fimbria tunicae praeced.	6	10 28	26 8	42 43	♎ B.
Hl. In fimbria tunicae media	5	12 30	0 15	56 50	♎ B.
Hl. In fimbria tunicae seq.	6	14 31	3 27	19 53	♎ B.
Hl. Sub [illegible] sive in fronte [illegible]	6	8 34	58 7	12 41	♎ B.
vide [illegible] Hl. Sub dext. pede Bootis prima in M. Menalo	4	3 17	45 9	44 33	♍ B.
Hl. Sub dext. pede secunda	4	7 18	7 26	27 59	♍ B.
Hl. Sub dext. pede tertia	5	11 19	59 31	13 57	♍ B.
Hl. Sub dext. pede quarta et ultima	6	14 20	25 11	36 14	♍ B.
Hl. Comes Arcturi	5	22 31	6 52	43 59	♎ B.

Ad Annum 1660

28 25 27 ♎ 53 30 40 B.	29 23 13 ♎ 53 26 30 B.	28 56 0 ♎ 53 27 0 B	27 15 0 ♎ 17 35 0 B	227 56 1 38 35 10 227 53 16 A
	3 26 13 ♏ 53 58 29 B			231 38 41 37 47 10 x 231 36 0 x
	0 35 43 ♏ 45 4 30 B	0 47 0 ♏ 46 27 0 B	29 15 0 ♎ 46 10 0 B.	225 6 55 36 27 25 R. 225 4 10 x
	2 17 43 ♏ 46 50 28 B	1 41 0 ♏ 45 44 0 B	0 5 0 ♏ 45 30 0	227 17 43 31 33 10 B 227 15 0 x
	13 40 13 ♎ 60 34 24 B			
	13 29 13 ♎ 60 55 30 B			

Catalogus Fixarum

Bootes

In Extremitate Claviae prec.	25	4	4	28 53 28 53	22 29 25 28	21 35 20 58	♎ B. ♎ B.	28 53 28	25 27 22	0 15 15	♎ B. ♎	28 53
In Extremit. Claviae seq.	26	4	4	3 54 3 54	24 2 27 0	27 0 28 47	♍ B. ♍ B.	3 54 3	26 0 29	53 10 8	♍ B. ♍	3 59
In Media Claviae prec. Austr.	23	5	5	0 45	29 8	43 29	♍ B.	0 45 0	28 6 25	27 18 42	♍ B. ♍	29 45
In media claviae seq. Boreal.	29	5	5	2 46	15 52	22 32	♍ B.	2 46 2	18 51 16	50 12 5	♍ B. ♍	2 46
Informis supra Caput praecedens	27	6										12 60
Informis supra Caput seq.	28	6										13 60
In media clava prec. Boreal. seq. Austral.		4	6					1 45	47 54	53 44	♍ B.	226 30
Parvula ad dext. Humerum in clava			5	0 49	29 11	30 3	♍ B.	0 49 6	27 10 24	27 57 42	♍ B. ♍	227 34 127
In sinistro cubito Sed circ. [illegible] NB.			5	1 52	30 20	0 0	♎ B.	2 52	21 5	30 0	♎ B.	10[illegible] 15
Dexter Calcaneus			5	25 21	44 29	53 51	♎ B.	25 21 25	49 27 47	55 46 10	♎ B. ♎	21[illegible] 10 211
Sub planta dext. pedis			5	26 19	55 7	27 0	♎ B.	26 27 19	56 5	18 50	♎ B.	211 7
Sub Capite Austr. minor			6	19 52	47 56	50 25	♎ B.	19 52	41 58	24 22	♎ B.	221 40
Ad Genam			6	17 50	52 28	0 8	♎ B.	18 50	24 19	7 0	♎ B.	21 8
Ad Collum			6	23 49	27 40	57 20	♎ B.	23 49	33 38	15 50	♎ B.	22 5
Supra Laud. Cinguli			5	23 42	42 32	53 50	♎ B.	23 42	49 31	10 8	♎ B.	21 [illegible]

Ad Annum 1660

Princip. Hass. Longitudo Latitudo °	'	"	S.	Riccioli Longitudo Latitudo °	'	"	S.	Ulug Beigi Longitudo Latitudo °	'	"	S	Ptolemaei Longitudo Latitudo °	'	"	S.	Hevelii Asc. Recta Declinat. °	'	"	Bor. Aust.
				18 42	8 38	43 0	♎ B	17 42	50 3	0 0	♎ B	16 42	35 10	0 0	♎ B.	214 31 219	19 56 16	9 0 24	B.
				19 42	7 9	13 32	♎ B	19 42	26 9	0 0	♎ B	17 41	15 40	0 0	♎ B.	214 31 219	59 16 57	47 30 2	B
14 15	27 16	27 0	♎ B	14 25	28 12	13 32.	♎ B.	14 25	29 0	0 0	♎ B	12 25	55 0	0 0	♎ B.	203 17	17 30	19 56	B.
3 6	14 36	47 12	♎ B	13 20	16 31	13 29	♎ B	13 26	11 45	0 0	♎ B	12 26	5 30	0 0	♎ B.	202 19	48 10	19 6	B
				25 33	43 50	13 30	♎ B									218 20 218	59 32 57	9 36 24	B.
				25 31	2 20	13 29	♎ B									217 18 217	23 25 21	51 36 7	B.
				27 30	4 26	47 0	♎ B									216 17 216	13 54 10	19 36 34	B.
				28 42	44 14	13 30	♎ B	29 41	56 21	0 0	♎ B	24 42	35 30	0 0	♎ B	222 28 222	30 19 28	47 38 2	B.
				0 41	7 53	13 29	♍ B	1 41	5 45	0 0	♍ B	0 41	10 40	0 0	♍ B.	223 17 223	25 30 22	17 53 32	B.
				29 40	2 13	13. 0	♎ B.	0 42	5 48	0 0	♍ B	28 41	15 40	0 0	♎ B	221 26 221	50 27 47	5 53 20	B.
				0 40	31 30	13 0	♍ B	0 40	38 42	0 0	♍ B	29 40	15 20	0 0	♎ B.	222 26 223	8 14 6	49 36 4	B.

Catalogus Fixarum

Bootes Nomina Stell. Hevelij Nomina Stell. Tychon.	Ordo Tych.	Magni-tudo Tych.	Magni-tudo Hevelij	Hevelij Longitudo Latitud. Ex distantijs °	'	"	S.	Hevelij Longitudo Latitud. Ex Altit. Merid. °	'	"	S.	Lo... L... °	
In dorso praeced. Bor.	10	4	4	17 42	58 27	8 16	♎ B.	18 42 17	0 31 77	18 22 33	♎ B. ♎	18 42	3
In dorso seq. Austr.	9	4	4	19 42	3 8	39 36	♎ B.	19 42 19	6 11 3	6 16 21	♎ B. ♎	19 42	
Infima sinistr. Cruris	14	4	4	14 25 14 25	28 14 17 15	41 53 57 22	♎ B. ♎ B.	14 25	27 13	15 58	♎ B.	19 25	2 1
Media sinistr. Cruris	13	4	4					13 26	14 33	26 31	♎ B	13 26	1
In dextr. femore Bor.	18	4	4	28 33	45 49	16 21	♎ B.	28 33 28	48 49 45	30 57 45	♎ B. ♎	28 33	4 3
In dextr. femor. Media	17	4	4	28 31	2 18	11 11	♎ B.	28 31 28	5 18 2	30 39 45	♎ B. ♎	29 31	2
In dextr. femore Infim.	16	4	3	27 30	2 25	55 0	♎ B	27 30 27	6 29 4	40 59 0	♎ B. ♎	27 30	4 2
In dextr. ~~femor.~~ Manu superior praeced.	21	5	5	28 42	42 13	57 14	♎ B.	28 42 28	46 15 43	0 2 15	♎ B. ♎	28 42	4 1
In dextr. manu sup. seq.	22	6		0 42	6 0	12 20	♏ B	0 41 0	11 49 8	37 10 52	♏ B. ♏	0 41	5
In dextr. manu inferior praeced.	19	5	5	28 40	59 13	11 20	♎ B	29 40 28	2 14 59	13 23 28	♎ B. ♎	29 40	1
In dextr. manu inferior seq.	20	5	5	0 40	29 28	56 38	♏ B.	0 40 0	32 33 29	36 5 51	♏ B. ♏	0 40	

Ad Annum 1660

…ycij Hass… Longitud. Latitud.				Riccioli Longitud. Latitud.				Ulug Beigh Longitud. Latitud.				Ptolomaei Longitud. Latitud.				Hevelij Longitud. Latitud. Asc. R. Declinat.			
	′	″		°	′	″	S.	°	′	″	S.	°	′	″	S.	°	′	″	
1	30 5	42 0	♎ B	19 31	30 0	40 40	♎ B	19 31	41 18	0 0	♎ B.	18 31	35 30	0 0	♎ B.	210 20 210 21	3 59 3 0	57 22 55 28	 Bor. B.
3 3	21 43	12 40	♎ B	23 40	20 38	43 28.	♎ B	24 40	8 48	0 0	♎ B	21 44	35 0	0 0	♎ B	217 28 217 28	32 34 32 34	49 20 49 20	 B. B.
2 2	34 11	7 54	♎ B.	14 28	33 7	13 30	♎ B.	14 28	53 0	0 0	♎ B	12 28	55 0	0 0	♎ B.	204 20 204 20 204 20 204	38 8 38 8 37 38	19 32 51 32 41 32 	 B. B
1 1	27 14	42 10	♎ B	19 54	34 14	43. 0	♎ B	19 54	35 27	0 0	♎ B	18 53	15 50	0 0	♎ B.	222 41	19 45	25 7	 B.
8 9	17 2	27 40	♎ B	28 48	20 59	43 30	♎ B	28 49	26 0	0 0	♎ B	27 48	15 40	0 0	♎ B.	225 34 225 34	27 37 27 37	59 38 27 38	 B. B.
 1	53 38	37 30	♎ B.	13 49	56 51	40 30	♎ B	13 49	5 24	0 0	♎ B	11 49	15 0	0 0	♎ B	214 39 214 39	37 50 36 50	3 35 11 35	 B B.
8 7	16 58	17 24	♎ B.	29 27	17 55	43 33.	♎ B.	28 28	29 0	0 0	♎ B.	26 28	55 0	0 0	♎ B	216 15 216 15	15 14 15 19	3 21 49 21	 B. B.
				25 58	0 54	43 30	♍ B.	25 58	5 45	0 0	♍ B	23 58	55 40	0 0	♍ B.	210 53	16 23	23 33	 B.
				26 58	29 49	13 30	♍ B	26 58	53 51	0 0	♍ B	25 58	45 20	0 0	♍ B	211 53 210 52	8 13 55 58	5 3 7 3	 B. B.
	45 12	31 50	♍ B	22 60	50 3	43 40	♍ B	29 60	14 33	0 0	♍ B	1 60	15 10	0 0	♎ B	213 53	24 25	17 33	 B.
	9 41	42 10	♎ B.	2 59	4 38	13 29	♎ B	2 59	5 45	0 0	♍ B	1 59	15 40	0 0	♎ B.	210 47	53 42	23 33	 B

Catalogus Fixarum

Bootes. Nomina Stell. Hevel. Nomina Stell. Tychon.	Ordo Tych.	Magnitudo Tych.	Magnitudo Hevel.	Hevelii Longitudo Latitudo Ex Distantiis °	′	″	S.	Hevelii Longitudo Latitudo Ex Altitud. Mer. °	′	″	S.	Lo[…] °
Arcturus	15	1	1	19 30 19 30 19 30	24 57 29 59 30 54	56 51 59 45 6 45	♎ B. ♎ B. ♎ B.	19 30 19 31	29 59 29 1	48 59 6 0	♎ B. ♎ B.	19 31
Cingulum	8	3	3	23 40	12 35	29 43	♎ B.	23 40 23 40	19 41 19 41	0 43 0 43	♎ B. ♎ B.	23 40
Sinistra Tibia	12	3	3	14 28 14 28	31 6 39 8	0 12 24 41	♎ B. ♎ B.	14 28 14 28 14 28	33 9 33 9 33 9	17 21 34 32 9 18	♎ B. ♎ B. ♎	14 28
Caput	6	3	3	19 54	25 13	55 10	♎ B.	19 54	28 11	11 37	♎ B.	19 54
Humerus dext.	7	3	3	28 49	17 0	53 35	♎ B.	28 49 28 49	20 1 19 1	10 42 37 27	♎ B. ♎ B.	28 49
Humerus sinist.	5	3	3	12 49	48 34	15 15	♎ B.	12 49 12 49	52 35 51 35	9 47 26 25	♎ B. ♎ B.	13 49
Crus dextrum	11	3	3	28 27 28 27	13 55 14 51	57 31 3 49	♎ B. ♎ B.	28 27 28 27	15 56 16 56	47 32 37 12	♎ B. ♎ B.	28 27
Sinistra manus pars	1	4	4					25 58	3 52	40 27	♍ B.	25 58
Media	2	4	4	26 58	16 53	33 0	♍ B.	26 59 26 58	2 5 25 49	30 7 30 20	♍ B. ♍ B.	26 58
Ultima	3	4	4	27 60	22 7	17 50	♍ B.	27 60	42 8	0 40	♍ B.	27 60
In sinist. Lacerto	4	4	4	2 54	7 39	12 50	♎ B.	2 54	8 42	0 33	♎ B.	2 54

Ad Annum 1660

Hevelij Longitudo	Latitudo	Asc. Recta Declinat.	
0.	1.	u.	
73 30	38 55	39 0	H B.
79 29	18 58	21 30	H B.
75 29	4 28	20 39	H B.
68 59	16 51	13 4	B.
64 58	16 26	23 44	B.
73 57	34 8	57 47	H B.
93 42	46 43	0 20	H B.

Catalogus Fixarum.

Auriga Nomin. Stell. Hevelii			Magnitudo Hevelii	Hevelii Longitudo Latitudo Ex distantiis °	′	″	S.	Hevelii Longit. Latitudo Ex Alt. Merid. °	′	″	S.
H. In front. femoris sinistr. [illegible]			6.	15 9	52 12	19 46	II B				
H. In dextra Sura			6	20 6	41 49	6 12	II B				
H. In dext. calcaneo			6	16 6	57 37	8 53	II B				
H. Supra Caput Super.			4. fort	16 37	28 22	50 18	II B	16 37	28 21	11 52	II B
H. Supra Caput Medii			5.	16 35	40 50	31 53	II B	16 35	43 53	19 51	II B
H. Supra Caput infer.			6	19 39	15 14	31 54	II B				
H. In flagello 27. 13. ″.			6.	2 19	55 15	27 17	♋ B				

...ol. ...te ...ud.		Ulug Beigh. Longitud. Latitudo				Ptolomæi Longitud. Latitud.				Hevelij Asc. Rect. Declinat.			
″	S.	°	′	″	S.	°	′	″	S.	°	′	″	Bor. Aus.
13	♊	19	50	0	♊	17	35	0	♊	77	41	53	
16	B	8	30	0	B.	4	30	0	B.	31	56	0	B
13	♊									88	26	51	
19	B									29	36	45	B.
43	♊	19	35	0	♊	18	35	0	♊	79	44	49	
15	B.	2				2	40	0	B	25	38	16	B.
13	♊					20	35	0	♊	82	4	35	
16	B					1	0	0	B	24	23	42	B.
13	♊					23	35	0	♊	83	1	47	
15	B					3	20	0	B.	27	29	6	B
13	♊					22	35	0	♊	84	16	1	
13	B.					1	20	0	B	25	51	10	B
										70	8	17 x	H
										51	5	35	B.
										76	45	19 x	
										25	38	16	B
										84	33	16 x	H
										42	31	0	B.
										73	33	6 x	H
										33	59	47	B
										74	21	13 x	H
										33	24	30	B
										74	7	8 x	H
										~~30~~ 33	~~55~~ 7	~~0~~ 40	B

ad Annum 1660 [illegible]

Princip. Hass. Longit. Latit. ° ′ ″ S.	Riccioli Longit. Latit. ° ′ ″ S.	Ulug Beigh Longit. Latit. ° ′ ″ S.	Ptolomæi Longit. Latit. ° ′ ″ S.	Hevelij Asc. Rect. Declinat. ° ′ ″ A
5 2 42 ♐ 4 25 45 A.	5 1 40 ♐ 4 26 30 A.	5 26 0 ♐ 4 30 0 A.	4 15 0 ♐ 4 0 0 A.	242 8 0 25 33 58 A
28 27 37 ♏ 1 7 20 B.	28 23 10 ♏ 1 6 55 B.	28 32 0 ♏ 1 20 0 B.	27 55 0 ♏ 1 20 0 B.	236 25 23 236 25 45 18 46 50
27 44 47 ♏ 1 53 12 A.	27 46 20 ♏ 1 52 40 A.	28 8 0 ♏ 2 3 0 A.	27 15 0 ♏ 1 40 0 A.	235 4 53 21 33 7 A.
29 11 52 ♏ 5 20 0 A.	28 12 0 ♏ 5 20 40 A.	27 50 0 ♏ 5 27 0 A.	27 15 0 ♏ 5 0 0 A.	234 35 57 25 1 25 A. 234 36 7 25 1 25 A.
3 6 17 ♐ 3 53 15 A.	2 58 13 ♐ 3 53 0 A.	3 38 0 ♐ 3 45 0 A.	2 15 0 ♐ 3 45 0 A.	240 6 17 24 39 23 A.
6 42 52 ♐ 5 58 30 A.	6 40 13 ♐ 5 48 0 A.	6 50 0 ♐ 6 21 0 A.	6 5 0 ♐ 5 30 0 A.	243 39 55 27 23 37 A.
	16 (7 written above) 17 13 ♏ 6 29 0 A.	18 17 0 ♏ 6 45 0 A.		221 3 9 23 51 26 A.
	7			238 19 9 9 7 14 A.
	25			233 23 35 19 3 52 A.
	29 50 43 ♏ 1 44 0 B.	29 38 0 ♏ 1 45 0 B.		238 2 51 18 28 3 A.
	28 49 13 ♏ 0 16 0 B.	28 20 0 ♏ 0 30 0 B.		236 46 1 19 39 34 A.

Supra praecordium			6	3 1	36 36	38 [illegible] 75 A	3 1	39 38	8 [illegible] 11 A
Quae supra Cor			5 6	5 3	34 44	49 [illegible] 18	4 3	59 7	17 [illegible] 23 A
Prope supremam frontis [illegible] [illegible] inferior [illegible] non nisi Tubo visibilis				Ex occult. stabilita.			28 0	53 15	12 [illegible] 49 B.

13. 3.

241	17	21
22	23	27
242	24	55
24	15	31
236	42	35
19	42	31

Catalogus Fixarum

Serpentarius	Ord. Tych.	Magn. Tych.	Magn. Hevel.	Hevelii Longitudo Latitud. Ex Distantiis °	′	″	S.	Hevelii Longitud. Latitud. Ex Altit. Merid. °	′	″	S.	°
Caput	1	3	5 2	17 35	39 59	24 46	♐ B.	17 35 17 35 17 35	39 17 42 57 42 57	22 3 6 14 42 17	♐ B. ♐ B. ♐ B.	17 35
Humeri dextr. super.	2	3	3	20 27	35 59	34 0	♐ B.	20 28	34 0	53 42	♐ B.	20 28
Humeri dextr. infer.	3	3	4	21 26	52 9	58 56	♐ B.	21 26	52 10	34 59	♐ B.	21 26
Humeri sinistr. infer.	5	4	3	7 31 7 31	6 55 4 52	43 24 30 50	♐ B. ♐ B.	7 31 7 31	4 54 9 55	0 31 13 14	♐ B. ♐ B.	7 31
Manus sinistr. boreal.	7	3	3					27 17	31 21	41 19	♏ B.	27 17
Manus sinistr. austr.	8	3	4	28 16	47 29	7 13	♏	28 16	45 31	37 4	♏ B.	28 16
In sinistro genu	13	3	3	4 11	29 28	0 56	♐ B.	4 11 4 11 4 11	29 28 31 23 27 27	24 7 48 48 21 45	♐ B ♐ B. ♐ B.	4 11
In dextro femore	12	3	3					13 7 13 7	12 17 11 17	42 9 33 27	♐ B. ♐ B.	13 7
Super. in humer. sinistr.	4	4	4	5 32	53 34	24 36	♐ B.	5 32	52 34	13 34	♐ B.	5 32
In sinistro brachio	6	4	4					0 23	49 38	46 40	♐ B.	0 23
In sinistr. poplite	21	5	5					1 13	47 18	10 48	♐ B	1 13

	28 50 13 ♏ 16 30 0 B	28 53 0 ♏ 16 29 0 B	27 35 0 ♐ 12 30 0 B.	240 6 45 3 47 48 A
4 30 17 ♐ 11 29 6 B	4 32 20 ♐ 11 29 20 B	5 20 0 ♐ 11 45 0 B	3 45 0 ♐ 11 50 0 B.	249 38 17 9 48 48 A 249 39 13 9 53 28 A. 249 36 11 9 48 48 A.
13 13 57 ♐ 7 17 30 B.	13 17 20 ♐ 7 17 20 B	13 47 0 ♐ 6 45 0 B	12 45 0 ♐ 7 30 0 B	252 43 41 15 12 31 A. 252 47 38 15 12 31 A.
	5 52 43 ♐ 32 35 0 B	5 35 0 ♐ 32 33 0 B	4 55 0 ♐ 33 0 0 B.	249 28 17 10 46 49 B.
	0 56 13 ♐ 23 39 0 B	1 23 0 ♐ 23 48 0 B.	29 55 0 ♏ 34 50 0 B.	243 26 49 2 47 42 B.
	1 50 13 ♐ 13 18 22 B	1 50 0 ♐ 13 12 0 B		242 31 7 7 31 3 B.

Catalogus Fixa[rum]

...ntarius.	Ordo Tych.	Magn. qua Tych.	Magn. qua Hevel.	Hevelij Longitud. Latitud. Ex Distantijs °	'	"	S.
...anu Hed.	10	4		24 / 13	56 / 50	34 / 36	♐ / B.
...manu Bor.	11	5		26 / 15	1 / 23	0 / 47	♐ / B.
...cruri Bor.	44	4		3 / 5	53 / 19	11 / 2	♐ / B.
...cruris Media	45	4		3 / 7	12 / 20	17 / 0	♐ / B.
...cruri Austr.	46	4					
...i Calcaneo	47	4		4 / 0	50 / 32	16 / 54	♐ / B.
...Sfera clari... ...ultie.	14	3					
...Sfera Secunda ...clarisstel... Nr.	27	4		16 / 1	37 / 41	52 / 18	♐ / A.
...Sfera Tertia ...sunde.	28	4		17 / 0	28 / 46	17 / 26	♐ / A
...lis ...	26	3	4 / 5				
...Tychoni	29	5					
...Sfr Fimeme ...lor.							
...quadra Tycho.	30	5					

ad Annum 1660. gtis.

Princip. Hass. Longit. Latit.				Riccioli Longit. Latitud.				Uleg Beigh Longit. Latit.				Ptolomæi Longit. Latit.				Hevelij Asc. Recta Declinat.			
°	′	″	S.	°	′	″	S	°	′	″	S.	°	′	″	S.	°	′	″	B. A.
				25	6	43	♐	25	29	0	♐					265	3	5	
				13	46	18	B	13	15	0	B.					9	38	26	A
				26	7	43	♐	26	17	0	♐	25	55	0	♐	266	7	17	
				15	19	20	B	14	36	0	B	14	20	0	B.	8	3	19	A
3	55	47	♐	3	40	13	♐	4	14	0	♐	3	15	0	♐	242	52	47	
5	17	10	B.	5	41	20	B	5	30	0	B.	5	20	0	B.	15	45	38	A
3	15	57	♐	3	0	13	♐	3	26	0	♐	2	15	0	♐	241	50	55	
3	20	24	B.	3	10	19	B	3	18	0	B	3	10	0	B.	17	34	18	A
2	49	47	♐	2	38	13	♐	2	56	0	♐	1	25	0	♐	241	1	57	
1	37	20	B.	1	37	20	B	1	45	0	B.	1	40	0	B.	19	8	26	A.
4	54	57	♐	4	57	13	♐	5	26	0	♐	3	51	0	♐	243	0	23	
0	33	10	B.	0	25	18	B	0	39	0	B	0	40	0	B.	20	37	53	A.
				15	16	13	♐	16	14	0	♐	18	15	0	♐				
				2	11	21	B	1	48	0	B.	2	15	0	B.				
				16	35	13	♐	16	53	0	♐	15	55	0	♐	255	17	9	
				1	31	19	B	2	9	0	A	1	30	0	B.	24	32	11	A.
				17	16	13	♐	17	29	0	♐	16	35	0	♐	256	21	5	
				0	19	20	B	0	18	0	A.	0	20	0	B.	23	44	6	A.
				14	54	13	♐	15	50	0	♐	14	35	0	♐				
				2	15	20	B	3	9	0	A.	2	15	0	B				
				15	5	13	♐	18	5	0	♐	17	25	0	♐				
				0	28	19	B	0	12	0	A.	0	45	0	B				
				18	29	13	♐	19	29	0	♐	17	45	0	♐				
				0	52	20	B	1	30	0	B.	1	30	0	B.				

Catalogus Fixarum

Serpentarius	Magnitudo Hevel.	Hevelii Longitudo Latitudo ex Distantiis °	'	"	S.	Hevelii Longitudo Latitudo ex Altit. Merid. °	'	"	S.	°
In front. femor. Herc. [illegible]	6									
In dextro Latere / In humero dext.	5	16 18	23 15	26 5	♐ B.	16 18	27 12	49 1	♐ B.	257 4
Genu front. seq. / inter pedes duas Boreal.	5	7 11	35 42	36 57	♐ B.	7 11 7 11	42 37 35 41	3 45 35 16	♐ B. ♐	247 10 247 10
Sinistr. brach. sequ. / ad brachium a Serpente	5	3 26	2 13	0 27	♐ B.	3 26	3 13	42 12	♐ B.	245 4
~~In fronte brachii~~ ~~[illegible]~~ sequ. / In Serpente ad clavam Herculis	6					28 22	34 19	44 28	♏ B.	241 1
In front. brach. duar. superiorum seq. / ad [illegible]	5					6 23	58 48	26 6	♐ B.	249 1
Inferiorum duarum front. sequ. / sub duarum front. duar. ~~[illegible]~~ seq.	6 5	5 29	11 36	48 40	♐ B.	5 29	14 34	21 4	♐ B.	248 7
Superiorum duarum front. sequ. / sub [illegible] front. duar. sequ.	6	3 30	43 44	12 41	♐ B.	3 30	44 44	35 29	♐ B.	247 9
Genu sinistro / In vertice Herculis	6	11 33	4 46	34 0	♐	11 33	9 34	35 37	♐ B.	254 11
In Genu	6	12 34	42 0	55 33	♐ B.	12 33	58 47	22 46	♐ B.	255 11
In Cervice	6	17 32	47 55	0 31	♐ B.					25[illegible] [illegible]

In tergo infer. [illegible] 5.		13 22	21 42	40 0	♐ B	13 22	29 38	46 31	♐ B	254 0	44 0	19 44	B.
In [illegible] [illegible] 5.		9 15	36 35	28 21	♐ B	9 18	40 32	28 11	♐ B.	250 3	43 37	53 0	A
In [illegible] [illegible]		8 16	23 14	55 29	♐ B					249 5	11 40	30 0	A
In [illegible] [illegible]						16 18	27 12	49 1	♐ B.	257 4	6 42	31 0	A.
Inter [illegible] [illegible] 5.						7 11	42 37	3 45	♐ B.	247 10	48 10	57 12	A.
Inter [illegible] [illegible] 6		6 4	23 38	32 45	♐ B.	6 4	28 32	11 32	♐ B.	245 16	24 58	39 18	A.
[illegible]													
In [illegible] [illegible]						4 27	53 31	49 40	♐ B	247 5	46 56	27 29	B
[illegible]										254 11	38 8	23 14	A.

Catalogus Fixarum

Serpentarius	Ord. Tych.	Magni- tud. Tych.	Magni- tud. Hevel.	Hevel. Longitudo Latitudo Ex Distantijs °	′	″	S	Hevel. Longitud. Latitud. Ex Alt. Merid. °	′	″	S.	T[illegible] °
Inferiorum iuxta dextrum Genu[illegible] ~~prima~~ quarta superior	22	4	5	25 27	15 53	15 22	♐ B.					25 27
Secunda media sive	23	4	4	25 26 25 26	24 27 21 22	57 10 54 26	♐ B. ♐ B.	25 26	24 27	56 29	♐ B.	25 26
Tertia prima inferior	24	4	4	25 24	39 48	29 1	♐ B.	25 24	41 51	57 55	♐ B.	25 24
Quae secundam seq.	25	4	4					26 26	42 7	55 22	♐ B.	26 26
H. Duarum superiorum Boreal. seq.			4					27 33	25 5	3 26	♐ B.	27 33
H. Duarum superiorum Austr. sequ.			5					27 32	25 34	53 6	♐ B.	

21 . 19

Ad Annum 1660 [illegible]

Princip. Hass. Longit. Latit.				Riccioli Longitudo Latitudo				Ulug Beigh Longitudo Latitudo				Ptolomaei Longitudo Latitudo				Hevelij Asc. Rect. Declinat.			
°	′	″	S.	°	′	″	S.	°	′	″	S.	°	′	″	S.	°	′	″	[illegible]
				26 27	0 59	13 20	♐ B	25 28	50 9	0 0	♐ B	23 28	35 12	0 0	♐ B.	265 4	47 27	37 11	[illegible] B.
				25 26	50 39	18 18	♐ B	25 26	47 15	0 0	♐ B	24 26	15 20	0 0	♐ B	265 3	53 1	27 4	B.
				26 24	33 47	13 19	♐ B	26 24	14 45	0 0	♐ B	24 25	35 0	0 0	♐ B.	266 1	5 25	51 4	B.
				27 26	45 27	30 20	♐ B.	22 26	23 0	0 20	♐ B.	25 22	15 0	0 0	♐ B.	267 2	2 39	53 9	B.
				28 32	43 44	13 20	♐ B	28 32	11 21	13 0	♐	26 33	15 0	0 0	♐ B.	267 9	48 36	21 14	B.
																267 9	48 4	29 57	B

Catalogus Fixarum

Serpens	Ordo Tych.	Magnitudo Tych.	Magnitudo Hevelij	Hevelij Longit. Latit. Ex Distantijs °	′	″	S.	Hevelij Longitudo Latitud. Ex Alt. Merid. °	′	″	S.	°
Lucida in medio Colli	8	2	2	17 25 17 25	15 35 19 56	36 18 46 3	♏ B. ♏ B.	17 25 17 25 17 25	19 35 15 34 15 34	38 40 58 42 36 36	♏ B. ♏ B. ♏	17 25
In Extremitate Rostri	6	4	4	17 42	25 30	1 18	♏ B.	17 42	24 31	46 0	♏ B.	17 42
In inferiori Mandibul.	1	5	5	12 38	22 11	30 3	♏ B.	12 38	22 10	41 20	♏ B.	12 38
In ore s. maxill. super.	2	3	4	14 40	42 3	50 13	♏ B.	14 40	43 2	46 55	♏ B.	15 39
Ad Oculum	5	4	4	14 37	57 11	19 38	♏ B.	14 37	58 9	32 55	♏ B.	16 37
In Temporibus	3	3	3	17 35	55 23	37 9	♏ B.	17 35 17 35	56 22 55 21	6 51 28 19	♏ B. ♏	17 35
In Eductione Colli	4	3	3	15 34	10 23	30 57	♏ B.	15 34	10 23	23 41	♏ B.	15 34
Secunda in Collo	7	3	3	13 28	34 57	15 41	♏ B.	13 28	34 56	48 12	♏ B.	13 28
Prope Lucidam Colli superius	16	4	4	17 26	41 36	35 54	♏ B.	17 26	41 39	42 9	♏ B.	17 26

	15 57 17 M 37 22 25 B.	16 44 0 M 35 12 0 B.	12 55 0 M 37 15 0 B.	233 20 33 19 13 40 B.
17 58 7 M 35 25 0 B.	17 53 43 M 35 24 0 B	19 35 0 M 37 0 0 B	15 35 0 M 35 15 0 B.	235 12 1 16 49 54 B. 235 11 5 16 48 34 B.
15 13 7 M 39 25 0 B	15 8 43 M 34 26 20 B.	15 23 0 M 34 15 0 B.	15 55 0 M 35 0 0 B.	232 38 25 16 32 10 B.
13 37 57 M 28 57 45 B.	13 33 43 M 28 57 0 B.	14 35 0 M 28 45 0 B	13 15 0 M 29 44 15 0 B.	229 39 1 11 43 0 B.
	17 20 13 M 26 35 0 B	17 38 0 M 26 39 0 B	16 25 0 M 26 30 0 B.	232 32 15 8 29 45 P
	19 33 43 M 24 4 20 B.	19 50 0 M 24 27 0 B	17 55 8 M 24 0 0 B	233 26 3 5 39 10 B.
	21 13 43 M 16 25 18 B	21 35 0 M 16 15 9 B	20 25 0 M 16 30 0 B.	232 58 23 2 18 20 A

Catalogus Fixarum

Serpens	Ordo Tych.	Magnit. Tych.	Magnit. Hevelii	Hevelii Longitud. Latitud. Ex Distantiis °	'	"	S	Hevelii Longitudo Latitud. Ex Altit. Merid. °	'	"	S	°
Ante ultimum nexum Prima	17	4		15 10	31 23	40 44	♐ B.	15 10	31 22	6 9	♐ B.	15 10
Secunda	35	4		19 8	48 2	12 53	♐ B.	19 8	45 9	24 25	♐ B.	19 8
Tertia pprin.	36	5		20 10	38 36	35 46	♐ B.	20 10	36 38	39 3	♐ B.	36 20 10
Post ultimum nexum	9	4		19 15	37 16	49 30	♐ B.	19 15 19 15	33 21 33 20	52 0 53 52	♐ B. ♐ B.	20 15
vide Serpent. Tych. Regl. Prima Caudæ	11	3		25 19	23 50	18 52	♐ B.					25 19
Penultima Caudæ	12	3		0 20	57 35	46 35	♑ B.	0 20	57 35	57 17	♑ B.	1 20
Ultima Caudæ	13	3						11 26	2 57	19 40	♑ B.	11 26
H. Sub collo in 1 flexu Serp.			6	20 21	1 47	14 23	♏ B.	19 21	59 50	0 23	♏ B.	
H. Sub Collo in 1 flexu Gaud.			6	18 21	37 37	20 28	♏ B.					
H. Brachium Serpentarij Gaudens			5	28 22	38 19	29 0	♏ B.	28 22	39 19	34 42	♏ B.	
H. In ultim. flexu / . 5 Caudæ			5	0 14	25 59	28 15	♑ B.					

18 . 3 .

ad Annum 1660 [illegible]

Princ. Hass. Longit. Latit.				Riccioli Longit. Latitud.				Ulug Beigh Longitud. Latitud.				Ptolomaei Longit. Latitud.				Hevelii Asc. Rect. & Declinat.			
°	′	″	S.	°	′	″	S.	°	′	″	S.	°	′	″	S.	°	′	″	
				15 10	47 24	13 0	♐ B.	15 10	35 21	0 0	♐ B.	15 10	15 30	0 0	♐ B.	255 12	24 24	43 15	A.
				20 8	16 3	13 0	♐ B.	19 2	50 6	0 0	♐ B.	18 3	35 30	0 0	♐ B.	254 15	29 3	41 30	A.
				20 10	56 22	13 0	♐ B.	20 10	14 36	0 0	♐ B.	19 10	25 50	0 0	♐ B.	260 12	32 33	7 45	A.
				20 15	26 18	13 19	♐ B.	19 14	26 45	0 0	♐ B.	18 15	15 0	0 0	♐ B.	259 7 259 7	50 47 50 47	45 15 43 45	A. A.
				25 19	21 56	43 0	♐ B.	26 19	32 21	0 0	♐ B.	25 20	15 0	0 0	♐ B.	265 3	39 35	15 17	A.
				0 20	54 36	43 20	♑ B.	1 20	44 18	0 0	♑ B.	0 21	15 0	0 0	♑ B.	270 2	54 54	19 53	A.
11 26	4 57	35 30	♑ B.	10 26	57 58	13 20	♑ B.	11 26	17 54	0 0	♑ B.	9 27	55 0	0 0	♑ B.	279 3	50 50	55 4	B.
																233 3	17 18	1 10	B.
																232 3	0 25	20 27	B.
																241 1	13 59	25 28	B.

8 Catalogus Fix[...]

...rus	Ordo Tych.	Magni- tudo Tych.	Magni- tudo Hevelij	Hevelij Longit. Latit. Ex Distantijs °	'	"	S.
...ciam	14	1	1				
Boreum	41	2	2	17 5 17 5	49 21 51 21	38 12 53 18	♊ B. ♊ B.
Hastrinum	19	3	3	20 2	2 13	34 19	♊ A.
Boreus	15	3	3 4	3 2	43 37	41 6	♊ A.
...um prima	11	3	3	1 5 1 5	4 46 4 46	17 21 3 36	♊ A. ♊ A.
...sequentium Bor. ...bedrus	12	3	6 4	2 4	6 0	25 25	♊ A
Sequentium Aust.	13	4	3	3 5	12 52	39 7	♊ A.
...dextri Suprema	1	5	5	18 5	50 55	31 49	♉ A
Secunda	2	6	6	18 7	21 30	41 43	♉ A.
Tertia	3	4	4	17 8	9 48	27 36	♉ A
infima	4	4	4	16 9	24 19	57 14	♉ A

Ad Annum 1660 [illegible]

Princip. Hass. Longit. Latit.				Ricciol. Longit. Latit.				Ulug Beigh. Longitud. Latitud.				Ptolomaei Longit. Latit.				Hevel. Asc. Rect. Declinat.			
°	′	″	S	°	′	″	S	°	′	″	S	°	′	″	S	°	′	″	Au
5 5	2 31	57 45	♊ A	5 5	1 30	43 50	♊ A	5 5	41 15	0 0	♊ A.	4 5	15 10	0 0	♊ A.	64 15	7 48	55 0	 B
17 5	49 20	17 40	♊ B.	17 5	49 20	0 30	♊ B	18 5	51 15	0 0	♊ B	17 5	15 0	0 0	♊ B	76 28 76 28	12 15 12 15	27 58 29 58	
20 2	2 16	57 30	♊ A.	19 2	42 13	0 30	♊ A.	20 2	11 42	0 0	♊ A.	19 2	15 30	0 0	♊ A.	79 20 79 20	20 52 20 52	57 27 47 27	 A. A.
3 2	42 39	17 40	♊ A	3 2	45 36	13 20	♊ A.	4 2	20 54	0 0	♊ A	3 3	25 0	0 0	♊ A.	62 18 62 18	13 23 13 23	55 46 49 46	 B. B.
1 5	2 48	57 50	♊ A.	1 5	0 46	15 20	♊ A	2 6	5 9	0 0	♊ A.	0 5	35 15	0 0	♊ A.	60 14 60 14	9 48 8 48	27 2 0 2	 B. B.
2 4	7 4	42 20	♊ A.	2 4	5 1	43 50	♊ A	2 4	53 9	0 0	♊ A	1 4	55 15	0 0	♊ A.	60 16	51 42	29 56	 B.
3 5	12 33	21 36	♊ A.	3 5	11 52	13 50	♊ A.	4 6	19 15	0 0	♊ A	2 3	25 50	0 0	♊ A	62 15	14 7	5 7	B.
				19 5	49 56	13 10	♉ A	19 6	20 24	0 0	♉ A.	17 6	55 0	0 0	♉ A.	48 11	3 45	13 20	 B.
				18 7	19 28	13 50	♉ A	18 7	59 42	0 0	♉ A.	17 7	35 15	0 0	♉ A	47 10	58 9	33 10	 B.
7 8	9 53	57 20	♉ A.	17 8	7 49	13 20	♉ A.	17 8	44 59	0 0	♉ A.	15 8	55 30	0 0	♉ A.	47 8	12 32	45 36	 B.
6 1	25 24	17 20	♉ A.	16 9	24 22	43 20	♉ A	17 9	4 39	0 0	♉ A.	16 9	5 15	0 0	♉ A	46 7	39 49	9 0	 B.

♉ Catalogus Fixarum

♉ Taurus	Ordo Tych.	Magnitud. Tych.	Magnitud. Hipparchi	Hipparchi Longitud. Latitud. ex Distantiis °	'	"	S	Hipparchi Longitud. Latitud. ex Alt. Merid. °	'	"	S	°
Quae sequitur tertiam in armo	42	6	6	18 9	25 45	10 40	♉ A	18 9	26 31	18 0	♉ A	18 9
In pede dextro praeced.	34	6		20 13	49 33	54 11	♉ A	20 13	50 29	32 57	♉ A	20 13
In pede dext. seq.	8	4		25 14	10 29	9 16	♉ A	25 14	11 29	13 14	♉ A	25 14
In Palicari praecedens	5	5		22 8	36 40	12 42	♉ A	22 8	37 46	15 22	♉ A	22 8
In Palicari sequens	6	4		25 7	59 59	18 18	♊ A	25 7	55 59	29 31	♉ A	25 8
In genu dextro	7	4		28 12	48 9	41 38	♉ A	28 12	49 12	57 6	♉ A	28 12
~~In sinist. armo~~ In sinist. genu praec. sinist. post. sequens vel in sinistro armo inferior.	38 35	5		0 11	59 58	36 46	♊ A	1 11	0 59	44 55	♊ A	1 12
In poplite vel suffragine si. In sinistro ~~genu~~ seq. (dextro / sinistri)	10	5		4 11	2 45	46 32	♊ A	4 11	3 46	51 18	♊ A	4 11
~~In~~ sinistro genu praecedente. In sinistro armo sequens	36	5		2 8	47 37	19 36	♊ A	2 9	49 9	14 7	♊ A	2 8
In sinist. ~~genu seq.~~ In ~~poplite vel suffragine~~ sub. sub tibia in sinistro genu	9	5		4 9	59 31	14 54	♊ A					5 9
Vergiliarum suprema	27	5		0 7	33 54	11 54	♊ B	0 7	34 55	8 2	♊ B	0 7

ad Annum 1660 [illegible]

Princip. Hass. Longit. Latit.				Riccioli Longit. Latit.				Ulug Beigh Longit. Latitud.				Ptolomaei Longit. Latitud.				Hevelij Asc. Recta Declinatio			
°	'	"	S.	°	'	"	S.	°	'	"	S.	°	'	"	S.	°	'	"	B. A.
																48 8	37 12	7 17	–
				20 13	46 29	13 50	♉ A.									51 4	57 58	15 20	B.
				25 14	8 30	13 20	♉ A.	26 14	32 45	0 0	♉ A.					56 5	17 1	55 38	B.
				22 8	35 40	13 50	♉ A.	23 9	5 0	0 0	♉ A.					52 10	26 4	35 50	B.
25 8	53 2	42 40	♉ A.	25 8	50 2	13 50	♉ A.	26 8	53 21	0 0	♉ A.	25 8	15 0	0 0	♉ A.	55 11	30 31	41 0	B.
				28 12	48 13	13 20	♉ A.	29 12	35 42	0 0	♉ A.	28 12	15 40	0 0	♉ A.	59 8	16 2	45 0	B.
				0 12	59 1	13 50	♊ A.									61 8	20 39	49 46	B.
				4 11	0 47	13 50	♊ A.	4 12	23 15	0 0	♊ A.	3 10	45 0	0 0	♊ A.	64 9	16 26	33 30	B.
				2 9	47 40	43 50	♊ A.									62 11	34 47	5 46	B.
				5 9	8 31	13 50	♊ A.	4 9	50 42	0 0	♊ A.					64 11	46 49	54 17	x ♊ B.
				0 7	34 54	43 50	♊ B.					0 7	5 20	0 0	♊ B.	56 28	31 3	45 33	B.

♉ Catalogus Fixarum

Taurus	Ordo Tych.	Magn. Tych.	Magn. Hev.	Hevel. Longitudo Latitudo Ex Distantiis °	'	"	S.	Hevel. Longitudo Latitudo Ex Alt. Merid. °	'	"	S.	°
Vergiliarum Media	43	5		0 6	11 31	34 25	♊ B.	0 6	13 34	30 34	♊ B	0 6
Vergiliarum infima	26	6		0 5	57 13	10 55	♊ B.	0 5	59 16	0 38	♊ B.	0 5
Ad aurem Boream super.	29	5		3 5	9 45	41 28	♊ B.	3 5	10 44	34 58	♊ B.	3 5
Ad aurem Boream infer.	28	5		3 4	22 2	27 12	♊ B	3 3	22 59	34 47	♊ B	3 3
In Collo praecedens	24	5		28 1	42 11	50 14	♉ B.	28 1	44 12	4 39	♉ B.	28 1
In Collo sequens, ad genam.	25	6		1 1	36 6	29 48	♊ A.	1 0	40 51	32 57	♊ A.	1 0
In temporibus superior	22	5		3 1	44 2	19 23	♊ B.	3 1	45 2	12 17	♊ B.	3 1
In temporibus infer.	23	4		3 0	25 33	22 31	♊ B	3 0	26 34	36 35	♊ B.	3 0
Trium infra sacculum praecedens	37	5	5	2 6	33 42	5 54	♊ A.	2 6	33 56	46 33	♊ A.	2 6
Trium infra sacculum Media	38	5	5	4 7	17 4	12 40	♊ A.	4 7	18 6	16 6	♊ A.	4 7
Trium infra sacculum ultima sub Pallio	39	6	6	5 6	44 14	18 15	♊ A.	5 6	45 12	32 16	♊ A.	5 6

ad Annum 1660 gtle.

Princip. Hass. Longitud. Latitud.				Riccioli Longit. Latitud.				Ulug Beigh Longitud. Latitud.				Ptolemaeus Longitud. Latitud.				Hevelij Asc. Recta. Declinatio			
°	′	″	S.	°	′	″	S.	°	′	″	S.	°	′	″	S	°	′	″	B. Au.
				0 6	11 32	43 30	♊ B	0 6	29 18	0 0	♊ B.	29 5	35 0	0 0	♉ B.	56 26	29 40	25 28	B.
				0 5	53 15	13 50	♊ B	0 4	53 48	0 0	♊ B					57 25	37 34	29 18	B.
				3 5	14 45	43 40	♊ B	3 5	35 36	0 0	♊ B	3 5	15 0	0 0	♊ B.	59 26	53 29	35 12	B.
				3 3	26 57	13 10	♊ B	3 3	53 33	0 0	♊ B.	3 3	35 0	0 0	♊ B.	60 29	29 48	45 32	B
				28 1	40 12	13 30	♉ B	29 6	14 39	0 0	♉ B	28 0	35 40	0 0	♉ B	56 21	12 6	19 48	
				1 0	17 46	43 20	♊ A	2 1	14 0	0 0	♊ A.	0 1	35 0	0 0	♊ A.	59 19	44 42	25 22	A.
				3 1	43 4	13 30	♊ B	3 1	59 0	0 0	♊ B	3 4	35 30	0 0	♊ B	61 21	31 58	19 47	B.
				3 0	27 35	13 30	♊ B.	3 0	35 9	0 0	♊ B	3 9	15 0	0 0	♊ B	61 21	17 28	23 0	
				2 6	53 56	13 20	♊ A.									61 13	53 55	7 2	B.
				4 7	18 4	13 20	♊ A.									63 14	40 4	1 46	B.
				5 6	49 17	13 20	♊ A.									64 15	58 12	37 45	B.

♉ Catalogus Fixarum

Taurus	Ord. Tych.	Magn. Tych.	Magn. Hev.	Hevelii Longitud. Latitud. Ex Distantiis °	'	"	S.	Hevelii Longitudo Latitudo Ex Alt. Merid. °	'	"	S.	°
In fronte Borealis	20	5		7 0	23 39	38 34	II B.	7 0 7 0	24 39 25 40	41 38 0 39	II B. II B.	7 0
In fronte Austral.	16	6		8 3	59 41	31 31	II A.	9 3	0 40	45 34	II A.	9 3
Ad radicem Cornu Austr. Super.	18	4						12 1	2 15	43 17	II A.	11 1
Ad radic. Cornu Aust. media trium	17	6						13 2	4 32	43 31	II A.	13 2
In medio Cornu Aust. Aust. Sequ.	40	6	6	15 1	48 3	37 21	II A.	15 1	50 1	9 35	II A.	15 1
In medio Cornu Aust. Sequ.	41	6	6	17 1	44 19	22 52	II A.	17 1	41 32	9 57	II A.	17 1

ad Annum 1660 [illegible]

Principis Hass. Longit. Latitud. °	′	″	S.	Riccioli Longit. Latit. °	′	″	S.	Ulug Beigh Longit. Latitud. °	′	″	S.	Ptolomaei Longit. Latit. °	′	″	S.	Hevelij Asc. Rect. Declinat. °	′	″
				7 0	29 40	13 30	♊ B	7 0	19 30	0 0	♊ B					65 22 65 22	28 15 28 16	47 30 55 30
				9 3	1 39	13 30	♊ A	9 4	35 27	0 0	♊ A	9 4	5 0	0 0	♊ A	67 18	53 13	41 44
				11 1	53 49	13 0	♊ A	12 3	35 0	0 0	♊ A					70 21	43 3	1 19
				13 2	2 30	43 0	♊ A	12 4	26 30	0 0	♊ A					71 19	59 54	9 34
				15 1	51 3	13 50	♊ A									74 21	43 43	45 48
				17 1	44 19	43 50	♊ A									~~76~~ ~~21~~ 76 21	~~45~~ ~~23~~ 47 36	~~47~~ ~~28~~ 59 39
25 3	15 59	7 6	♉ B	25 3	20 59	50 0	♉ B	25 3	59 45	0 0	♉ B	24 5	15 20	0 0	♉ B	51 23 51 23	51 2 53 2	25 0 33 0
24 4	37 5	27 50	♉ B	24 4	19 31	32 36	♉ B	25 3	11 45	0 0	♉ B	23 4	45 30	0 0	♉ B	61 23	12 26	13 32
25 3	36 50	57 20	♉ B	25 3	12 50	33 20	♉ B	25 3	26 30	0 0	♉ B	24 5	15 0	0 0	♉ B	52 22	17 58	27 32
24 4	50 29	7 24	♉ B	24 4	26 22	33 56	♉									51 23	30 18	1 57
24 4	59 21	33 0	♉ B	24 4	9 8	13 40	♉ B					23 4	55 40	0 0	♉ B	51 22	14 58	37 32

Sequentium [illegible] Boreal. Seq.			6	2 3	45 44	53 ♊ 59 A	2 3	47 42	14 39
Ad radicem Cornu Aust. in fine			6				12 4	44 16	21 35
Sub Cornu Austr. Seq.			5	18 4	42 43	55 ♊ 44 A			
Sub Cornu Austrino praeced.			6	16 5	44 42	14 ♊ 2 A			
In tergo supra Plejadas			6	26 5	11 18	33 ♉ 11 B	26 5	13 20	7 17
Inter [illegible] [illegible] [illegible]			6	6 10	52 48	1 ♊ 55 A	6 10	22 45	15 55
~~Inter [illegible]~~			6	~~6~~ ~~10~~	~~48~~ ~~41~~	~~51 ♊~~ ~~16 A~~	~~6~~ ~~10~~	~~22~~ ~~45~~	~~15~~ ~~55~~

45. 7 n.

Ad Annum 1660 gti.

Brahe Hass. Longit. Latit.				Riccioli Longit. Latit.				Ulug Beigh Longit. Latit.				Ptolemaeus Longit. Latit.				Hevelij Asc. Rect. Declinat.			
°	'	"	S	°	'	"	S	°	'	"	S	°	'	"	S	°	'	"	Bor. Aust.
24 3	51 55	21 0	♉ B.	24 3	26 52	3 30	♉ B.	26 4	8 9	0 0	♉ B.					51 22	28 50	53 57	 B.
																61 17	28 8	33 0	 B.
																71 18	51 8	27 44	 B.
																78 18	8 19	40 45	
																76 17	10 9	34 6	
																52 29	30 32	45 34	 B.
																66 10	22 19	0 0	 B.
																~~66~~ ~~10~~	~~47~~ ~~57~~	~~29~~ ~~52~~	 ~~B.~~

Catalogus Fixarum

Triangulum Majus.	Ordo Tych.	Magnitudo Tych.	Magnitudo Hev.	Hevelii Longitud. Latitudo Ex Distantiis °	'	"	S.	Hevelii Longitudo Latitudo Ex Alt. Merid. °	'	"	S.	Ty[illegible] °
In Apice	1	4	4					2 16 2 16	4 47 4 47	7 33 20 27	♉ B. ♉ B.	2 16
In basi Borealis	2	4	4					7 20 7 20	37 33 37 33	2 50 2 50	♉ B. ♉	7 20.
In basi Austral.	4	4	4					8 18. 8 18	47 55 48 55	17 29 15 15	♉ B. ♉ B.	8 18
Contigua Austr. basi	3	5	5					8 19	44 22	10 34	♉ B	8 19
In basi contigua trium inferior.								8 18	13 52	47 32	♉ B.	
Supra Alam maj. inferior.			6	2 22	6 58	36 35	♉ B	2 22	7 57	10 38	♉ B	20 33
Supra Alam inferior. media			6	5 23	48 36	25 1	♉ B	5 23	50 52	33 25	♉ B	23 35
Supra Alam inferior. trium ultima			5	8 23	32 15	45 35	♉ B	8 23	33 19	30 7	♉ B	27 36
Sequens apicem			6					5 19	39 28	43 46	♉ B.	25 31
Triangulum Minus.												[illegible]
Praecedentium infer.			6	7 13	16 52	57 48	♉	7 13	14 58	37 34	♉ B.	29 27
Praecedentium super.			6	6 15	30 56	8 9	♉ B.	6 15	29 59	3 56	♉ B	28 28
Sequens			6	9 14	37 14	45 49	♉ B.	9 19	38 19	2 0	♉ B.	32 28

Princip. Hass. Longit. Latit.				Riccioli Longit. Latit.				Ulug Beigh Longit. Latit.				Ptolemae Longit. Latit.		
°	′	″	S.	°	′	″	S.	°	′	″	S.	°	′	″
[illegible]	9 45	57 0	♉ B.	2 16	7 49	13 50	♉ B.	2 16	56 0	0 0	♉ B	2 16	35 30	0 0
7 0	38 29	57 40	♉ B.	7 20	37 33	43 20	♉ B.	8 20	20 15	0 0	♉ B	7 20	35 40	0 0
8 8	48 51	17 54	♉ B.	8 18	46 57	13 24	♉ B	9 18	47 12	0 0	♉ B.	7 19	35 40	0 0
				8 19	47 29	13 25	♉ B	9 19	17 12	0 0	♉ B	8 19	25 0	0 0

♍ Catalogus Fixarum

Virgo	Ord. Ptol.	Magn. Ptol.	Magn. Hevel.	Hevelii Longitud. Latitud. Ex Distantiis °	'	"	S	Hevelii Longitud. Latitud. Ex Alt. Merid. °	'	"	S	°
Spica ♍	14	1	1					19 1	5 59	0 55	♎ A.	19 1
Vindemiatrix	13	3	3					5 16 5 16	13 15 13 15	20 3 20 3	♎ B. ♎ B.	5 16
In ancone alae Austrinae	5	3	3	22 0	21 42	26 58	♍ B.	22 0 22 0	20 41 20 40	15 0 0 53	♍ B. ♍ B.	22 0
Secunda alae Austr.	6	4	3	0 1	6 23	26 23	♎ Au.	0 1 0 1	6 23 5 23	19 56 40 39	♎ B. ♎ B.	0 1
In sinistro Latere	7	3	3	5 2	26 50	37 38	♎ B.	5 2 5 2	26 51 26 51	0 36 0 14	♎ B. ♎ B.	5 2
In dorso / dext. latere	10	3	3	6 8	44 40	30 42	♎ B.	6 8	44 39	30 15	♎ B.	6 8
In vertice borealis	1	5	5	19 6	33 3	17 21	♍ B.	18 6	34 5	0 33	♍ B.	18 6
In vertice Austral.	2	5	5	19 4	22 32	51 13	♍ B.	19 4	24 36	0 54	♍ B.	19 4
Ad Mentum	3	5	5	22 8	54 29	40 7	♍ B.	22 8	55 31	30 34	♍ B.	22 8
In Gena	4	5	5					22 6	48 11	30 10	♍ B.	22 6
In Cervice	33	6	5	23 3	44 17	56 29	♍ B.	23 3	45 20	20 23	♍ B.	23 3

ad Annum 1660 [illegible]

Princip. Hass. Longit. Latit.				Riccioli Longitud. Latitud.				Ulug Beigh Longitud. Latitud.				Ptolemaei Longitud. Latitud.				Hevelii Asc. Rect. Declinat.		
°	′	″	S	°	′	″	S	°	′	″	S	°	′	″	S	°	′	″
19	6	27	♎	14	6	0	♎	17	20	0	♎	18	15	0	♎	196	49	53
1	57	20	A	1	59	30	A	2	9	0	A	2	10	0	A	9	20	45
5	13	7	♎	5	12	30	♎	4	59	0	♎	3	45	0	♎	191	20	17
6	17	10	B.	16	15	0	B	16	15	0	B	15	10	0	B.	12	48	54.
																191	20	17
																12.	48	54.
22	20	17	♍	22	22	0	♍	21	41	0	♍					173	14	25
0	43	0	B.	0	42	28	B	0	10	0	B.					3	40	32.
																173	14	7
																3	40	32.
0	6	47	♎	0	6	2	♎	0	7	0	♎	29	30	0	♍	180	39	13
1	25	0	B.	1	24	29	B.	1	30	0	B.	1	10	0	B.	1	14	27
																180	38	5
																1	14	27
5	28	7	♎	5	25	30	♎	5	25	0	♎	4	45	0	♎	186	7	43
2	53	24	B	2	49	30	B	2	54	0	B	2	50	0	B.	0	27	27
																186	7	9
																0	27	27
6	45	37	♎	6	45	0	♎	7	11	0	♎	5	55	0	♎	189	37	25
8	49	54	B.	8	40	30	B.	8	45	0	B.	8	30	0	B.	8	15	38.
				18.	34	3	♍	19	35	0	♍	18	35	0	♍	171	54	43
				6	6	0	B.	6	15	0	B.	5	40	0	B.	10	8	0.
				19	23	0	♍	19	41	0	♍	17	55	0	♍	172	5	31
				4	36	30	B.	4	39	0	B.	4	15	0	B.	8	26	52
				22	57	0	♍	23	41	0	♍	22	15	0	♍	176	56	17
				8	33	0	B	8	24	0	B	8	0	0	B	10	38	0.
				23	8	3	♍	23	29	0	♍	21	45	0	♍	175	51	53
				6	9	30	B.	6	9	0	B	5	30	0	B.	8	32	17.
				23	56	30	♍									175	36	13
				3	22	0	B.									5	33	0.

♍ Catalogus Fixarum

Virgo	Ordo Tych.	Magn. Tych.	Magn. Hevel.	Hevelij Longit. Latit. Ex Distantijs °	'	"	S.	Hevel. Longit. Latit. Ex Alti. M[illegible] °	'
In ala Bor. præced. boreal.	11	5	5	0 13	41 31	47 54	♎ B.	0 13	43 35
In ala Bor. media [illegible]	12	6	6	2 11	38 33	24 14	♎ B.	2 11	41 36
In ala Bor. infima	26	6	6	2 10	6 22	41 53	♎ B.	2 10	8 29
Quæ [illegible] Vindemiatricem	29	6	6	9 16	20 15	28 25	♎ B.	9 16	20 15
Alæ Bor. antepenultima	30	5	5	11 12	4 43	8 34	♎ B.	11 12	3 42
Penultima	31	6	6	15 12	39 36	38 53	♎ B.	15 12	40 35
Ultima	32	5	5	23 13	0 9	30 40	♎ B.	23 13	1 7
Alæ Austr. antepenultima	8	6	6	10 2	24 31	0 4	♎ B.	10 2	32 19
Penultima	9	4	4	13 1	28 47	29 45	♎ B.	13 1	30 48
Extrema	16	6	6	18 3	50 11	47 1	♎ B.	18 3 18 3	53 9 51 10
Sub Perizomati	15	3	3	17 8 17 8	23 41 25 42	42 36 44 23	♎ B. ♎ B.	17 8 17 8	23 42 25 42

ad Annum 1660 ytr.

Princip. Hass. Longit. Latit.				Riccioli Longit. Latit.				Ulug Beigh Longitud. Latitud.				Ptolomæi Longit. Latitud.				Hevelii Asc. Rect. Declinat.			
°	′	″	S.	°	′	″	S	°	′	″	S.	°	′	″	S	°	′	″	A.
				0 13	43 36	0 0	♎ B	0 13	56 30	0 0	♎ B	29 13	45 50	0 0	♍ B	186 12	10 11	59 47	R
				2 11	42 36	3 20	♎ B.	3 11	11 18	0 0	♎ B.	1 11	35 40	0 0	♎ B	187 9	7 39	51 12	H
				2 10	11 25	3 30	♎ B									186 8	8 41	3 32	h
				9 16	15 13	3 30	♎ B.									195 11	2 13	9 0	B
				11 12	1 40	0 0	♎ B.									195 7	9 18	41 0	R
				15 12	36 34	3 0	♎ B									199 5	16 26	37 3	B.
				23 13	1 7	1 0	♎ B.									206 3	8 13	29 27	B.
				10 2	17 23	31 0	♎ B	9 3	32 0	0 0	♎ B.	8 2	45 50	0 0	♎ B.	190 2	35 3	15 8	A.
13 1	29 49	57 0	♎ B	13 1	27 44	3 28	♎ B	13 1	35 36	0 0	♎ B.	12 1	35 40	0 0	♎ B.	193 3	7 40	47 18	A.
				18 3	48 10	32 27	♎ B.	19 3	26 12	0 0	♎ B.	17 2	55 20	0 0	♎ B	198 4 198 4	37 29 36 27	7 56 23 56	A. A.
17 8	29 43	57 45	♎ B.	16 8	12 9	31 30	♎ B.	18 8	5 45	0 0	♎ B	16 8	25 40	0 0	♎ B.	199 1 199 1	21 12 22 12	21 0 49 0	B R.

♍ Catalogus Fixarum

Virgo	Ordo Hypoth.	Magnitudo Fixarum Hypoth.	Magnitudo Hevelij	Hevelij Longitud. Latitud. ex Distantijs °	'	"	S.	Hevelij Longit. Latit. ex Alt. Merid. °	'	"	S.	°
In sinistr. genu Austral.	18	6						20 0	32 22	27 19	♎ A.	20 0
In sinistr. genu Boreal.	17	6		22 1	6 43	29 13	♎ B.	22 1	4 48	36 20	♎ B.	22 1
In sinistra sura	19	6						26 2	8 42	45 38	♎ B.	25 2
In sinistro calcaneo	24	4						2 0	11 34	3 43	♏ B.	2 0
In dextr. poplite	27	6		22 9	24 40	1 52	♎ B.	22 9 R. 22 9	35 13 24 40	10 53 36 0	♎ B. ♎ B.	22 9
In dextra Tibia pedi	20	5	5					28 11 R. 28 11	41 3 41 3	17 52 13 52	♎ B. ♎ B.	28 11
In dextr. Tibia sup.	23	4	4	0 11	39 53	27 15	♏ B.	0 11 R. 0 11	41 49 40 49	0 23 57 22	♏ B. ♏ B.	0 11
In dextro Calcaneo	25	4	4	5 9	17 47	55 9	♏ B.	5 9	19 45	3 7	♏ B.	5 9
In ima tunica Boreal.	21	4	4	28 7	59 19	44 48	♎ B.	29 7	1 17	7 25	♎ B.	29 7
In ima tunica Austr.	22	4	4	29 2	42 59	14 45	♎ B.	29 2	43 57	3 27	♎ B.	29 2
Parva inter Suras	28	6		28 5	35 2	57 46	♍ B.	28 4 R. 28 4	32 53 32 53	0 11 47 25	♍ B. ♍ B.	28 4

ad Annum 1660 [illegible]

Princip. Hass. Longit. Latit.				Riccioli Longitud. Latitud.				Ulug Beigh Longit. Latit.				Ptolomaei Longitud. Longit.				Hevelii Asc. Rect. Declinat.			
°	′	″	S.	°	′	″	S.	°	′	″	S	°	′	″	S.	°	′	″	B. A.
				20 0	34 20	3 0	♌ A.	20 0	29 24	0 0	♌ A.	19 6	35 0	0 0	♌	198 8	49 23	21 16	[illegible]
				21 1	59 45	31 0	♌ B.	22 1	5 9	0 0	♌ B.	21 1	35 30	0 0	♌ B.	201 6	4 56	45 42	[illegible]
				25 2	34 24	1 0	♌ B	21 2	35 54	0 0	♌ B.	23 1	15 30	0 0	♌ B	205 7	13 36	33 12	[illegible]
2 0	13 35	37 36	♍ B.	2 0	12 31	3 0	♍ B.	2 0	17 42	0 0	♍ B	1 0	35 30	0 0	♍ B.	210 11	11 43	37 16	A
				22 9	27 40	31 0	♌ B.	22 8	8 45	0 0	♌ B.					204 0 204 0	18 14 18 14	23 4 21 4	B B.
				28 11	39 2	3 0	♌ B	~~28~~ ~~7~~	~~59~~ ~~15~~	~~0~~ ~~0~~	~~♌~~ ~~B~~					210 0 210	34 40 34	15 56 13	[illegible]
				0 11	41 47	30 29	♍ B	0 11	50 45	0 0	♍ B	29 11	55 40	0 0	♌ B.	212 0 212 0	40 38 40 38	7 56 11 56	 A. A
5 9	23 49	45 15	♍ B	5 9	20 48	1 27	♍ B	5 9	47 51	0 0	♍ B.					216 4	16 7	[illegible] 25	 A
29 7	2 20	17 30	♌ B	28 7	59 18	0 0	♌ B	28 7	59 15	0 0	♌ B	27 7	55 30	0 0	♌ B.	209 4	33 19	21 56	 A.
29 2	46 59	27 12	♌ B.	29 2	41 57	3 0	♌ B					28 2	55 40	0 0	♌ B	208 8	42 38	3 26	 A.
				28 4	35 59	30 0	♍ B									180 5 180 1	37 3 37 3	23 47 21 47	 B

♍ Catalogus Fixarum

Virgo	Ordo Tych.	Magnit. Tych.	Magnit. Hevel.	Hevelii Longitudo Latitudo ex Distantiis °	'	"	S.	Hevelii Longitudo Latitudo ex Alt. Merid. °	'	"	S.	°
Sub manu finistr. prae.	34	5	5	7 3	26 25	1 20	♎ B.	7 3	25 24	45 48	♎ A.	7 3
Sub manu finistr. Media	35	5	5	11 3	26 23	30 32	♎ B.	11 3	27 25	0 4	♎ A.	11 3
Sub manu finistr. seq.	36	5	5					14 3	59 12	37 57	♎ A.	14 3
Sub Spica praecedens	37	5	5	18 7	2 50	16 49	♎ A.	19 7	2 50	6 20	♎ A.	18 7
Sub Spica sequens	39	5	5	21 6	34 20	22 12	♎ A.	21 6	29 13	33 20	♎ A.	21 6
Ad caudam Corvi in finu	38	5	5	20 9	17 3	51 49	♎ A.	20 9	19 5	27 51	♎ A.	20 9
H. In dextra manu ♍			6	17 19	51 11	36	♍ B.	17 19	51 11	0 36	♍ B.	17 [illegible]
H. In vertice duarum contiguarum seq.			0					19 6	11 21	30 10	♍ B.	17 1
H. In ancone alae dextr. Austr.			6 7	24 10	9 41	23 9	♍	24 10	9 42	40 50	♍ B.	17 1
H. In tunica ♍ Spicam seq.												
H. In ancone alae dextr. Bor.			[illegible] 5					22 15	46 13	30 49	♍ B.	17 [illegible]
H. In ala Bor. secunda			6 7	1 13	57 25	26	♎ B.	2 13	3 20	0 32	♎ B.	18 11
H. Supra dextr. praecedentem Bor. praecedens			5	6 13	13 33	19 15	♍ B.	6 13	13 32	52 50	♍ B.	21

39. 11.

		21 / 6	25 / 16	30 / 30	♌ / A.	20 / 2	29 / 36	0 / 0	♌ / A.	21 / 7	35 / 50	0 / 0	♌ / A.	197 / 14	27 / 9	3 / 42
		20 / 9	25 / 16	3 / 28	♌ / A.					19 / 2	45 / 20	0 / 0	♌ / A.	195 / 16	11 / 22	29 / 0 A
Supra digit. [illegible] [illegible] 5.	Ad cuspidem [illegible] Bor. inferior. [illegible]					7 / 12	32 34 / 6	34 26 / 32	♏ R.	8 / 12	26 / 4	35 / 43	♏ A	219 / 2	55 / 54	35 / 0 B
										25 / 19	41 / 43	55 / 12	♌ R.	208 / 3	50 / 53	25 / 10 R.
In [illegible] dextro [illegible] 5 m.										21 / 17	6 / 39	0 / 25	♏ B.	180 / 19	54 / 41	3 / 27. R
[illegible] Tunica [illegible] 6 m.						1 / 2	12 / 46	23 / 44	♏ AR.	1 / 2	16 / 51	37 / 15	♏ A	208 / 14	5 / 37	24 / 26
In [illegible] Tunica [illegible] 6 m.						2 / 4	49 / 2	46 / 41	♏ AB.	3 / 4	10 / 13	10 / 20	♏ A	204 / 16	25 / 34	47 / 0

Multiplicabis [illegible]

Catalogus Fixarum

Ursa Major	Ord. Tych.	Mag. Tych.	Mag. Ptol.	Hygrolij Longitud. Latitud. Ex Distantijs °	'	"	S.	Hygrolij Longitud. Latitud. Ex Altit. Merid. °	'	"	S.	°
In Latere ß. R. 10/49 25/37 40/48	17	2	2	10 49 10 49 10 49	25 40 23 40 22 40	51 43 54 23 0 0	♌ B. ♌ B. ♌	10 49 10 49 10 49	25 37 25 37 23 36	40 40 10 24 32 32	♌ B. ♌ B. ♌ B.	10 49
In Ventre	18	2	2	14 45 14 45 14 45	38 7 34 6 37 7	37 39 41 48 35 19	♌ B. ♌ B. ♌ B.	14 45 14 45	38 4 37 3	34 22 28 56	♌ B. ♌ B.	14 45
In dorso	19	2	3	26 51 26 51	11 38 13 38	0 35 20 35	♌ B. ♌ B.	26 51 26 51	13 33 13 35	30 46 31 46	♌ B. ♌ B.	26 51
In Coxa	20	2	2	25 47 25 47	36 8 38 8	47 0 2 0	♌ B. ♌ B.	25 47 25 47	38 4 39 5	50 57 3 2	♌ B. ♌ B.	25 47
Prima Caudae	26	2	2	4 54 4 54	3 19 5 19	43 20 40 0	♍ B. ♍ B.	4 54 4 54 4 54	5 17 5 17 5 17	25 3 55 17 55 17	♍ B. ♍ B. ♍ B.	4 54
Media Caudae	27	2	2	10 56 10 56	47 23 49 23	46 20 21 17	♍ B. ♍ B.	10 56 10 56	50 20 50 20	54 57 6 33	♍ B. ♍ B.	10 56
Ultima Caudae	28	2	2	22 54 22 54	5 25 5 25	41 37 29 7	♍ B. ♍ B.	22 54 22 54	6 23 6 22	24 17 36 47	♍ B. ♍ B.	22 54
Informis sub Cauda	29	2	2	19 40 19 40	46 10 46 9	25 0 11 28	♍ B. ♍ B.	19 40 19 40	47 7 47 7	36 23 36 23	♍ B. ♍ B.	18 40
In Draco dupl. sequ. Bor.	13	3	3	28 29	3 35	51 22	♋ B.	28 29 28 29	2 32 2 32	37 20 58 26	♋ B. ♋ B.	26 29
In Draco dupl. seq. et Aust.	14	3	3	29 28	7 8	48 7	♋ B.	24 28 29 28	9 5 8 14	41 4 36 14	♋ B. ♋ B.	28 28
In armo sinistro / in genu sinistro anter.	12	3	3	2 39	35 57	23 26	♌ B.	2 34	39 54	20 43	♌ B.	1 39

ad Annum 1660 [illegible]

Principis Hass. Longit. Latit. °	′	″	S.	Riccioli Longit. Latit. °	′	″	S.	Ptolomaei Longit. Latit. °	′	″	S.	Ptolomaei Longit. Latit. °	′	″	S.	Hevelij Asc. Rect. Declinatio °	′	″
10 49	21 40	27 10	♌ B.	10 49	25 40	40 10	♌ B	10 49	35 24	0 0	♌ B.	9 49 45 [illegible] Sol. 160 63	15 0 39 35	0 0 45 40	♌ B. ♯ B.	160 63 160 63 160 63	33 32 32 32 29 32	11 48 31 48 53 48
14 45	36 6	7 48	♌ B.	14 45	34 5	10 40	♌ B	14 45	47 9	0 0	♌ B.	13 44 160 58	45 30 15 13	0 0 44 17	♌ B. ♯ B.	160 58 160 58	14 10 12 10	19 38 21 38
26 51	12 38	9 50	♌ B	26 51	16 37	10 10	♌ B.	26 51	35 30	0 0	♌ B.	24 51 179 58	45 0 35 56	0 0 47 50	♌ B. ♯ B.	179 58 179 58	33 54 33 59	5 38 19 38
25 47	37 8	57 45	♌ B	25 47	36 8	25 40	♌ B	25 47	41 15	0 0	♌ B.	25 46 173 55	35 30 55 37	0 0 18 0	♌ B ♯ B.	173 55 173 55	52 34 52 34	13 8 53 8
4 59	3 19	52 0	♍ B	4 54	2 17	40 45	♍ B	3 54	41 9	0 0	♍ B	3 53 189 57	45 30 45 49	0 0 53 50	♍ B ♯ B.	189 57 189 57 189 57	43 48 44 48 49 48	11 30 3 30 13 30
10 56	47 24	7 20	♍ B	10 56	48 21	6 10	♍ B	11 56	14 12	0 0	♍ B	9 55 197 56	45 40 33 44	0 0 4 40	♍ B. ♯ B.	197 56 197 56	31 42 30 42	28 23 17 23
22 59	5 27	57 30	♍ B.	22 59	3 24	20 10	♍ B	22 59	20 9	0 0	♍ B.	12 54 203 51	25 0 32 3	0 0 10 2	♍ B ♯ B.	203 51 203 51	31 1 29 1	7 20 27 20
				18 40	28 2	43 45	♍ B	20 40	5 15	0 0	♍ B	17 39	25 45	0 0	♍ B.	190 40	0 10	5 0
28 29	3 35	57 12	♋ B.	26 29	47 15	0 18	♋	28 29	5 21	0 0	♋ B.	27 29	5 20	0 0	♋ B.	128 49 128 49	52 19 52 19	0 10 27 10
29 28	10 57	47 0	♋ B.	28 28	1 38	13 20	♋ B	28 28	53 38	0 0	♋ B	27 28	55 20	0 0	♋ B.	130 48 129 48	0 26 57 26	43 40 51 40
2 34	34 58	57 45	♌ B	1 34	23 34	43 46	♌ B	2 34	32 45	0 0	♌ B.	2 35	15 0	0 0	♌ B.	137 53	25 10	45 9

Catalogus Fixarum

Ursa Major	Ord. Tych.	Magnitud. Tych.	Magnitud. Hevel.	Hevelij Longit. Latit. Ex Distantijs °	′	″	S.	Hevelij Longitud. Latitud. Ex Alt. Merid. °	′	″	S.	°
In Draco sinistr. Bor.	36	4	4	0 23	31 43	13 27	♌ B.	0 23	31 43	14 44	♌ B.	0 23
In Draco sinistr. Austr.	35	4	4	2 20	46 43	28 48	♌ B.	2 20	46 50	20 57	♌ B.	2 20
In Rostro	1	4	4	18 40 18 40	7 15 14 12	20 30 54 17	♌ B ♋ B	18 40	16 10	31 13	♌ B	18 40
In Maxilla sinistr. Aust.	7	5		21 42 21 42	6 19 6 17	35 18 3 40	♌ B ♋ B	21 42	13 14	58 30	♌ B	24 42
In Maxill. sinistr. Bor.	8	4		22 44 22 44	45 34 47 29	16 29 51 56	♌ B ♋ B	22 49	51 30	39 18	♌ B	25 45
Ad Oculum succedens	3	5		16 44 17 44	54 33 9 32	21 54 32 6	♌ B ♋ B	17 44	1 29	9 34	♌ B	16 44
Ad Oculum seq. Austr.	2	4	4	18 49 18 43	0 0 1 57	8 16 12 40	♌ B ♋ B	18 43	6 55	57 10	♌ B	18 43
Ad aurem praeced.	4	4		19 47 19 47 19 47	6 55 29 52 22 53	49 15 18 0 41 43	♌ B ♋ B	19 47	12 12	53 0	♌ B	19 47
Ad aurem seq.	5	5		20 47 20 47	28 46 33 47	41 40 27 27	♌ B ♋ B	20 47	33 44	30 25	♌ B	20 47
In Collo Australi	7	5		24 42 24 42	36 49 29 47	31 38 16 12	♌ B ♋ B	24 42	41 47	11 6	♌ B	24 42
In Collo Boreali [illegible]	8	4		25 45 26 45	57 9 1 5	19 38 46 0	♌ B ♋ B	26 45	4 4	43 24	♌ B	25 45

				2 20	48 51	13 18	♌ B.					3 22	45 46	0 0	♌ B	131 39	9 46	27 10	[illegible]
18 40	12 12	37 0	♋ B.	18 40	28 2	43 45	♋ B.	18 40	5 15	0 0	♋ B	16 39	55 50	0 0	♋ B.	124 61 120 61	25 45 23 47	5 14 47+ 30	[illegible]
				24 42	42 30	13 20.	♋ B.									126 63 126 63	19 5 9 10	31 17 56+ 5	[illegible]
25 45	57 6	47 40	♋ B.	25 45	54 3	13 16	♋ B.									134 61 130 64	37 48 30 49	5 42 45+ 15	B
				17 44	0 22	13 15	♋ B	18 43	53 48	0 0	♋ B.	17 43	25 0	0 0	♋ B.	121 66 121 66	6 10 22 18	45 19 31+ 40	[illegible]
				18 43	2 45	13 43	♋ B	19 43	44 45	0 0	♋ B.	17 43	55 0	0 0	♋ B	122 65 122 65	32 23 29 26	29 19 9+ 50	[illegible]
				19 47	17 50	13 50	♋ B.	19 47	35 54	0 0	♋ B	19 47	15 0	0 0	♋ B	127 68 128 68	44 51 4 48	57 37 49+ 49	[illegible]

Catalogus Fixarum

Ursa Major	Ordo Hevelij	Magnitudo	Hevelij Longitud. °	'	"	S.	Hevelij Latitud. °	'	"	S.	Alt. Merid. °
In Cervice seq.	6	5	21 51 21 51	28 13 35 13	33 3 22 12	♌ B. ♌ B.	21 51	31 9	20 0	♌ B.	25 51
In Summo femor. Bor.	10	4	1 42	29 39	3 14	♌ B.	10 46 1 42	32 5 34 36	24 36 9 16	♌ B. ♌ B.	1 42
In Summo femor. Austr. [illegible] in armo [illegible] Bor.	11	4	4 38	31 13	50 27	♌ B.	4 38 4 38	32 11 33 11	19 12 51 47	♌ B. ♌ B.	4 38
Parva [illegible] femor.	56	6	2 35	35 21	15 17	♌ B.	2 35	14 15	25 40	♌ B.	2 35
In armo dextro Boreal.	16	5	28 36	31 5	16 0	♌ B.	28 36	30 3	37 24	♌ B.	28 36
In armo dextro Austr.	15	5	28 33	20 26	55 4	♌ B.	28 33	19 45	30 17	♌ B.	27 33
In ungula poster. sinistr. Boreal.	21	4 4	14 29	15 53	59 0	♌ B.	14 29	44 50	54 14	♌ B.	14 29
In ungul. post. sinistr. Austr.	22	4 4	16 28	26 58	27 47	♌ B.	16 28	25 15	8 17	♌ B.	15 28
In genu sinistr. Austr.	31	5	21 33	43 1	12 41	♍ B.	21 33	44 2	15 37	♍ B.	21 33
In genu sinistr. Bor.	25	4	23 35	59 21	28 44	♍ B.	23 35	58 28	11 16	♍ B.	23 35
In femore sinistro Ricc. in dorso N	30	4					29 41	36	47 16	♍ B.	29 41

ad Annum 1660 ylie.

Princip. Hass. Longit. Latit.				Riccioli Longitud. Latitud.				Ulug Beigh Longit. Latitud.				Ptolomei Longit. Latitud.				Hevelij Asc. Rect. Declinatio			
°	′	″	S.	°	′	″	S.	°	′	″	S	°	′	″	S.	°	′	″	Bo
				25 51	34 36	43 42	♋ B.									135 71 135 71	40 14 53 17	33 8 12 18	
1 42	29 35	17 48	♌ B	1 42	29 36	13 18	♌ B.	1 42.	41 39	0 0	♌ B	0 44	35 0	0 0	♌ B.	141 60	37 33	45 36	B.
				4 38	29 15	43 45	♌ B	4 38	29 0	0 0	♌ B					142 55 142 55 142 55	4 36 7 36 5 38	53 18 11 18 58 30	B. B. B.
				2 35	22 40	13 15	♌ B.									137 53	51 26	33 48	B.
				28 36	17 6	13 15	♋ B	28 36	26 0	0 0	♋ B					132 55	47 23	57 38	B.
				27 33	58 30	13 19	♋ B	28 33	35 21	0 0	♋ B	27 33	25 20	0 0	♋ B	131 52	5 57	43 8.	B.
14 29	46 51	42 40	♌ B	14 29	47 51	43 45	♌ B					14 29	15 20	0 0	♌ B.	149 44	1 35	49 10	B.
16 28	27 58	57 30	♌ B.	15 28	56 45	43 16	♌ B					15 28	45 15	0 0	♌ B.	150 43	23 10	29 50	B.
				21 33	53 1	43 20	♌ B					23	15	0	♌	158 44	33 59	3 44	B.
24 35	2 31	37 0	♌ B.	23 35	24 14	13 15	♌ B					23 35	15 15	0 0	♌ B	162 46	30 19	15 24	B.
				27 41	1 30	13 15	♌ B.									172 49	14 38	57 43	B.

Catalogus Fixarum

Ursa Maior	Ordo Tych.	Magn. Tych.	Magn. Hev.	Hevelii Longit. 1661 Ex Distantiis °	'	"	S	Hevelii Latit. Ex Alt. Merid. °	'	"	S	Ty… °	
In angulo post. dorsi Boreal.	24	4	4	1 26	46 3	14 16	♍ ♌	1 26	45 7	40 35	♍ ♌	1 26	4 1
In angul. post. dorsi Austral.	25	4	4	2 29	34 51	2 0	♍ ♌	2 24	36 47	0 30	♍ ♌	2 29	2 5
Informium Sub Drac. sinistr. anterior. pedis a superi. In Cauda ejus	34	4										5 20	1
Sub Drac. sinistr. ante. Sequentium Bor. in Scala Minoris	38 33	4										9 20	4
Sub angulo pedi post. Boreal.	38	4										19 25	4
Sub angul. ped. post. Bor. seq.	42	4										26 29	1 3
Australium prima	37	4										15 21	3 5
Secunda	39	3										20 21	
Tertia	40	3										24 21	
quarta	41	3										27 20	4
Praeced. informis sub Cauda	43	3						13 40	57 31	47 47	♍ ♌	13 40	3

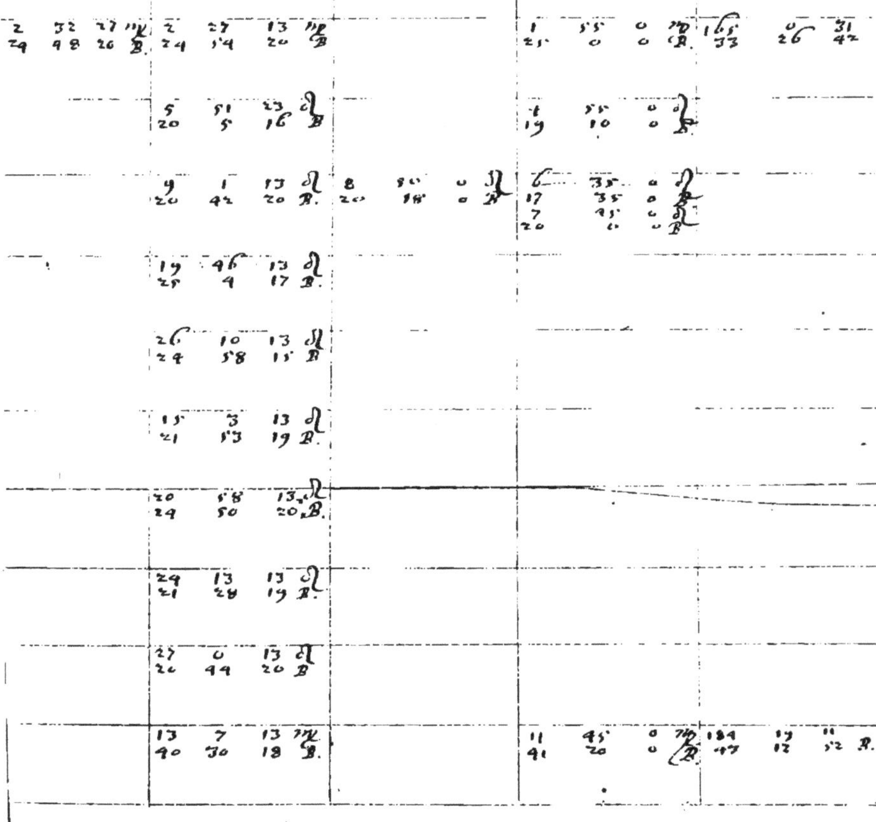

2 32 27 ♍ 29 48 26 B.	2 27 13 ♍ 24 54 20 B		1 55 0 ♍ 25 0 0 B.	165 0 31 33 26 42
	5 51 23 ♌ 20 5 16 B		1 55 0 ♌ 19 10 0 B	
	9 1 13 ♌ 20 42 20 B.	8 50 0 ♌ 20 18 0 B	6 35 0 ♌ 17 35 0 B 7 45 0 ♌ 20 0 0 B	
	19 46 13 ♌ 25 4 17 B.			
	26 10 13 ♌ 24 58 15 B			
	15 3 13 ♌ 21 53 19 B.			
	20 58 13 ♌ 24 50 20 B.			
	24 13 13 ♌ 21 28 19 B.			
	27 0 13 ♌ 26 44 20 B			
	13 7 13 ♍ 40 30 18 B.		11 45 0 ♍ 41 20 0 B.	184 19 11 47 12 52 B.

Catalogus Fixarum

Ursa Major	Magnitudo	Hevelij Longitudo Latitudo Ex Distantiis °	'	''	S.	Hevelij Longitud. Latit. Ex Altit. Merid. °	'	''	S.	A[illegible] °
Sub draco sinistra anter. sequentium Austr. H.	6									
H. Infra prec. dext. post. preced.	6									
In Alo supra Caudam precedentium Bor. H.		14 57	26 49	52 33	♍ B	14 57	29 49	8 30	♍ B	201 56 201 56
In Alo sup. Caudam precedentium Austr. H.		16 56	19 24	20 30	♍ B	16 56	21 24	51 30	♍ B	201 54 201 54
In Alo supra Caudam seq. H.		18 58	38 17	2 13	♍ B	18 60	56 5	0 20	♍ B	207 56 205 55
Superior lumbi H.	4 fere	3 48	20 20	59 [illegible]	♍ [illegible]	3 48	2 4	0 50	♍ B	181 53 182 53
Inferior Lumbi H.		4 45	26 34	25 58	♍ B					180 50
Sub ultima Caudae precedens in lumbis H.	4 [illegible]									
Sub ultima Caudae sequens in lumbis H.	4 fere									
H. Supra primam Caud.	5	4 55	47 14	57 7	♍ B	4 55	48 14	10 0	♍ B	191 58
H. Supra mediam Caudae et inter primam Caud. draconis	5					4 60	53 11	50 20	♍ B	199 61
Supra [illegible] Nebulosa H.	6	27 54	10 0	16 37	[illegible] B					183 60

ad Annum 1660 [illegible]

Ursa Major		Hevelij Longit. Latit. Ex Distantijs ° ′ ″ S.			Hevelij Longitudo Latitudo Ex Altit. Meridi. ° ′ ″ S.			Hevelij Asc. Rect. Declinat. Bor. ° ′ ″		
Praeced. Capitis 5 m. H.		7 45	4 55	4 ♋ 36 B.				123 69	52 5	40 H. 22 B.
In fronte praeced. [illegible] 6 m. H.		12 46	17 54	35 ♋ 24 B.	12 46	18 54	7 ♋ 32 B.	114 69	24 22	23 25 B.
In Rostro super. 5 m. H.		13 43	33 22	4 ♋ 16 B.				114 65	29 43	49 H. 30 B.
In Rostro inferior praeced. 5 m. H.		14 39	15 28	6 ♋ 15 B.				113 61	43 48	1 H. 13 B.
In sin. pedem Dext. poster. sequentium Bor. H. 6 m.										
In [illegible] pede [illegible] H. 6 m.		4 29	23 0	17 ♌ 43 B.	3 22	5 14	4 ♌ 23 B.	132 41 136 47	2 1 43 3	53 28 B. 25 H. 25 B.
Seq. 6 m. H.		7 30	52 39	39 ♌ 38 B.				141 47	33 36	30 H. 0 B.
Ad pedem praeced. [illegible] 6. H.										
Ad [illegible] [illegible] Borealis 6 m. H.										
In angulo [illegible] ped. post. [illegible] H.										
In angulo [illegible] ped. post. [illegible] Seq. 5 m. H.		19 28	5 53	51 ♌ 51 B.	19 28	3 49	53 ♌ 52 B.	153 42	13 9	1 20 B.

Catalogus

Ursa Major	Magnitudines	Horologii Longitudo Latitudo et Distantiis S.			
		°	′	″	
In imo Ventre	6	18 34	6 54	5 19	♌ B.
In genu sinistro ped. post. [illegible] sub genu	6				
Duarum sequ.	[illegible]				
Duarum seq. subjectum	5				
Duarum inter pedes post. Bor.	5	29 30	25 42	46 46	♌
Duarum inter ped. Aust.	7	26 30	37 18	38 0	♌ B.
In dextro genu ped. post.	6	0 32	48 39	[illegible] 91	♍
Sub sinistro femore [illegible] femor. Aust.	6	27 35	10 49	25 39	♌ B.
Genu sinistr. ped. post. Bor. sequ.	6	21 35	9 38	28 40	♌ B.
In femore sinistro ped. sequ. Bor. minor	6	2 35	37 20	53 50	♍ B.
In medio triangul. trium minorum seq.	6	14 43	20 30	50 39	♌ B.

Ad Annum 1660 [illegible]

Ursa Major		Hevelii Longitudo Latitudo Ex Distantiis ° ' " S.	Hevelii Longitudo Latitudo Ex Alt. Merid. ° ' " S.	Hevelii Asc. Rect. Declinat. ° ' "
In medio Quadrang. quae praecedit Boreal. 6 m.		9 48 40 ♌ 43 51 38 B.	9 52 22 ♌ 43 45 40 B.	153 20 11 58 47 46
Australis 6 m.		9 48 47 ♌ 42 27 20 B.	9 48 45 ♌ 42 26 58 B.	152 3 47 57 40 16
Superior [illegible]	21 28 33 ♌ 51 13 3 B. 20 17 29 ♋ 53 33 58 B. ~~21 [illegible]~~			~~176 49 15~~ ~~62 49 30~~ 157 27 49 73 48 0 ~~[illegible] 11 4~~
Sub femore Dext. ped. post. 5 m.		5 14 43 ♍ 38 58 7 B. 5 13 20 ♍ 38 56 50 B.	5 14 30 ♍ 38 57 25 B. 5 13 20 ♍ 38 56 50 B.	176 7 43 44 56 47 176 6 5 44 56 44
In poplite ped. Dext. post. [illegible] Superior 6.		9 26 20 ♍ 32 48 44 B.		176 2 11 37 55 33
Media 6 m.		7 39 48 ♍ 30 57 48 B.		173 15 10 37 ● 8
Inferior ped. 6 m.		6 2 18 ♍ 29 16 21 B.	6 2 50 ♍ 29 16 30 B.	170 45 25 36 8 0
Sub ped. dext. poster. 6 m.		7 20 18 ♍ 26 27 53 B.		170 28 47 33 6 34
Alcor supra Mediam Caudae 5 m.		11 2 29 ♍ 56 30 0 B.	11 5 30 ♍ 56 35 40 B.	198 0 39 56 47 28
[illegible] 5 m.			1 35 22 ♌ 50 9 10 B.	149 42 10 67 14 18
Supra Collum 5 m.			0 22 10 ♌ 53 59 30 B.	154 23 24 70 45 18
[illegible] 6 m.			14 52 0 ♌ 51 54 0 B.	168 40 18 63 38 40
In ore 6 m.			16 54 12 ♋ 58 37 55 B.	117 28 56 60 30 48

36. 38.

Catalogus Fixarum

Ursa Minor	Ordo Tych.	Magnitudo Tych.	Magnitudo Hevelij	Hevelij Longitudo Latitudo Ex Distantijs °	'	"	S.	Hevelij Longitudo Latitudo Ex Alt. Merid. °	'	"	S.	°
Polaris	1	2	2	23 66 23 66	51 3 51 3	22 0 15 55	[illegible] B [illegible] B					23 66
Humerus	6	2	2	8 72 8 72	21 56 20 55	8 23 57 33	[illegible]					8 72
In Pectore	7	3	3	16 75 16 75	36 14 36 14	31 30 18 45	[illegible] B					15 75
In Dorso	4	4	4	22 75	32 4	21 30	CB					22 75
In Latere s. ventre	5	5	5	25 77	52 47	36 43	CB					25 77
Prima Caudae	3	4	4	4 73 4 73	21 51 20 52	50 8 46 33	CB CB					4 73
Media Caudae	2	4	4	26 69 26 69 26 69	29 54 29 53 28 54	40 0 55 49 40 5	[illegible] B					26 69
Ad Sinistram proxima	8	6	6	3 71 3 71	3 23 3 22	33 24 33 26	B B					3 71
Altera	9	6	6	28 70	6 19	3 0	CB					28 70

22 26 57 ♋ 75 2 30. B	22 25 13 ♋ 74 56 0 B	20 23 0 ♋ 75 36 0 B.	21 15 0 ♋ 75 40 0 B	239 26 40 [illegible] 78 48 10. [illegible]
25 44 57 ♋ 77 45 0 B.	25 48 13 ♋ 77 34 30 B	27 25 0 ♋ 78 0 0 B.	25 15 0 ♋ 77 40 0 B	246 48 56 [illegible] 76 27 0 [illegible]
3 18 57 ♋ 73 49 12 B	4 20 13 ♋ 73 46 0 B.	4 5 0 ♋ 73 45 0 B	7 35 0 ♋ 74 0 0 B	260 40 20 x ♓ 82 29 45. B
26 26 57 ♊ 69 51 40 B.	26 32 13 ♊ 69 46 30 B	25 35 0 ♊ 70 0 0 B	24 5 0 ♊ 70 0 0 B	289 18 17 x ♓ 86 21 30 B
	3 50 13 ♋ 71 20 0 B			217 19 31 x ♓ 77 21 10 B.
	28 16 13 ♋ 70 15 0 B.			213 0 41 x ♓ 79 5 36. B.

Catalogus Fixarum

Vulpecula	Ordo Typ.	Magnitud. Typ.	Magnitud. Hevel.	Hevelii Longitud. Latitud. ex Distantiis ° ' " S.	Hevelii Longitud. Latitud. ex Altit. Merid. ° ' " S.	1 °
In Naso informis ante Rostr. Cygni infra.		Ni.	4.	24 52 5 ♑ 46 1 24 B.	24 52 6 ♑ 45 58 4 B.	
Ad Genam, sub Capite Cygni novam sed.			6	24 57 17 ♑ 46 16 38 B.	24 54 50 ♑ 46 14 16 B.	
Ad aurem sinistram. Nova sub Cap. Cygni			2. 3	1 43 30 ♒ 47 28 3 B. 1 43 40 ♒ 47 30 38 B.		
In Collo Boreal. Sub Cap. Cygni in via Lactea trium superior media			5.	6 9 6 ♒ 47 6 0	6 7 50 ♒ 47 5 2 B.	
In Collo Austral. Sub Cap. Cygni in via Lactea sub ipso Tropico			5	5 14 17 ♒ 44 18 29 B.	5 11 12 ♒ 44 15 56 B.	
In pectore. Supra Sagittam sup. vel supra Cassiculo Bor. Aquilae				2 19 7 ♒ 44 1 52 B.	2 18 45 ♒ 44 1 32 B.	
In pede ... Supra Sagitt. infer. Sup. cassic. Bor. Aql.				1 5 40 ♒ 42 46 0 B.	1 4 21 ♒ 42 44 12 B.	
Ad armum sinistr. sup. inferior. Supra Cass. Sagitt. sub Tropico ... proximius Sagitt.			6	8 43 9 ♒ 41 59 14 B.	8 42 27 ♒ 42 4 46 B.	
In Latere sinistro. Supra cass. Sagittae, a sub Tropico trium media			6.	9 33 55 ♒ 42 56 18 B.	9 34 15 ♒ 43 4 36 B.	
In Latere sup. Supra Cass. Sagitt. Sub Tropico trium ultima sep.			6	11 5 24 ♒ 42 28 10 B.	11 7 52 ♒ 42 29 40 B.	
In ... Sub Cap. Cygni duarum inferior sup. Tropic. sep.			5	9 30 38 ♒ 44 3 50 B.	9 31 33 ♒ 44 4 29 B.	

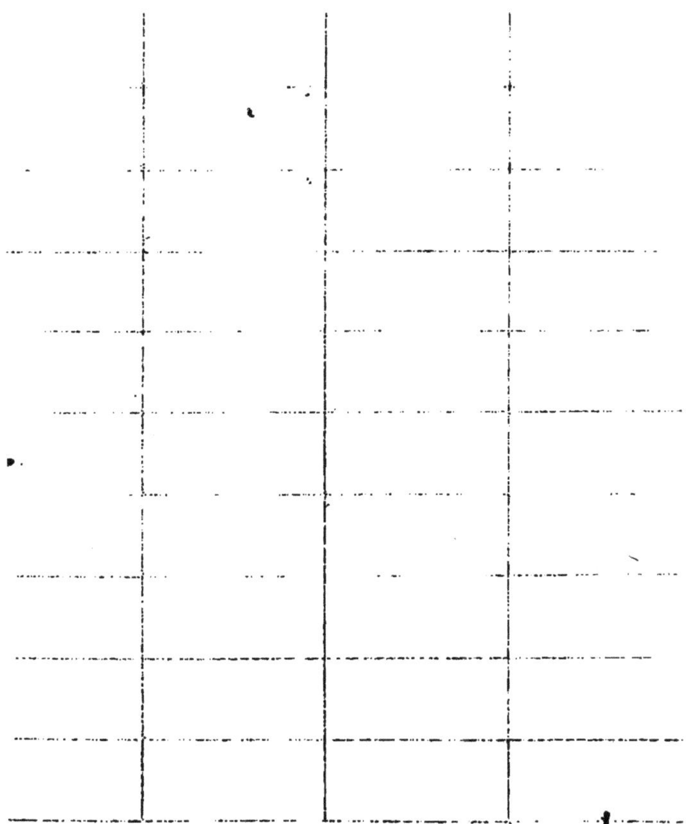

Catalogus Fixarum

Vulpecula	Ordo Tych.	Magnit. Tych.	Magnit. Hevelii	Hevelii Longit. Latit. Ex Distantiis °	'	"	S.	Hevelii Longit. Latit. Ex Alt. Merid. °	'	"	S.
1. In tergo seq. / infima supra medium Delphini infra Tropic. praeced. sub ipso tropico			6.	16 43	19 21	40 58	♒ B	16 43	16 17	42 46	♒ B
4. Supra tergum / sub Cap. Cygni in via lactea trium superiorum ultima			5.	10 46	39 8	25 0	♒ B	10 46	42 9	0 8	♒ B
In femore / supra Delphinum versus Anti. Cygni tertia			6.	17 41	57 42	39 20	♒ B	17 41	52 53	32 46	♒ B
In coxendice / Sup. Delph. e illarum secunda			6.	15 40	39 59	0 17	♒ B	15 40	36 57	30 25	♒ B
In femore sed. ... / Sup. Delph. ... versus Ant. Cygn. e illarum infer. seu prima			5.	14 38	21 11	17 50	♒ B	14 38	22 13	34 25	♒ B
In pede dext. poster. / inferiore. Sup. Delph. infeiorum seq.			5	20 37	21 37	48 45	♒ B	20 37	21 44	53 2	♒ B
Ad eductionem Caudae / Ante. / Sup. Tropic. et Delph. quarta				20 42	54 41	15 10	♒ B	20 42	53 40	43 46	♒ B
Prima Caudae sive ad educt. Caudae Bor. / Sup. Trop. et Delph. quinta								22 43	19 17	58 48	♒ B
Ultima Caudae / Ad fin. ... angul. Trop. praeced.				29 36	29 1	33 17	♒ B	29 36 29 36	24 12 28 11	33 24 27 9	♒ B ♒ B
In armo sinistro sed. antec. / Sup. Cusp. Sagittae et sub Tropico trium praeced.			5	6 42	17 47	17 36	♒ B	6 42	12 44	31 2	♒ B
In Capite anserini / Duarum in termino Cap. Cygni praeced. seq.			6	23 47	23 47	48 3	♑ B	23 47	23 46	36 31	♑ B

Princip. Hass. Longit. Latit. °	′	″	S.	Riccioli Longitud. Latitud. °	′	″	S.	Ulug Beigh Longit. Latit. °	′	″	S.	Ptolemaei Longit. Latitud. °	′	″	S.	Hevelij Asc. Rect. Declinatio °	′	″	B. A.
																305 25	35 21	35 22	2
																300 26	25 51	19 47	2
																30[illegible] 22 307 24	58 58 30 6	15 42 3 43	
																306 29 305 22	22 6 53 58	32 43 7 42	
																305 20	48 5	13 12	
																310 21	45 6	21 0	2
																309 25	21 53	29 43	2
																310 26	9 49	5 0	2
				29 36	36 10	13 0	[illegible]									318 22 318 22	36 12 40 12	25 15 7 15	
																298 22	3 42	19 0	
																287 25	13 37	9 41	2

Catalogus Fixarum

Vulpecula	Ordo Tych.	Magnitudo Tych.	Magnitudo Hevelii	Hevelii Longitudo Latitudo ex Distantiis °	'	"	S	Hevelii Longitudo Latitudo ex Alt. Merid. °	'	"	S	Ty
HH. In ala dextra Anseris / i. Inferiorum sup. Caudam Aquilae sequentium secunda			5	19 / 43	56 / 18	52 / 38	♑ / B	19 / 43	57 / 17	22 / 20	♑ / B	
HH. In Ventre Anseris / Inferiorum sup. Caud. Aquilae tertia Nebulosa				22 / 41	33 / 29	39 / 18	♑ / B	22 / 41	32 / 33	33 / 0	♑ / B	
HH. In ala sinistra Anseris / i. Inferiorum sup. Caud. Aquilae quarta			5	25 / 40	12 / 52	37 / 58	♑ / B	25 / 40	13 / 52	6 / 0	♑ / B	
HH. In pede sinistro / In Sagitta orientalium seq.				4 / 39	21 / 29	22 / 8	♒ / B	4 / 39	18 / 20	26 / 55	♒ / B	
Sub Capite Anseris								20 / 44	49 / 49	9 / 26	♑ / B	
HH 6 m.			6									
HH. Extremam Caudae [illegible] inter [illegible] Pegasi [illegible] seq.			6					3 / 34	17 / 6	50 / 49	♓ / B	

28 [illegible] A° 81. [illegible] Decemb. [illegible]

…Annum 1660 ⁊c.

…ingeiroli Longitudo Latitudo ° ′ ″ S.	Ulug Beighi Longitud. Latitud. ° ′ ″ S.	Ptolome… Longit… Latitu… ° ′ ″

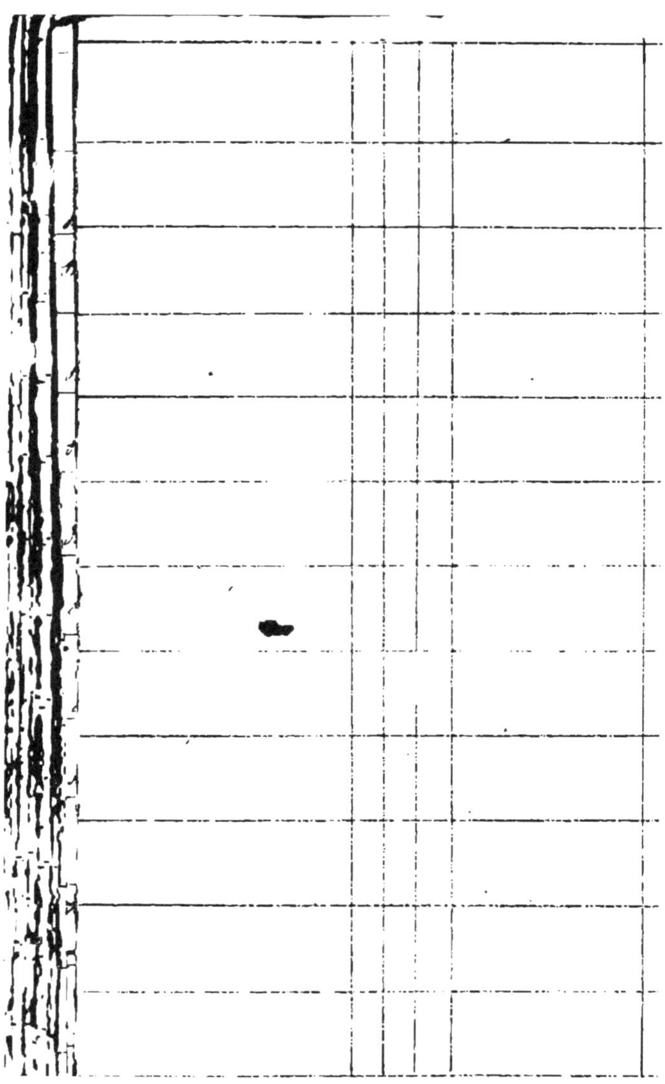

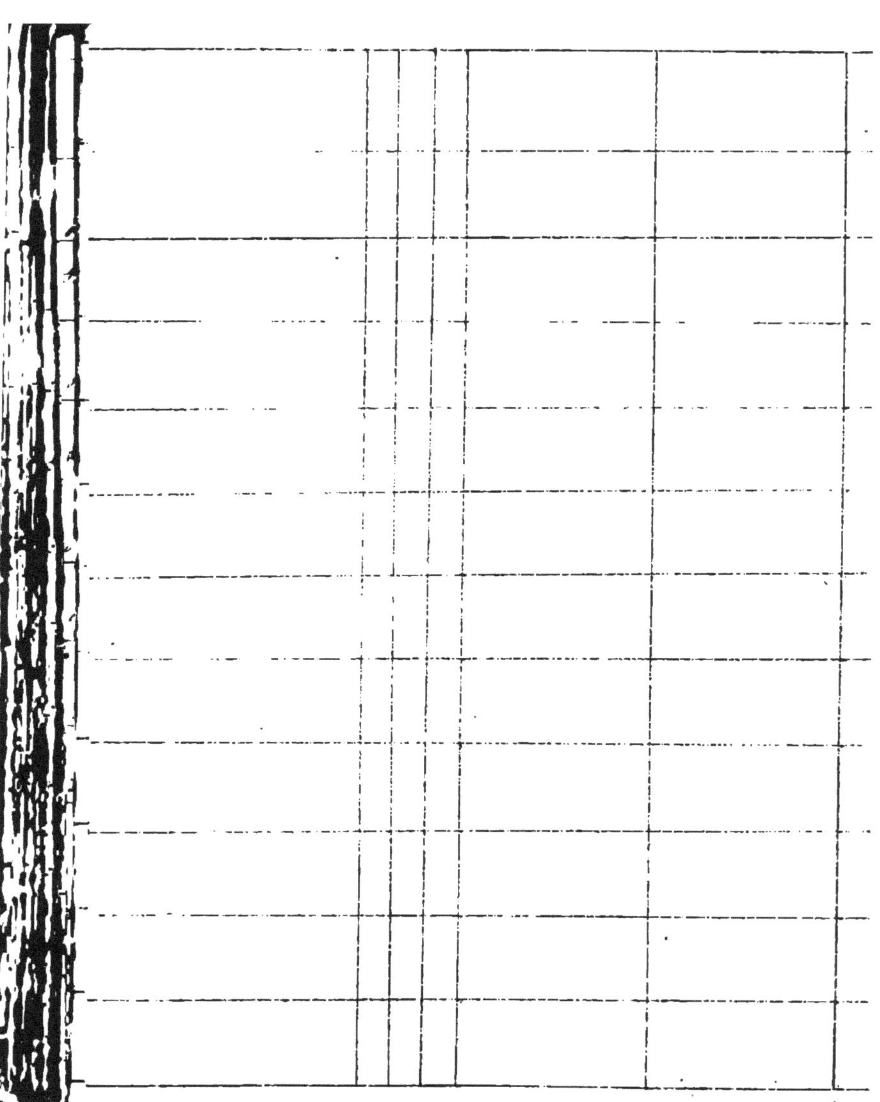

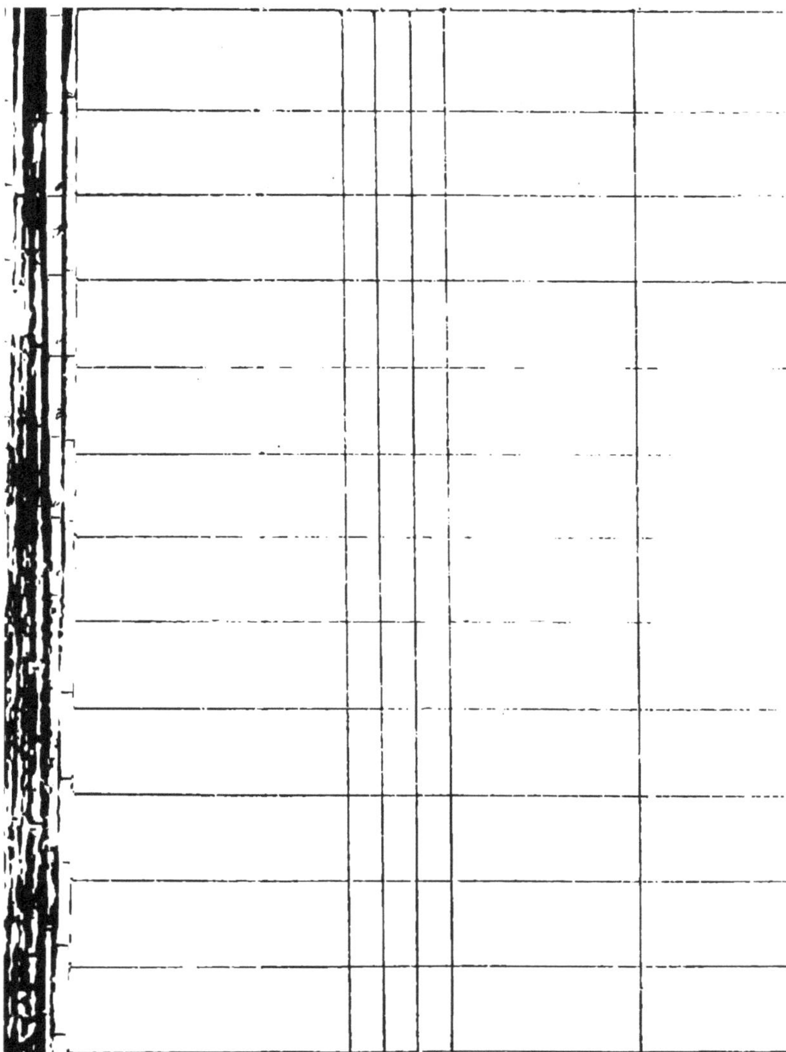

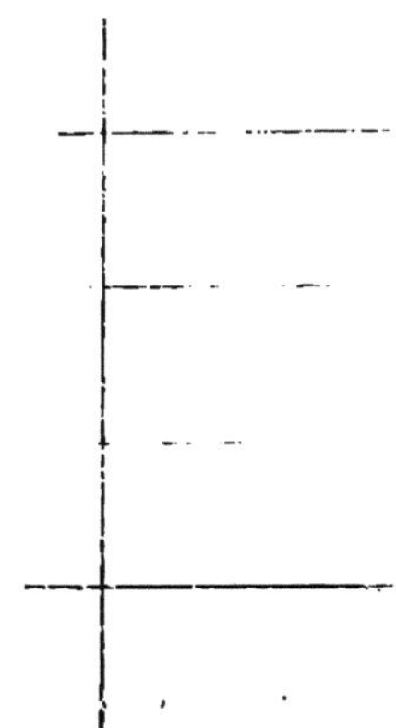

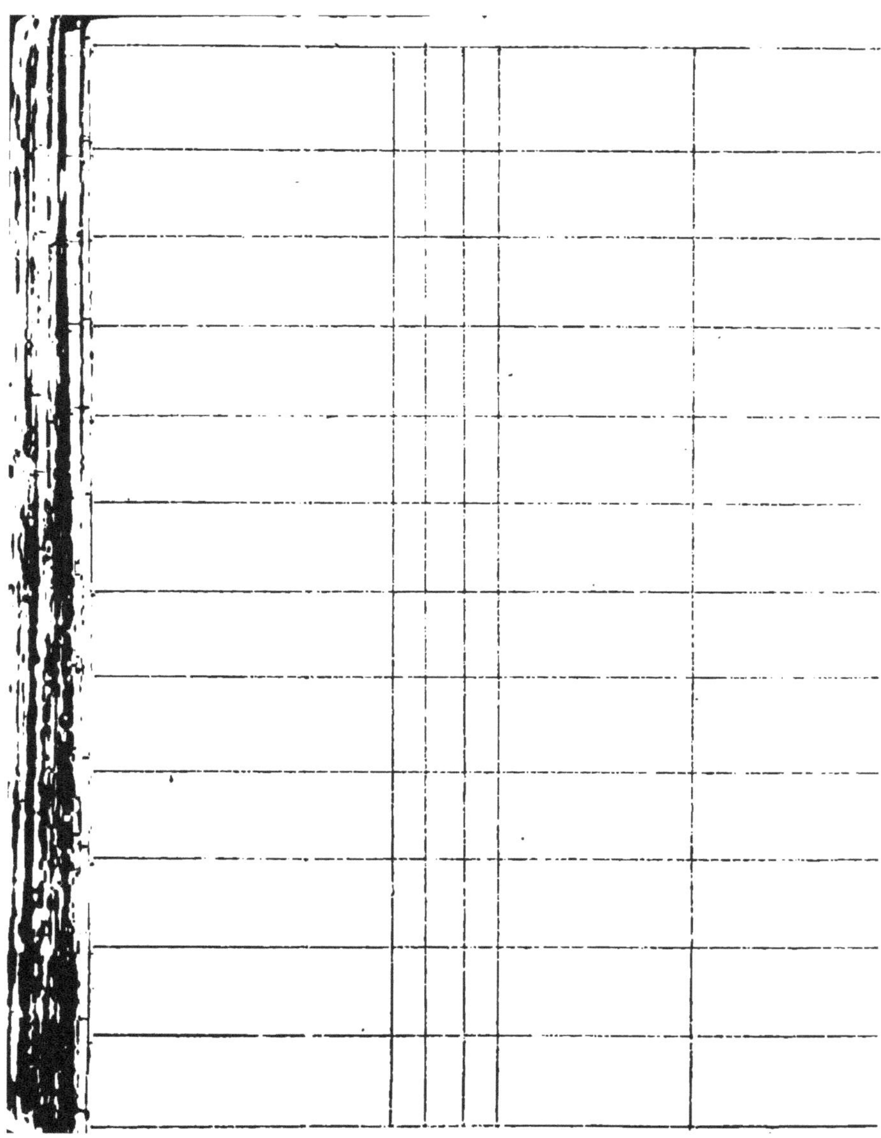

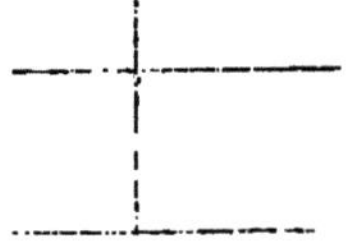

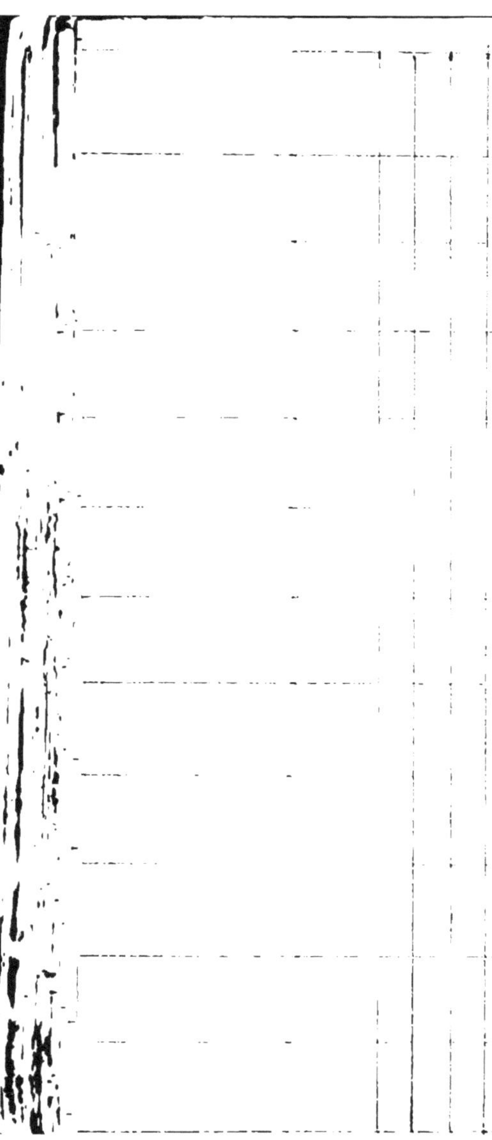

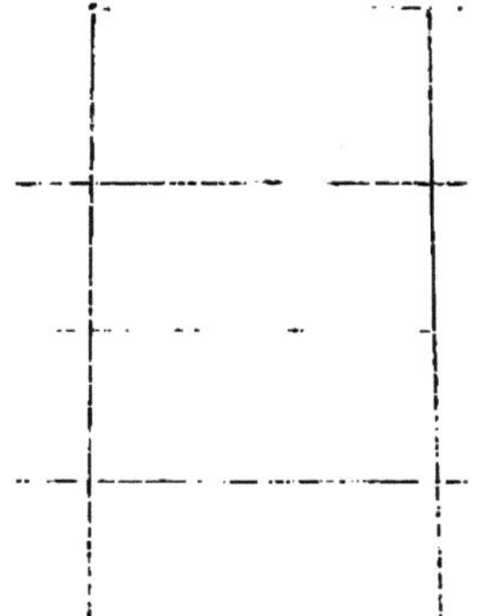

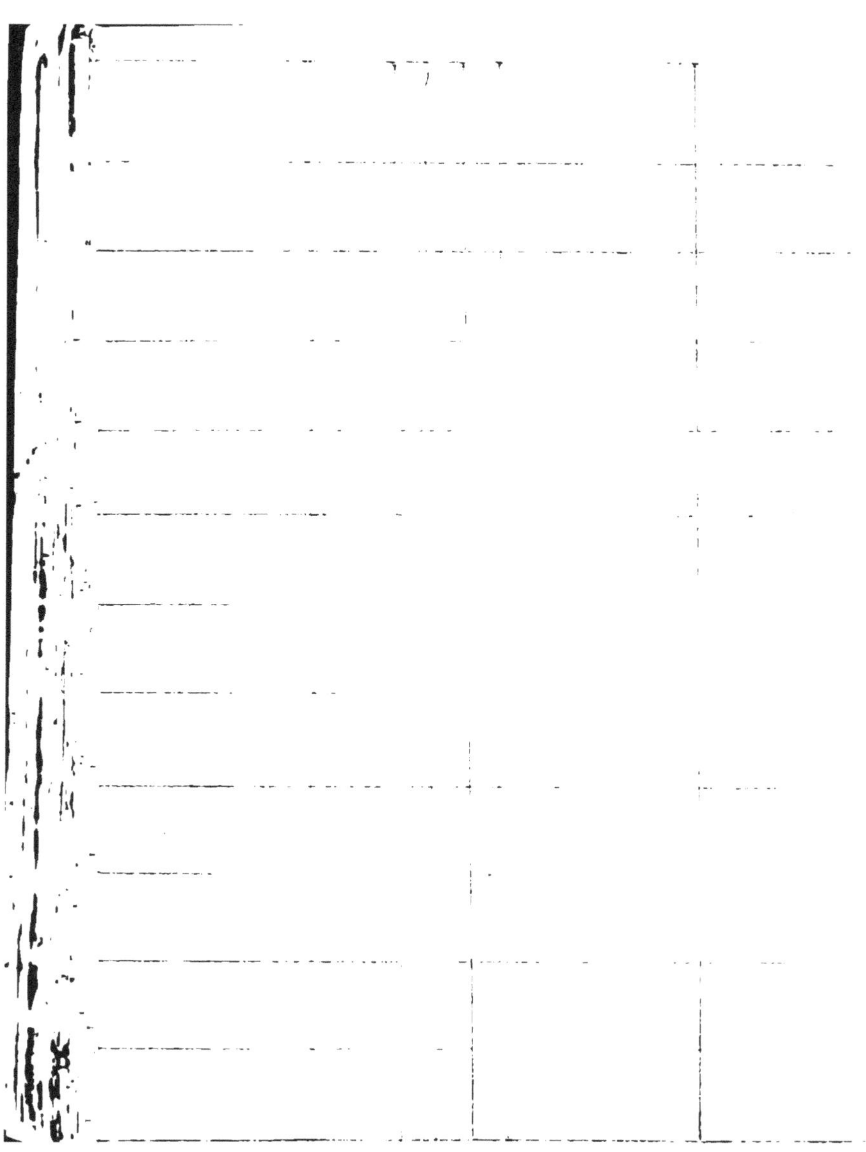

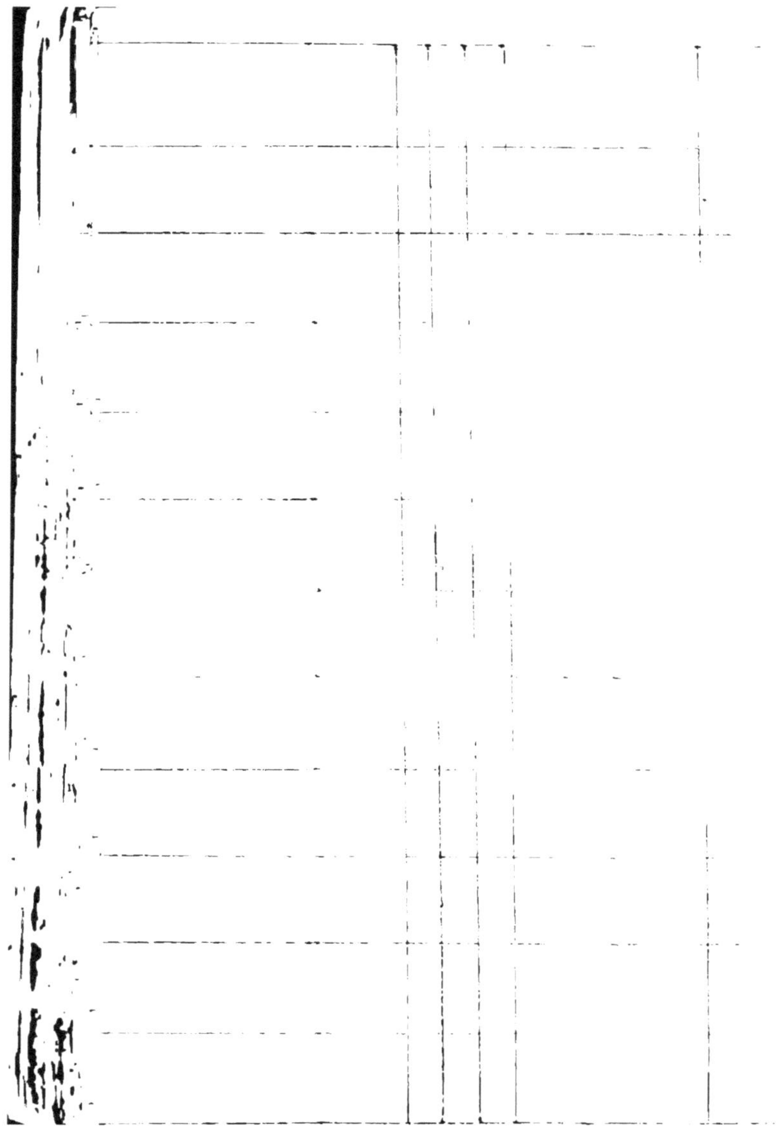

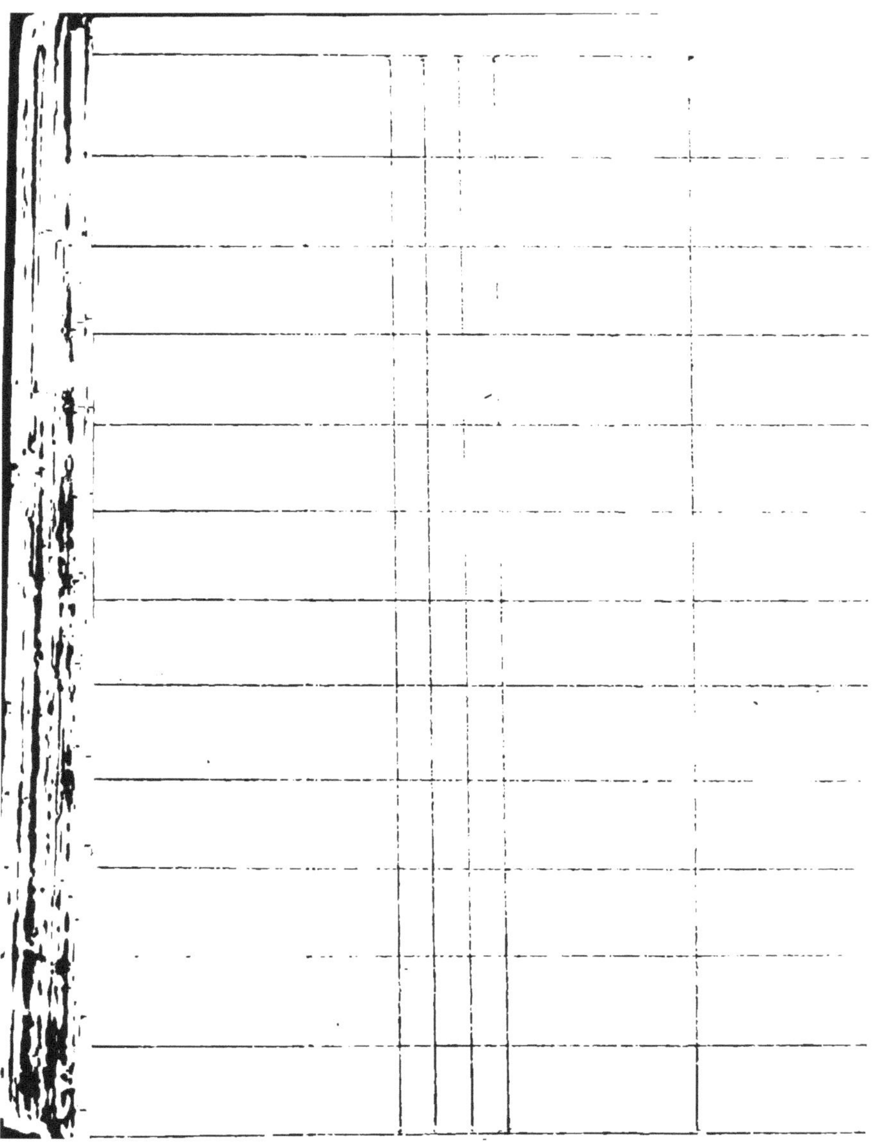

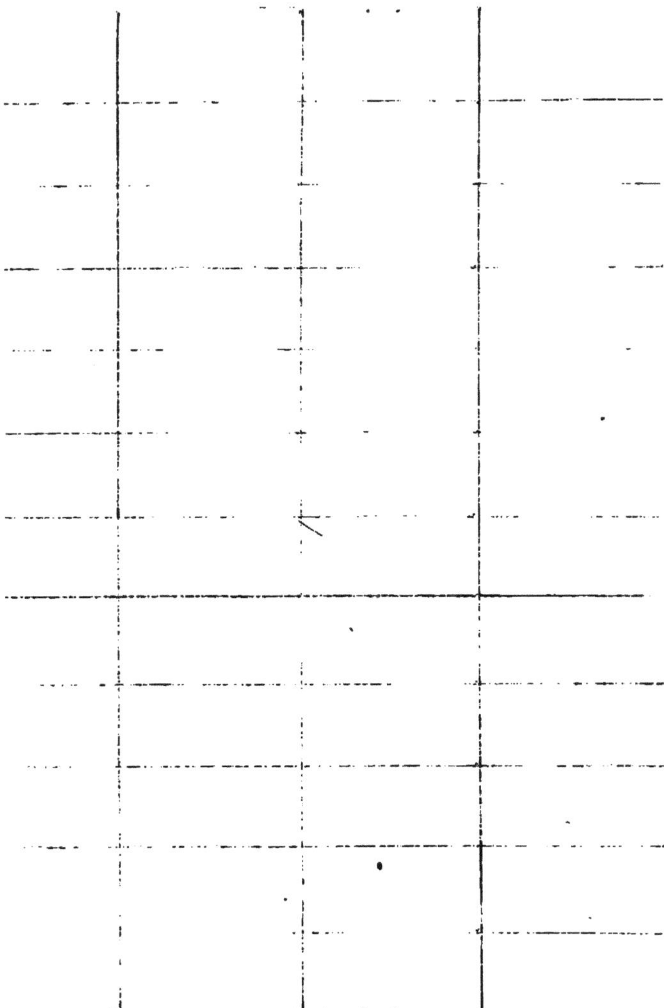

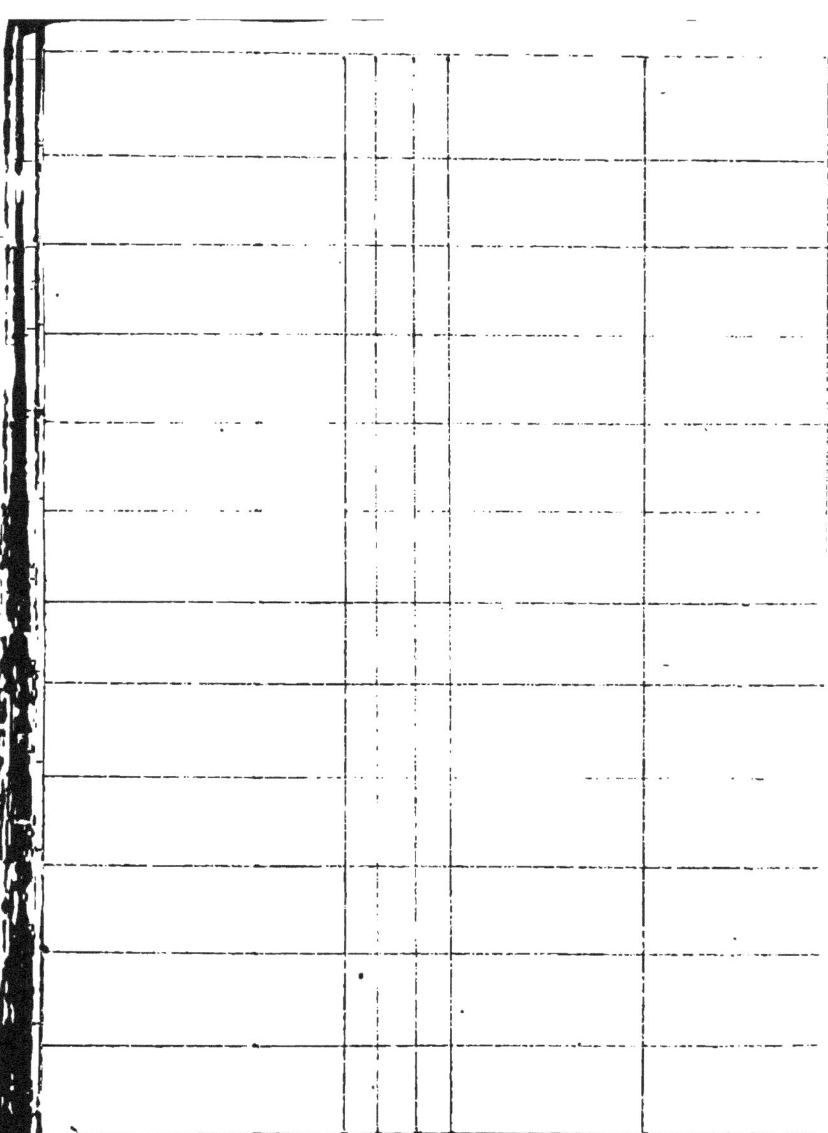

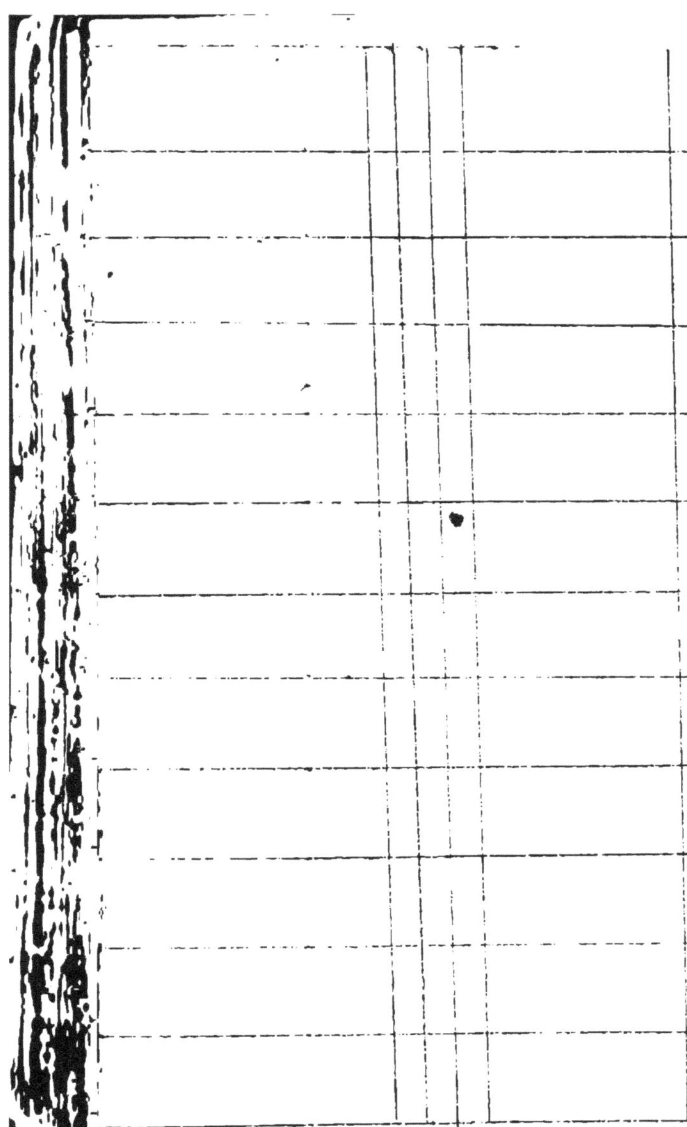

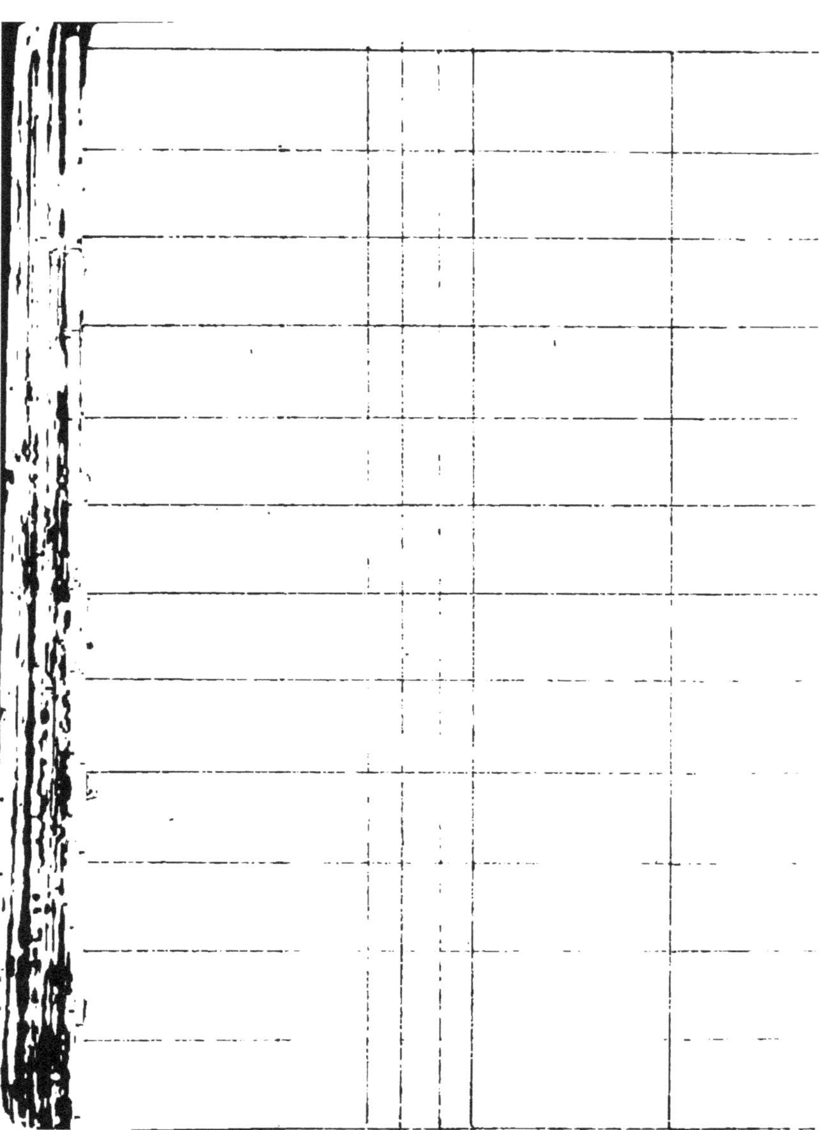

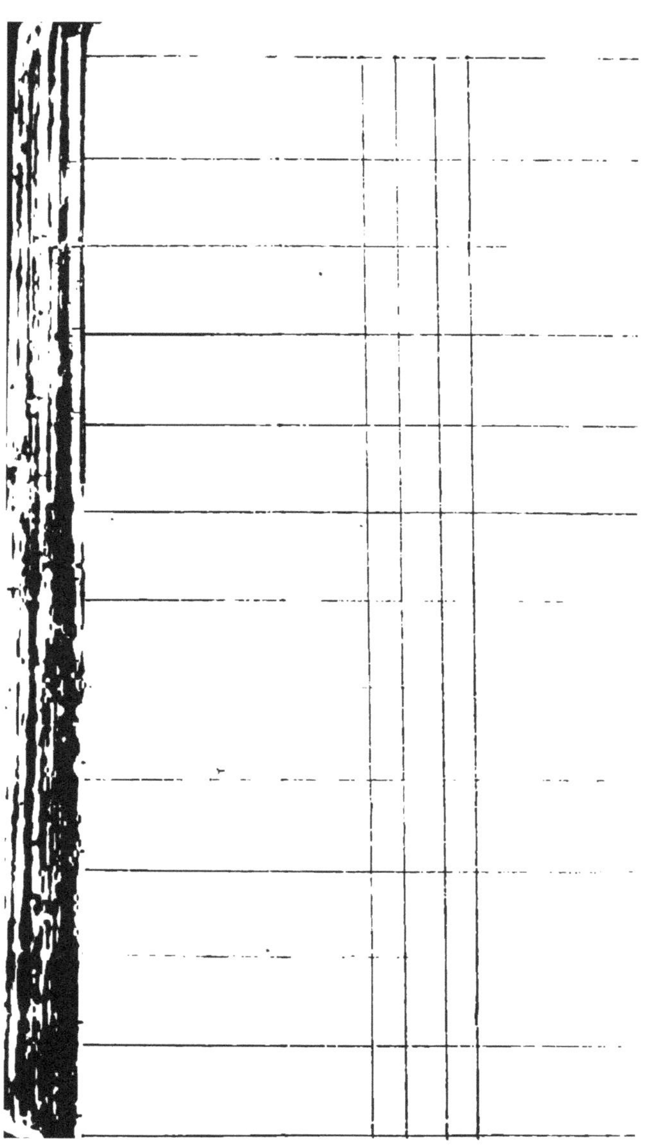

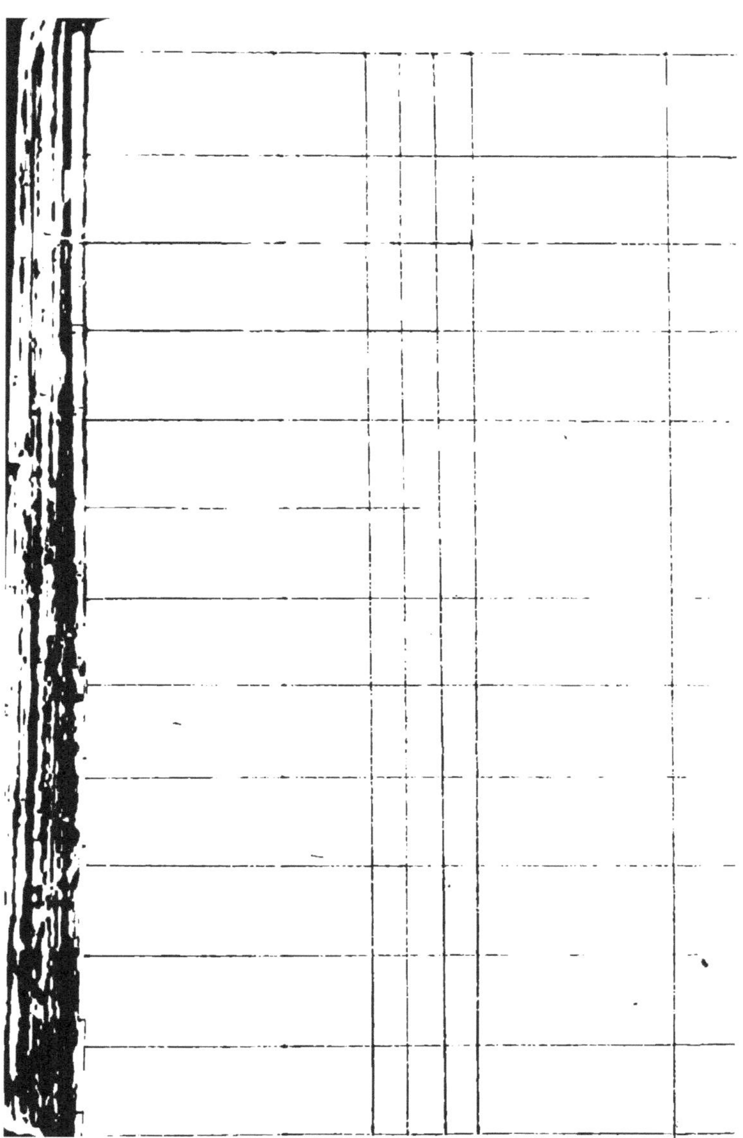

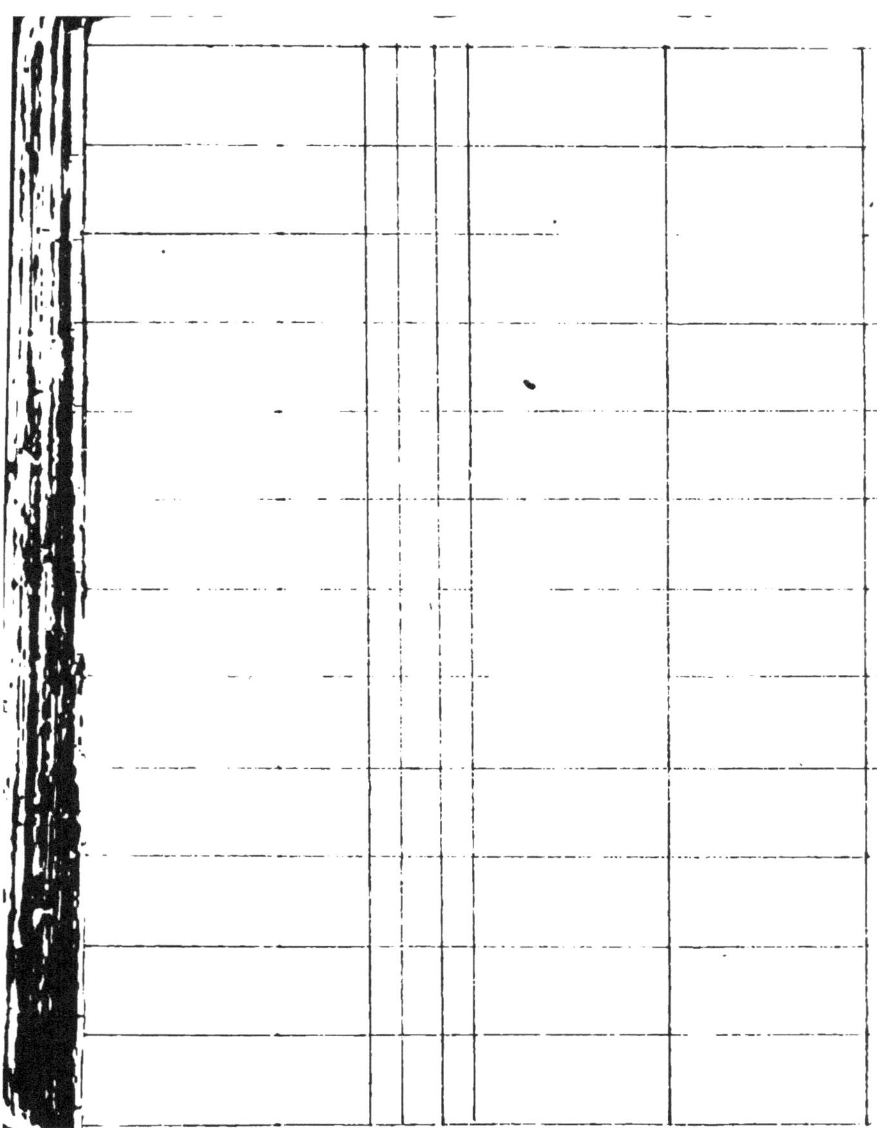

~~Tabula [illegible]~~

Tabula [illegible]

Anni	′	″	‴
1/4	0	11	24
1/2	0	22	48½
1	0	45	37
2	1	31	14
3	2	16	51
4	3	2	28
5	3	48	5
6	4	33	42
7	5	19	19
8	6	4	56
9	6	50	33
10	7	36	10
11	8	21	47
12	9	7	24
13	9	53	1
14	10	38	38
15	11	24	15
16	12	9	52
17	12	55	29
18	13	41	6
19	14	26	43
20	15	12	20
21	15	57	57
22	16	43	34
23	17	29	11
24	18	14	48
25	19	0	25
26	19	46	2
27	20	31	39
28	21	17	16
29	22	2	53
30	22	48	30
31	23	34	7
32	24	19	44
33	25	5	21
34	25	50	58
35	26	36	35
36	27	22	12
37	28	7	49
38	28	53	26
39	29	39	3
40	30	24	40
41	31	10	17
42	31	55	54
43	32	41	31
44	33	27	8
45	34	12	45
46	34	58	22
47	35	43	59
48	36	29	36
49	37	15	13
50	38	0	50
51	38	46	27
52	39	32	4
53	40	17	41
54	41	3	18
55	41	48	55
56	42	34	32
57	43	20	9
58	44	5	46
59	44	51	23
60	45	37	0

Tabula Motum Fixarum ex

Anni	°	′	′′	′′′	Anni	°	′	′′	′′′	Anni	°	′	′′	′′′
1			50	52	31		26	16	52	61		51	42	52
2		1	41	44	32		27	7	44	62		52	33	44
3		2	32	36	33		27	58	36	63		53	24	36
4		3	23	28	34		28	49	28	64		54	15	28
5		4	14	20	35		29	40	20	65		55	6	20
6		5	5	12	36		30	31	12	66		55	57	12
7		5	56	4	37		31	22	4	67		56	48	4
8		6	46	56	38		32	12	56	68		57	38	56
9		7	37	48	39		33	3	48	69		58	29	48
10		8	28	40	40		33	54	40	70		59	20	40
11		9	19	32	41		34	45	32	71	1	0	1	32
12		10	10	24	42		35	36	24	72	1	1	2 / 53	24 / 16
13		11	1	16	43		36	27	16	73	1	1	53	16
14		11	52	8	44		37	18	8	74	1	2	44	8
15		12	43	0	45		38	9	0	75	1	3	35	0
16		13	33	52	46		38	59	52	76	1	4	25	52
17		14	24	44	47		39	50	44	77	1	5	16	44
18		15	15	36	48		40	41	36	78	1	6	7	36
19		16	6	28	49		41	32	28	79	1	6	58	28
20		16	57	20	50		42	23	20	80	1	7	49	20
21		17	48	12	51		43	14	12	81	1	8	40	32
22		18	39	4	52		44	5	4	82	1	9	31	4
23		19	29	56	53		44	55	56	83	1	10	21	56
24		20	20	48	54		45	46	48	84	1	11	12	48
25		21	11	40	55		46	37	40	85	1	12	3	40
26		22	2	32	56		47	28	32	86	1	12	54	32
27		22	53	24	57		48	19	24	87	1	13	45	24
28		23	44	16	58		49	10	16	88	1	14	36	16
29		24	35	8	59		50	1	8	89	1	15	27	8
30	0	25	26	0	60	0	50	52	0	90	1	16	18	0

Anni	o	I	II	III	Anni	o	I	II	III
91	1	17	8	52					
92	1	17	59	44					
93	1	18	50	36					
94	1	19	41	28					
95	1	20	32	20					
96	1	21	23	12					
97	1	22	14	4					
98	1	23	4	56					
99	1	23	55	58					
100	1	24	46	50					
200	2	49	33	40					
300	4	14	20	30					
400	5	39	7	20					
500	7	3	54	10					
600	8	28	41	0					
700	9	53	27	50					
800	11	18	14	40					
900	12	43	0	30					
1000	14	7	47	20					
2000	28	15	34	40					
3000	42	23	22	0					
4000	56	31	9	20					
5000	70	38	56	40					
6000	84	46	44	0					
7000	98	54	31	20					
8000	113	2	18	40					
9000	127	10	6	0					
10000	141	17	53	20					
20000	282	35	46	40					
25478	368	0	0	0					

[illegible] 12 | Anni Platonici.

Pro Mensibus

Mens. ~~Anni~~	II	III
Januar.	4	14
Febr.	8	29
Mart.	12	43
April.	16	57	57
Maii	21	12
Junii	25	26
Julii	29	40
August.	33	55
Sept.	38	9
Octob.	42	23
Novemb.	46	38
Decemb.	50	52

Ao 1678 [illegible] die Sabbati. Notanda [illegible] Novam [illegible]

In Andromeda plurimae stellae differunt [illegible] in Long. 3, 4, 7 [illegible]
mediae in defectu [illegible] in Lat. 3, 4, 11, 46
Imo alia [illegible] in Androm. [illegible] in Extremo Catena [illegible]
in Longit. deficit 8° 20' 12" in Latit. excedit 15' 33"
propter Catalogi [illegible] commentabile [illegible] ipsi Draconi
In hoc Sidere 25 novae stellae additae sunt.

In Antinoo [illegible] quoque duae [illegible]
quarum altera in Latit. 7', altera 11' [illegible]
Hic in Antinoo 7 stellae [illegible] Catalogi [illegible] sunt [illegible]
a me 19

In Aquario nonnullae differunt in Longit. 3, 4, 5, 15, 19 [illegible]
in Lat. 7, 8, 13 [illegible]
altera sed plurimae / 6 additae sunt novae.

In Aquila a 3' 4' ad 16' in Longit. [illegible] in Latit. [illegible] 3 [illegible]
[illegible] in Lat. 27 in defectu. Novae [illegible]

In ♈ in Longit. 3' 4' cum [illegible] in Lat. [illegible]
[illegible] ad 12' [illegible] excedit. Novae 5

In Auriga nonnullae in Long. ad [illegible] 7', 10'
20' et 1° 33' peccant; [illegible] Novae 13.

Bootes In Long. nullae 6', 8'; In Latit. ad 4' differunt. N[illegible]
Cancer In Long. 3', 4' Novae 8.

In Cassiop. stellas 33 in Long. 3, 4, 5 illa 4 in Scabello in Long 4 et 5 et in Lat. 1, imo 1° 4 peccant, unde id eveniat dicere nescio. Novae 15, Ex iis Riccioli Selet.

Cepheus in Long. 5, 6, 10, 18 In Lat. 6, 7, 11. Novae 4

Cetus in Long 3, 5, 12 In Lat. 3, 5, 21, 51 illa in dorso ... Novae 29.

Coma Berenices in Long. 5, 10, 13, 34 In Lat. 7, 9, 12, 16, 23, 31. Novae 5.

Corona In Long. 8, 19, 36 imo 1° 35. In Lat 8, 11, 50. Novae 1

Corvus In Long. 3, 4. In Lat. 3, 6. Novae 1.

Crater In Long. 4, 5, 6 In Lat 4, 7 19. Novae 2.

Cygnus 6, 12, 15. In Lat. 2, 3 modo in defectu modo in ... Novae 22.

Delphinus 3, 5, 10 In Lat. 4, 7. Novae 1.

Draco. In Long. 3, 8, 14, 24/30, imo 1° 30, 3 ... stella fere 11 ... 20 34 In Lat. 3, 6, 24, imo 1° Novae 10

Equuleus In Long. 3, 5 Lat. . Novae 2.

Eridanus, 3, 5, 9, 12, 18, 14, 22, 25, 28, 40 Lat 3, 11, 40, 3 42, 23. Nov. 1

Gemini In Long. 2, 3 Novae 10

Hercules 5, 7, 11 Lat. 2, 4. Novae 21

Hydra. In Long. 3, 4, 5, 9 Lat. 9 16, 45 29. Novae

Lacerta Novae 10.

Leo In Long. 3, 6, 1° 31, In Lat. 2, 3 13 3 4 Novae 23.

Leo minor Novae 18.

Lepus. Long. 6, 13, 16 Lat 10, 16 Novae 3.

Libra In Long. 2, 9, 11, 17. In Lat. 11 Novae 4

Lepus. Nove 2. | Lynx Nove 20.

Lyra In Long. 7, 9, 10, 16. Nove 4.

Monoceros nouvelle in Long. 12', 20', 44', In Lat. [illegible]
Nove 8.

Navis In Long. 4', 6 imo In Aplustri Grad. 1° 24''. Nove [illegible]

Orione. In Long. 4, 5, 6, 10, 11, In La 3, 4, 6, 11, 21. Nove [illegible]

Pegasus 4, 6, 14 In Lat. 4. Nove 15.

Perseus In Long. 4', 11', 17', 1° 29' In Lat 4, 7, 9. Nove 1[illegible]

Pisces In Long. 5, 10, 13, imo In Capite [illegible] 2° 43'. In Lat [illegible]
Nove 2

Sagitta In Long. 6', 7', In Lat 3' ~~Nove~~

Sagittarius In Long. 4, 15', 25' In Lat 3, 6, 12, 16, 51. Nove [illegible]

Scorpius In Long. 5, 6, 13, 15, 37' In Lat 4, 5' Nove 2.

Serpentarius In Long. 4, 5 6', 13', 15', In Lat. 6, 9, 29', 1° 9', 3[illegible]

Serpens In Long. 3, 9, 10, 19, 32, 1° 3' In Lat 3', 6', 19' No[illegible]

In Tauro. In Long 6, 12, 21, 43' In Lat. 3, 6, 43'. Nove 5.

In Ale In Long. 2, 3', 6, In Lat. 2, 7, Nove 7.

Virgo In Long. 3, 4, 10, 13, 33. In Latt. 2', 4', 10', 18', 32'.[illegible]

Ursa maior, In Long. 3, 8, 10, 13, 20, 30, 35, 1° 11', 1° 15' In Latt.
17, 20. Nove 34.

Ursa Minor 4, 9, 12, 14, 42, In Lat. 5, 7, 9.

Vulpecula ~~22~~ Nove. 27.

Summa 587 [illegible]
592
5
597.67

Tych. 946 à me observ[illegible]
617 Nove [illegible]

Hae stellae non conspiciuntur amplius in Caelo

In sinistro humero [illegible]

Contigua in Caudâ [illegible]

Secunda [illegible] in Ceto

Post Cancer informium prima.

Parvam in pectore [illegible] invenitur amplius

Ad [illegible] finem [illegible] vulpeculae [illegible] nova sub Capite [illegible] 3 m.
tantummodo per biennium visa.